KB154868

Air Transportation

항공운송실무

Preface - 3판

며칠 전(22년 6월 29일) 김포공항에서 도쿄 하네다 공항으로 가는 항공편이 운항을 다시 시작했습니다.

코로나19 팬데믹으로 우리나라에서 인천공항을 제외하고 모든 국제공항이 문을 닫은 지 무려 만 2년이 지나서야 다시 열린 하늘 길입니다.

참으로 반가운 장면이었습니다.

불 꺼졌던 공항의 탑승수속장과 출국장에는 밝은 활기가 넘칩니다. 오랫동안 멀리 헤어졌던 가족을 다시 만나는 기분이 이럴까요?

길고 두꺼운 장마구름 틈새로 비치는 한줄기 햇살을 맞는 느낌입니다.

끊임없이 발생하는 변이 바이러스로 코로나 재 유행의 두려움이 사라진 것은 아니지만 백신과 치료제 발달의 영향으로 국경봉쇄와 같은 상황이 다시 전개되지는 않으리라 생각합니다.

얼마 전 IATA(국제항공운송협회)는 전 세계적인 항공권 예약률의 지속적인 증가 추세를 근거로 당초 2024년으로 예상하였던 글로벌 항공운송산업의 코로나19 이전과 같은 수준 또는 그 이상으로 회복되는 시기를 2023년으로 일 년 앞당겨 전망하였습니다.

구체적 수치도 제시하였는데 항공여객수가 '19년 대비하여 올해 83%, '23년 94%, '24년 103%, '25년 111%로 개선될 것'이라고 합니다.

다만 지정학적 요인으로 폭등하는 항공유가와 항공수요 회복 속도를 따라가지 못하는 필수인력의 부족이 이러한 개선 추세를 더디게 하는 악재로 작용할 수 있음도 우려하고 있습니다.(IATA Brings Full COVID Recovery Estimate Forward To 2023. 2022.5.9. Simple Flying_simpleflying.com)

실제 5월 이후 영국, 프랑스, 독일 등 유럽의 주요 공항에서는 인력부족에 따른 수하물처리 지연 사태가 빈발하여 때 아닌 '항공수하물 대란'이 일어나고 있습니다.

우리나라 상황을 볼까요?

'21년 한해 국내공항 간의 항공여객운송실적(33,384천명)은 코로나19 이전인 '19년의 수순(33,386천명)을 거의 회복하였고 올해는 예년 수준을 오히려 능가할 전망이나 같은 기간의 국제선 실적은 그 비교 자체가 무색할 지경입니다.('21년-3,235천명 vc '19년-90,900천명) [e-나라지표. 국토교통부 항공통계]

그런데 올해부터 상황이 반전되고 있습니다.

공급부족으로 인한 고가의 항공권 가격에도 불구하고 5월 한 달간 국제선이용 여객 수가 작년 동기에 비해 300% 이상 폭증하였으며, 이번 여름 성수기에 인천공항을 찾는 여객 수는 작년에 비해 800% 가까이 증가('19년 대비 34%)할 것이라고 합니다. ['22.7.7. 인천공항공사 브리핑]

미국과 유럽을 시작으로 우리나라를 포함한 많은 국가들이 백신과 격리 요건과 같은 방역장벽을 낮춤에 따라 바야흐로 그동안 억눌렸던 해외여행의 욕구가 분출되는 현상이며 이러한 증가추세는 여름 성수기를 거치면서 더욱 확대될 것으로 예상됩니다.

국내항공사들의 영업실적에도 긍정적 변화가 나타나고 있습니다.

코로나19 팬데믹 초기부터 화물운송 부문의 실적 호조로 여객운송부문의 감소치를 일치감치 보완해온 대한항공과 아시아나항공은 늘어나는 여객수요에 힘입어 올해는 코로나19 이전을 웃도는 운송실적과 영업이익을 달성할 것으로 전망됩니다.

저비용항공의 대표주자인 제주항공과 진에어 역시 올해에는 그간 누적되어 온 적자폭을 줄이고 위드코로나 시대에 맞는 새로운 도약을 준비하고 있습니다.

여전히 코로나19 이전에 비교하면 1/3 수준에 불과한 국제선운항 규모가 아쉽습니다만 첫 술에 배부르겠습니까?

이제 시작이니 머지않아 김포공항에서 중국 상하이, 타이베이는 물론 일본 오사카로도 예전처럼 자유로운 여행길이 열릴 날을 기대해봅니다.

이번 「항공운송실무」 3판은 우리 생활 속에서 '엔데믹'으로 접어들고 있는 코로나19 여파에 따라 바뀐 규정들과 실제 현장에서 적용되는 절차들을 반영하였습니다.

특히, 각 챕터에서 익혀야할 필수 지식을 학생 스스로 탐구할 수 있는 work-sheet를 배치하여 확대되는 대면 수업은 물론 비대면 수업에서도 학생들이 자발적이고 적극적으로 참여할 수 있게끔 도모하였습니다.

이번 개정판이 블랙홀 같았던 코로나19 속에서도 항공서비스인의 꿈을 포기하지 않고 미래를 향해 뚜벅뚜벅 한 걸음씩 내딛는 모든 학생들에게 빛나는 안내서가 되기를 바랍니다.

이번 작업에서도 변함없는 열정과 신념으로 지원해주신 한올출판사에 모든 집필진을 대신하여 감사드립니다.

2022년 7월
윤원호

Preface - 2판

새로운 세상이 열렸다. 불과 6개월 전만 하더라도 소설이나 영화 속의 상상으로만 여겼던 세상이 점차 현실이 되어가고 있음을 우리 모두가 체감하고 있다. 물론 코로나-19(COVID-19) 때문이다. 코로나-19가 휩쓸고 있는 충격과 여파로 누구는 2020년이 AC(After Corona) 1년으로 인류 역사에 새 연호(年號)가 될 것이라고 한다. 새로운 세상은 정치와 경제, 사회와 문화 뿐 아니라 학교에 가고 직장에 출근하는 지극히 일상적인 생활마저 변화시키고 있다.

글로벌 GDP(국내총생산) 성장률은 2019년의 평균 6%에서 2020년 3분기에는 8%까지 떨어졌다. 코로나19의 팬데믹은 그 어떤 분야보다 항공산업에 특히 심각한 영향을 주고 있는데, IATA(국제항공운송협회)에 따르면 전 세계 항공편 운항편수가 올해 1월 대비 80%나 감소하였으며, 글로벌 RPK(Revenue Passenger Kilometer)는 2019년 4% 증가에서 2020년 3분기에 80% 줄어든 것으로 나타났다.[COVID-19 Updated Impact Assessment. 14th April 2020. IATA]

국토가 크지 않아 상대적으로 국제노선에 더 의존하는 우리나라의 항공운송사업의 상황은 한층 위태롭다. 올 2분기에 우리나라 항공사들은 모두 수백억 원씩의 손실을 입었으며 이런 상황은 당분간 나아지지 않을 것으로 예상되고 있다. 항공화물 수요와 운임 상승으로 대한항공의 경우 흑자전환이 전망되기도 하지만 이 역시 여객수요 회복이 없는 상태에서는 큰 의미를 부여하기는 힘들 것이다. 바야흐로 바닥이 어딘지 모를 심연으로 추락하고 있다는 무거운 느낌이 들지 않을 수 없는 요즘이다.

그러면, 코로나-19가 끝나지 않는다면, 코로나-19가 종식되더라도 또 다른 바이러스가 유행한다면,

앞으로 항공여행은 더 이상 할 수 없는 것일까?

여행은 인간의 원초적 욕구 중 하나다. 어디론가 떠나고 싶어 하는 인간의 마음은 변할 수 없는 본능과 같다. 어둠과 두려움으로 가득한 미지의 세계를 향한 여행에 대한 욕망이야말로 오늘 인류의 문명을 이룬 원동력이지 않은가? 코로나-19와 같은 바이러스는 두렵고 위험한 현상이지만 우리 사회와 현대 과학이 예측할 수 있는 세계라고 생각한다.

코로나-19는 사람들의 여행 거리를 자동차로 갈 수 있는 비교적 가까운 공간에 한동안은 묶어둘 것이다. 그러나 사람들은 새로운 환경에 맞는 새로운 여행문화를 창조하여 다시 자아실현을 이루고 삶의 원동력을 돋우는 도구로 삼을 것이다.

항공산업의 위축은 항공사와 항공기 제작회사에만 영향을 미치지 않는다. 항공여행객들로 인해 삶을 영위하는 수많은 지역과 사람들에게도 타격을 준다. 지난 25년간 글로벌 GDP가 연평균 5% 전후로 성장하는 동안 항공산업은 911과 SARS의 광풍이 몰아쳤던 2000년대 초의 3여년을 제외하곤 GDP 성장률을 훨씬 넘는 성장세를 줄곧 이어왔다. 항공산업은 이미 지역과 국가는 물론 세계경제에 필수적 기간산업이 된 것이다.

국가 간 항공여행의 방식은 바뀔 것이다. 항공방역과 항공검역에서 안전을 담보하는 프로세서가 구축될 것이다. 백신과 치료제가 나오면 VWP(비자면제제도)나 APIS(사전출입국심사)와 같이 면역여권과 면역비자처럼 검역과 면역을 인증하고 사전에 확인하는 국가 간 표준인증심사제도가 도입될 것이다. 종전의 단체여행과 패키지여행은 줄어들고 항공여행의 가격이 오르고 국외여행에 대한 전체 수요는 작아지는 등 적지 않은 변화가 밀려오겠지만, 개별 소규모 여행을 제대로 하겠다는 의지에 부응하는 새로운 여행 패턴이 나타나고, 그에 맞는 항공운송상품이 개발되고 운송수요를 지원하는 정책이 뒷받침될 것이다.

항공운송서비스의 절차와 물리적 환경 역시 변화하고 있다. 코로나-19로 인해 서비스 전 산업에서 이미 진행 중이던 언택트 서비스가 공항과 항공기내에도 보편화되는 추세다. 키오스크과 모바일기기 사용을 주축으로 하는 Fast Travel 현상이 더욱 확대되고, 기내식제공과 면세품판매를 위주로 하는 객실서비스절차도 규모와 과정이 대폭 바뀌고 있다. 항공사와 서비스회사들은 직원채용과 훈련과정에서 민첩성과 스마일보다는 안전성과 정확도에 더 큰 가치를 부여하고 서비스 매뉴얼도 상당부문 바꿔나갈 것이다.

올 1학기 수업이 학교에선 보기 힘들었던 온라인 강의로만 진행되었다. 숱한 시행착오가 있었고 아쉬운 점도 많았지만 학생과 교수자 모두 소중한 경험적 자산을 얻는 결과도 낳았다. 다가오는 2학기부터 대면 수업이 이루어진다 하더라도 온라인 강의 방식의 큰 흐름은 변하지 않을 것이다. 올 1학기를 마치면서 예년보다 많은 학생들이 진로에 대해 염려하며 필자에게 상담을 요청하였고 함께 공감하며 대화를 나누었다. 이는 항공운송사업의 위축에 따른 취업시장의 어려운 상황 때문일 것이다. 한편으로는 대면수업에서 얻을 수 있는 토론과 발표, PBL(Project Based Learning) 수업 및 직접적 피드백 등을 통한 생생한 지식과 다양한 경로로 사례경험을 배우거나 접하지 못함으로 인한 불안감도 한 원인이 되었다고 본다.

코로나-19라는 격랑 속으로 휩쓸린 지 7개월, 우리는 이제 길고 어두운 터널 하나의 입구에 들어섰을 뿐이다. 그러나 터널 밖에서 바라보았던 어둠은 이미 익숙해지고 있다. 두려움에 흔들리고 도망치고 싶은 마음이었지만 어느새 그 어둠과 두려움을 헤치고 뚜벅뚜벅 걷고 있지 않은가? 우리가 함께 한다면 머지않아 터널의 끝 역시 우리 앞에 드러날 것이라고 믿어 의심치 않는다.

이번 개정판은 코로나-19 사태와는 무관한 항공운송서비스의 기본적 절차와 시스템, 규칙과 규정을 담으려고 노력하였다. 아울러 이 책으로 학습하는 학생들과 지도하시는 교수님들께 항공운송사업과 항공운송서비스에 대한 코로나-19 영향과 전망에 대해 본 서문으로 조금이나마 공유하기를 희망한다.

어려운 시기임에도 변함없는 열정으로 지원을 아끼지 않으신 한올출판사에 모든 집필진을 대신하여 감사드린다.

2020년 7월

윤원호

Preface-1판

　2015년 이후 해외로 여행을 떠나는 우리나라 국민이 매년 18% 이상 증가하고 있습니다. 2017년 한 해만 이천육백만 명이 해외여행을 하였는데 우리나라 인구 2명 중 1명인 셈이죠.

　이렇게 우리나라에서도 항공여행은 일상이 되었습니다. 동료들과 점심을 먹다가 우연히 나온 말 한마디에 금요일 저녁비행기로 제주도나 오사카로 훌쩍 떠남이 낯설지 않습니다. 누구나 틈만 나면 저축하듯 휴일들을 모으고 여가시간을 만들어 먼 이국의 휴양지나 생경한 도시로 떠나는 꿈을 꾸고 구체적인 계획을 생각합니다.

　공항은 여행의 도시입니다. 여행의 꿈은 여행자가 공항에 도착해서야 비로소 현실이 됩니다. 비행기가 이륙하면 여행자들은 자신이 돌아오는 날, 지금 떠나는 이곳에서, 낯선 경험으로 인해 변하거나 성숙한 자신을 다시 만나게 될 것임을 예감합니다.

　여행 인구가 늘면서 항공운송산업의 일자리도 확대되고 있습니다. 본 교재는 가까운 미래에 항공서비스 직무에 종사하게 될 학생들이 반드시 알아두어야 할 항공운송서비스의 의미와 기본 실무 지식들을 여객의 관점에서 이해하고 익힐 수 있는데 중점을 두고 집필하였습니다.

본 교재를 배움으로서 학생들은 여객이 공항에 도착하여 수속을 거친 다음 비행 후에 목적지 공항에 도착하기까지 일련의 흐름으로 이루어지는 항공사의 서비스와 실무를 이해할 수 있습니다.

집필진들은 각자 다양한 항공 분야에서 풍부하고도 전문적인 경험을 바탕으로 세부 콘텐츠들을 구성하였고 현직에서 학생들을 가르치며 몸소 깨달은 학생들의 학습 가능범위와 강의 커리큘럼들에 대해 치열한 토론과 상호검증을 거쳐 학생들이 한 학기에 효율적으로 배우고 익힐 수 있는 내용만을 군더더기 없이 엄선하여 생생한 지식과 이론으로 다듬었습니다.

모쪼록 본 교재가 항공운송서비스를 배우는 모든 학생들이 희망하는 직업과 직무에 진출하는 데 작은 디딤돌이 될 것을 믿고 또 그렇게 이용될 수 있기를 바랍니다.

본 교재를 만들기까지 시간과 노력을 아끼지 않은 모든 집필진들과 탁월한 전문성으로 편집해주신 한올 출판사에 깊이 감사드립니다.

집필진 일동

Contents

Contents

Contents

Contents

9 출 국(Departure)

Contents

1

항공운송산업 개요
Aviation Industry

Aviation Industry

한올이는 다음 주부터 공항으로 출근을 한다.
본격적으로 일을 시작하기 전에
항공여객운송직원으로서 항공운송산업이란 무엇이며
그 발달과정을 먼저 알아두어야겠다.
또 평생일터가 될지 모를 공항의 구조와
기능에 대해서도 기본적 지식을 갖추어 두는 것이
신입직원의 자세가 아니겠는가?

1. 항공운송산업의 정의

운송(運送. Transportation)은 사람이나 동물, 물건 또는 재화를 태우거나 실어서 한 장소에서 다른 곳으로 나르는 것이다. 운송의 유형을 운송의 형태와 통로에 따라 육상운송, 해상운송, 항공운송 등으로 나눌 수 있는데, 우리나라 항공사업법에서는 국제 항공운송사업을 "타인의 수요에 맞추어 항공기를 사용하여 유상(有償)으로 여객이나 화물을 운송하는 사업"이라고 정의하고 그 유형을 국내항공운송사업, 국제항공운송사업 및 소형항공운송사업으로 구분하고 있다. [항공사업법 제2조]

2. 항공운송산업의 특징

1 공공성

▲ 2025년 완공 예정인 울릉도 공항 조감도 [출처 : https://nuriwiki.net/ 울릉공항.jpg]

항공운송은 항로, 공항시설, 노선권 등의 공공재가 필요한 산업이자 대중교통수단의 일부로서 공익성이 요구되는 사업이다. 따라서 대부분 국가 정부는 국가 간의 항공협정과 외교정책을 기반으로 하여 자국의 항공발전과 공공성을 위해 공항의 건설과 운영, 항공노선과 스케줄 수립, 공급석 규모 결정 등의 시장에 개입하고 있다.

2 자본집약적 산업

항공운송산업은 고가의 항공기 구입, 전문화된 인력 확보와 유지, 유류비 등에 따른 고정비용이 큰 자본집약적인 산업이다. 항공사 운영 요건에 대한 국제기구 및 국가의 규제와 제한된 노선권을 둘러

▲ 세계 최대 항공사인 미국 아메리칸 항공의 다양한 기종의 비행기들

싼 치열한 경쟁 등으로 산업의 진입장벽이 비교적 높고 규모의 경제가 지배하는 과점적 특성을 지닌다.

3 소멸성

항공운송산업은 고품질의 환대산업(Hospitality Industry)으로 운항승무원과 정비사와 같은 숙련되고 양질의 인력 외에 많은 서비스 인력을 필요로 한다. 따라서 항공운송상품은 타 운송수단에 비해 고가(高價)의 상품

이자 서비스 산업의 보편적 성질을 가지게 되는데, 특히 좌석(공간)을 저장할 수 없고 생산과 동시에 판매됨에 따라 재고가 사라지는 소멸성에 취약하다. 고가의 항공기라는 물리적 상품과 높은 인적 자원의 의존도는 급격한 시장수요의 변화와 계절성에 신속하게 부응할 수 있는 공급력 조절이 쉽지 않은 것이다. 항공사들은 항공좌석상품의 소멸성을 극복하기 위해 같은 좌석이라도 Booking Class(예약등급)를 세분화하여 영업전략에 활용하고 있다. [3장 항공예약 참조]

4 계절성

항공화물운송사업은 항공여객사업에 비해서 계절성이 비교적 약하다.

항공여객운송은 경제활동 또는 여가 목적의 파생적 수요가 많은 부분을 차지하고 있어 기후, 휴일, 방학 등의 특정 시기와 경제상황에 영향을 받는 높은 계절성을 지닌다. 연중의 특정 시기에 영향을 받는 장기적 계절성 외에 단기적으로도 주중보다 주말에 수요가 집중하고 하루(Day) 중에서도 피크 시간대(Peak-Hour)와 그렇지 않은 시간대(Non-peak-Hour)로 뚜렷이 구분될 수 있다.

▲ Peak Hour(왼쪽)와 Non Peak Hour의 탑승수속지역　　▲ Non Peak 시간의 한가한 탑승수속지역

5 고속성, 정시성, 안전성

항공기는 대중교통운송수단 중 가장 빠른 속도를 보이는 고속의 성질을 가진다. 타 교통수단에 비해 차별적 속도를 지닌 항공운송은 빠른 만큼 공시된 운항시간표에 따라 출발(출발 정시성)하고 목적지에 도착(도착 정시성)해야 하는 정시성을 중요한 가치이자 서비스 평가지표로 여긴다.

빠른 속도와 정시운항보다 중요한 것은 안전성이다. 항공기는 가

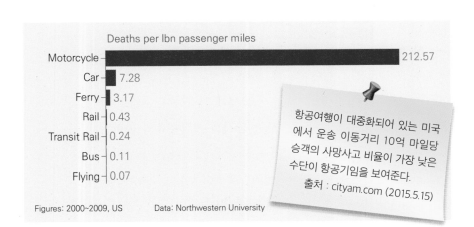

Deaths per lbn passenger miles

Motorcycle 212.57
Car 7.28
Ferry 3.17
Rail 0.43
Transit Rail 0.24
Bus 0.11
Flying 0.07

Figures: 2000~2009, US　　Data: Northwestern University

항공여행이 대중화되어 있는 미국에서 운송 이동거리 10억 마일당 승객의 사망사고 비율이 가장 낮은 수단이 항공기임을 보여준다.
출처 : cityam.com (2015.5.15)

장 안전한 운송수단으로 평가되고 있으나 단 한 번의 사고가 승객의 생명은 물론 항공사나 국가의 신뢰도에 치명적인 결과로 이어지기 때문이다.

기후변화와 항공운송

항공기를 탈 때 기차보다 이산화탄소를 20배 배출한다고 한다.(유럽환경청 " 150인승 기차의 승객 1명이 1km를 이동할 때 배출되는 이산화탄소의 양이 14g인 반면 88명이 탄 비행기 승객 1명은 285g)

국제민간항공기구(ICAO)는 2027년부터 항공사들에게 탄소상쇄 및 감출제도인 CORSIA(Carbon Offsetting and Reduction Scheme for International Aviation)를 의무화한다. 일정 기준을 초과해 이산화탄소를 배출하는 항공사는 탄소시장에서 배출권을 구매해 상쇄해야 하는 것이다.

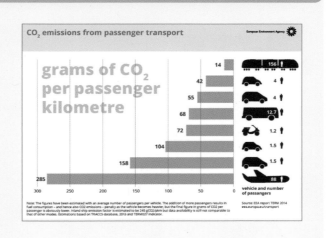

3. 항공운송산업의 유형

❶ 운송형태에 따른 분류

정기 항공운송사업

두 지점(도시) 사이에 항공노선을 개설하여 정해진 요일, 날짜, 시간에 여객과 화물을 유상으로 운송하는 항공운송업으로 국제민간항공기구(ICAO)에 국제적으로 적용하는 항공사의 운항시각표를 OAG(Official Airline Guide)에 공시해야 한다. 대한항공, 아시아나항공, 제주항공 등이 정기항공운송사업에 해당한다.

OAG

전 세계의 항공운항시간표와 운임, 통화, 항공사 및 여행에 관한 자료를 수록하고 정기적으로 갱신하는 항공운항시각표 간행지를 OAG라고 한다. 지금은 온라인상으로도 발간하고 있으며 OAG라는 이름으로 항공 네트워크 데이터를 분석하고 공급하는 기업이름이기도 하다.

부정기 항공운송사업

불특정 지점(도시)을 항공수요가 있을 경우에만 여객과 화물을 운송하는 사업으로 한 지점에서 출발하여 목적지나 중간지점에 착륙하지 않고 정해진 노선에 따라 출발지점으로 되돌아오는 관광운항사업도 포함한다. 항공기 전체를 임차하여 일시적 또는 일정기간 운항하는 형태의 전세기항공(Charter)도 부정기 항공운송사업의 일종이다.

관광비행과 전세비행(운송)

- 관광비행 : 관광을 목적으로 한 지점을 이륙하여 중간에 착륙하지 아니하고 정해진 노선을 따라 출발지점에 착륙하기 위하여 운항하는 것
- 전세운송 : 노선을 정하지 아니하고 사업자와 항공기를 독점하여 이용하려는 이용자 간의 1개의 항공운송계약에 따라 운항하는 것

[항공법 제3조(부정기편 운항의 구분)]

② 항공법에 따른 분류(항공사업법 제2조)

국내항공운송사업

- 국내정기편 운항과 국내부정기편 운항
- 국내항공운송사업은 국내공항 간에 일정한 노선을 정하고 정기적인 운항계획에 따라 운항하는 국내정기편 운항과 국내정기편 운항 외의 항공인 국내부정기편 운항으로 구분된다.

국제항공운송사업

- 국제정기편 운항과 국제부정기편 운항
- 국제항공운송사업은 국내공항과 외국공항 간, 또는 외국공항과 외국공항 간에 일정한 노선을 정기적인 운항계획에 따라 운항하는 국제정기편 항공과 국제정기편 운항 외 국내공항과 외국공항 간 또는 외국공항과 외국공항 사이에 이루어지는 국제부정기편 운항으로 구분된다. 일반적으로 정기노선을 가지고 있는 민간 항공사들은 모두 국내·국제항공운송사업자들이다.

▲ 우리나라의 국내/국제항공운송사업자들 ❶ 대한항공, ❷ 아시아나항공, ❸ 제주항공, ❹ 진에어,
❺ 에어부산, ❻ 티웨이, ❼ 이스타, ❽ 에어로-K, ❾ 에어서울, ❿ 에어프레미아, ⓫ 플라이강원
[이미지 출처 : 각사 홈페이지]

소형항공기운송사업

- 국내항공운송사업 및 국제항공운송사업 외의 항공운송사업
- 우리나라에 소형항공기운송사업만을 전문으로 수행하는 회사는 하이에어, 헬리코리아 등이 있으며, 대한항공은 국내·국제항공운송사업 외 소형항공기운송사업 면허도 소유하고 있다.

항공기 사용사업

- 항공기를 사용하여 여객과 화물의 운송 외의 업무를 행하는 항공사업
- 항공기 사용사업의 주 목적으로 취재, 보도 촬영,

▲ 소형항공기운송사업 - 하이에어의 주력기종 ATR72(왼쪽 위)와 대한항공의 소형항공기운송사업에 사용 되는 보잉비즈니스제트기(BBJ) 및 걸프스트림 실내 [이미지 출처 : https://airtravelinfo. kr/wiki/ file:Hiair_atr72.jpg, 대한항공 홈페이지]

지도제작 및 항공측량, 어군탐지, 농작물 씨앗 파종, 농약 살포, 순찰 등이 있다.

▲ 농약을 살포하는 항공기 [출처 : 농업신문]

▲ 취재와 보도용 헬리콥터 [출처 : MBC]

기타 항공기이용사업

항공기 정비업

여객기, 군용기 등 기체와 장비 또는 부품의 정비 등을 하는 사업 및 그에 대한 기술과 품질관리 등을 지원하는 사업이다. 일반적으로 항공사들은 모두 항공기정비사업을 영위하고 있으며, 우리나라에서 정기항공운송사업자가 아니면서 항공기 정비업을 하는 대표적인 회사는 KAI(한국항공우주산업주식회사)이다.

▲ 항공기체 정비와 엔진 정비 모습 [출처 : KAI 및 대한항공 홈페이지]

항공기 취급업

항공기 견인, 급유와 청소, 항공화물과 수하물의 상·하역과 운반 등, 공항에서 항공기의 지상조업을 하는 사업으로, 항공사 외에 항공기 취급만을 전문으로 하는 회사들이 있다. 흔히 공항 지상조업사(Ground Handling Company)라고 불린다.

▲ 지상조업 장비들과 항공기를 견인 중인 Towing Tractor [위쪽 이미지 : www.viennaairport.com]

상업서류 송달업

항공기를 이용하여 타인의 수요에 의하여 유상으로 우편법 규정에 해당하는 수출입 등에 관한 서류와 그에 부수되는 견본품 등을 송달해 주는 사업을 일컫는다.(Federal Express, UPS, DHL 등)

항공운송 총대리점업

항공운송사업자(항공사)를 위하여 유상으로 여객과 화물의 국제운송계약의 체결을 대행하는 사업을 말하며, 흔히 GSA(General Sales Agent)라고 부른다. 특정 국가 또는 지역 내에서 항공사와 계약을 맺고 항공사의 여객(화물)의 판매와 홍보, 선전 등 영업과 마케팅의 전부 또는 일부를 책임 대행하는 항공운송 총대리점이다. 공항에서 항공기 운항에 관련된 각종 계약과 인력운영 및 서비스를 대행하고 승객 출입국 서비스를 수행하기도 한다. 사업 등록과 운영에 별다른 제약사항이 없어 많은 수의 GSA가 활동하고 있다.

도심공항터미널업

공항이 아닌 장소에서 여객과 화물운송 및 제반 편의를 제공하기 위해 필요시설을 설치, 운영하여 이를 이용하게 하는 사업으로 1990년 문을 연 서울 강남의 삼성동 도심공항터미널을 시작으로 현재 서울역과 광명역을 포함 3군데의 도심터미널이 운영 중에 있다. 도심터미널에서는 탑승수속과 수하물 위탁 및 출국심

▲ 서울 삼성동 도심공항터미널 [이미지 출처 : 나무위키 미러] 및 인천공항 2터미널의 도심공항수속 승객 전용 출구

사를 마친 후 공항에서는 전용 출구를 통해 보안검색만 받은 다음 출국대합실로 들어가게 된다. 도심터미널 사용은 항공사와의 계약에 의한 것으로 마케팅과 고객서비스 측면에서 희망하는 항공사들이 도심터미널에 입주하여 탑승수속 서비스를 제공하고 있다. [COIVD-19 팬데믹 이후 운영 잠정 중단]

기타 항공운송업

항공운송사업에는 위에 언급된 사업 외에 항공기대여업, 항공레저 스포츠사업, 초경량 비행장치 사용사업 등이 있다.

3 운송대상에 따른 분류

항공운송사업은 사람(여객/Passenger)을 대상으로 운송을 하는 항공여객운송사업과 화물(Cargo, Freight)을 대상으로 운송을 하는 항공화물운송사업으로 분류된다.

대한항공과 아시아나항공과 같은 대형항공사들은 대체로 여객과 화물운송사업을 함께 운영하고 있으나, 여객운송 또는 화물운송만을 전문적으로 운영하는 사업자도 있다.

▲ 세계적인 항공화물운송사업자인 FedEx의 보잉767 화물기와 우리나라의 화물전용항공사 에어인천 [이미지 출처 : 각사 홈페이지]

4. 항공운송의 발달과정

하늘을 날고자 하는 인류의 바람은 세계 도처의 신화나 설화에 스며들어 있다. 르네상스 시대를 대표하는 만능 천재 레오나르도 다빈치가 남긴 비행기 설계에 영감을 받은 수많은 과학자와 모험가들의 숱한 연구와 도전 끝에 오늘날 우리는 제트비행기를 타고 지구 어디든지 날아갈 수 있게 되었다. 인류가 걸어온 항공운송의 주요한 발자취와 우리나라 항공운송산업의 발달과정을 알아본다.

1 세계의 항공운송산업 발달

시기	주요 인물과 내용
1505년	레오나르도 다빈치(이탈리아)의 비행을 위한 과학적 시도 새의 비행원리 과학적 분석, 헬리콥터 모형 개발
1783년	몽골피에 형제(Montgolfier/프랑스)의 열기구 최초 유인 비행 25분간, 8km의 비행 성공
1804년	조지 케일리 경(Sir. George Cayley/영국)의 최초의 모형 글라이더 비행 근대 비행이론을 개발하여 비행의 아버지로 불린다.
1891년	오토 릴리엔탈(Otto Lilienthal/독일)의 글라이더 이용 활강 성공 총 2,000여회 비행하며 동력비행기 개발에 영향을 끼쳤다.
1903년 12월 17일	라이트 형제(미국), 최초 유인 동력비행체 플라이어 1호(Wright Flyer 1) 개발하여 비행 성공
1911년	인도에서 프랑스 조종사 Henri Pequet이 공식우편물 6,500통 수송 (Allahavad - Nairi 간 약 10km 비행). 최초의 공식우편비행으로 기록
1919년	존 알콕과 아서 브라운(John Alcock, Arthur Brown/영국)의 북대서양 비행 최초 성공
1919년	민간 정기항공사 등장. KLM(1919년)을 필두로 유럽, 미국, 호주, 인도, 일본 등, 국가 지원을 받은 민간항공사들 본격 출현

시기	주요 인물과 내용
1927년 5월 20일	찰스 린드버그(미국)의 대서양 횡단. 뉴욕-파리 간을 33시간 50분 간 비행 대서양 무착륙횡단 성공
1944년	최초의 국가 간 항공협약인 시카고 조약 체결 하늘의 자유 협약, ICAO 및 IATA 설립
1949년 7월	De-Havilland 코메트 1, 제트여객기 탄생(영국). 1952년에 런던-요하네스버그에 취항
1969년 2월	보잉 점보기 B747 탄생. 영-불 합작 초음속 제트여객기 콩코드 비행 성공 ▲ 현재는 운항하지 않고 있는 Concord 여객기 모습 [출처: Airlineers.net]
1978년	De-Regulation(미국-규제완화정책) 발효. 미국 국내항공시장에 신규기업 참여, 신규 노선 운영 자유화, 항공운임 다양화 등의 정책 항공시장 확대와 항공자유화(오픈스카이)의 계기가 된다.
1980년 이후	Global Alliance 등장과 LCC의 성장. 항공운송시장의 경쟁 심화, 승객들의 요구 다양화, 각종 제약 환경 극복 등을 위한 항공사들의 제휴 확산. 항공동맹체(Alliance) 결성 규제완화정책 이후 미국의 사우스웨스트 항공을 필두로 새로운 비즈니스 모델의 저가항공사(LCC)들이 증가하였고 e-Business 발달에 힘입어 전 세계적으로 확산, 성장하는 추세이다.

② 우리나라 항공운송산업 발달

우리나라 최초의 조종사

우리나라 사람이 우리나라에서 최초로 비행한 항공조종사는 안창남이다. 안창남은 1922년 일본비행학교를 졸업하고 국민의 성금을 지원받아 여의도 간이 비행장에서 모국방문 비행행사를 가지게 된다. 안창남은 나중에 중국으로 망명하여 독립운동에 열정을 바쳤으며 비행교관으로 활동하다 1930년 비행기 추락사고로 불꽃같은 짧은 생을 마감하였다.

▲ 안창남(우측)과 권기옥(좌측) [이미지 출처 : 위키백과, KBS 한국의 유산]

여성으로서 우리나라 최초의 비행사는 권기옥이다. 권기옥은 중국 윈난성 비행학교를 졸업하고 역시 일제에 맞서 독립운동에 전념하다 해방 후에는 국방위원회 위원으로 활약하였다.

첫 항공 정기노선과 공항

1929년 4월 우리나라의 첫 비행장인 여의도비행장이 건설되었다. 우리나라의 첫 정기항공노선은 동경-후쿠오카-대구-서울-평양-신의주-대련 구간을 매일 1회 왕복 운항하였던 일본항공수송(주)이 개설하였고, 같은 해 9월에는 울산비행장이 개장되었다.

1958년 김포국제공항 개항으로 우리나라는 본격적 민간항공시대를 열게 되었다.

▲ 1962년 개항초기의 김포공항 전경과 세관검색대 [출처 : 국가기록원]

KNA 탄생

1948년 10월, 우리나라 첫 민간항공회사인 대한국민항공사(Korean National Airlines)가 창설된다. 처음에 미국 스틴슨 5인승 항공기 3대를 도입하여 국내선 노선을 운영하였으며 72인승 DC4 항공기도 추가 도입하여 1951년 한-일 노선 취항 후 타이페이, 홍콩 등지로 노선망을 확대하였다. KNA는 1958년 창랑호 항공기가 북한으로 피납되는 사건과 항공기 전복 등의 사고로 경영난에 어려움을 겪다 1961년 도산하였다.

▲ KNA 창랑호와 피납 당시 신문기사 [이미지 출처 : 통일부/헤럴드뉴스, 동아일보]

대한항공 탄생과 복수항공사 시대

KNA 이후 한국항공(Air Korea), 국영대한항공공사(Korea Air Lines, Co. Ltd.)로 이어져오다가 1969년 대한항공공사가 대한항공(Korean Air)으로 민영화되었다.

대한항공은 우리나라 산업발달과 함께 비약적 발전을 이루었으며 현재 국제선 수송실적 기준 세계 10위권의 항공사가 되었다. 1988년 항공여행자유화와 함께 아시아나항공(Asiana Airlines)이 출범하게 되면서 우리나라도 실질적 복수항공사체제를 갖추었다. 2022년 현재 저비용항공사(Low Cost Carrier. LCC)인 제주항공, 진에어, 에어부산, 이스타항공, 티웨이항공, 에어서울, 플라이강원, 에어프레미아, 에어로 케이 등을 포함하여 총 11개의 정기항공운송사가 운항 중이다.

공정위의 승인 조건 내용 요약

- 경쟁 제한성이 있는 국내외 여객노선에 대해 향후 10년간 슬롯·운수권 이전 및 각 노선에 대한 운임인상제한, 좌석 공급 축소 금지조치 등
- 경쟁 제한성이 있는 노선 : 국제선 26개 노선, 국내선 14개 노선 (국내외 화물노선 및 항공정비시장 등에서는 경쟁 제한성이 없다고 판단)

항공여객실적

1959년 항공여객 9만3천명(국제 2만5천, 국내 6만8천)에 불과하였던 우리나라 항공이용 여객 수는 2016년에 연간항공여객 수 1억 명을 돌파하였고 이후에도 꾸준히 증가하고 있다. 세계 속의 우리나라 항공운송실적 수준은 국제여객운송 7위, 화물운송 5위로, '톤+킬로미터' 기준 평균 7위에 달한다.(2017년 기준, 정책통계-ICAO, Annual Report of the Council, 2020)

5. 하늘의 자유(Freedoms of the air)

2차 세계대전이 끝날 무렵인 1944년 시카고 회의(1944년)에서 국가 간 분쟁을 막고 외국 항공기의 자국 운행을 규제하여 자국의 권리를 보호하기 위해 '하늘의 자유'가 제정된다. 처음에 다섯 가지 자유로 출발하였으며 현재는 아홉 개(제9의 자유)로 늘어났으나 대체적으로 제7의 자유까지 활용되고 있다.

1 항공자유화협정

한 국가의 영공을 통과하거나 운송할 권한에 대해 국가 간의 항공운송에 관한 협정(체제)으로 흔히 이원권 또는 Open Skies(오픈 스카이)로 불린다. 각 국가들은 항공자유화 협정을 통하여 항공사 지정, 노선 설정, 운항횟수, 항공운임 등에 관한 협정 및 국가 간의 정기민간항공 노선개설과 운영을 교환하고 보장한다. 항공자유화는 협정 국가 간은 물론 관련 시장에서의 항공운송교통량과 여객접근성을 늘리고 항공운송요금을 내리는 효과를 나타내고 있다.

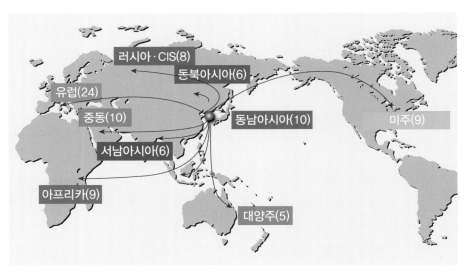

▲ 우리나라의 항공자유화 현황 [외교부. 2020], 2020년 5월 현재 총 87개국 체결 (발효 83, 미발효 4)

2 운수권(Traffic Right)

항공기가 상업 운항을 할 수 있는 권리로 국가 간의 운수권은 항공협정을 통해 정해지며 우리나라는 국토교통부가 항공회담에서 획득한 운수권을 '국제항공운수권 및 영공통과이용권 배분 등에 관한 규칙'에 의거하여 신규운수권과 증대운수권으로 나누어 국적항공사에 배분한다. 이때 확보한 운수권의 규모(횟수)에 따라 배분 항공사 수를 결정한다.

 운수권 종류

- 신규운수권 : 항공사가 운항할 수 없던 외국지역에 새로 확보한 운수권
- 증대운수권 : 항공사가 운항할 수 있던 외국지역에 추가로 확보한 운수권

3 기술착륙(Technical Landing)

운항 중인 항공기가 비상 급유, 항공기체 이상, 긴급환자 발생 등, 유상화물의 운송 목적이 아닌 이유로 제3의 국가에 임시 착륙하는 것을 말한다.

베트남항공, "한국인 승객 긴급치료 위해 홍콩서 비상 착륙"

베트남항공은 최근 자사 여객기가 하노이에서 부산으로 가던 중 두 명의 응급환자가 발생해 이륙 후 약 두 시간여 만에 홍콩으로 긴급 회항하는 일이 있었다고 밝혔다.

베트남 항공에 따르면, 지난 10월 28일 베트남 현지 시각으로 오전 00시 25분에 하노이에서 출발해 김해국제공항으로 향하던 VN426편 여객기 내에서 한국인 응급환자가 발생했다. 탑승 중인 한국인 승객은 급작스런 가슴의 통증을 호소하며 의식을 잃은 채 기내에서 쓰러졌고, 돌발 상황이 발생하자 승무원들은 신속하게 기내에 있던 승객 중 전문 의료인들과 협조하여 쓰러진 승객에게 산소를 공급했다. 그러나 상황이 호전되지 않자, 해당 여객기는 홍콩으로 긴급 착륙을 결정, 쓰러졌던 승객은 착륙 직후 현장에서 대기한 구급차를 통하여 병원으로 후송됐다. (…… 중략 ……) 해당 아동 승객은 같은 날 오후에 상태가 호전됐고, 함께 탑승했던 가족들은 베트남 항공의 도움으로 28일에 한국행 항공편을 예약할 수 있게 됐다.

[중앙일보 기사 2017.10.31. 요약]

4 하늘의 자유 유형

제1의 자유(First Freedom of the Air)

영공 통과(Over Flying)의 자유, 자국의 항공기가 제3국의 영공을 횡단(무착륙) 비행할 수 있는 자유를 말한다.

제2의 자유(Second Freedom of the Air)

기술착륙(Technical Landing)의 자유, 운송 목적이 아닌 긴급한 급유, 정비 목적으로 이착륙할 수 있는 자유. 인도적인 측면에서 대부분 용인된다.

제3의 자유(Third Freedom of The Air)

자국 내에서 승객과 화물을 싣고 상대국으로 수송할 수 있는 자유. 제4의 자유와 함께 사용된다.

제4의 자유(Fourth Freedom of The Air)

상대국 내에서 승객과 화물을 싣고 자국으로 수송하는 자유. 제3의 자유와 함께 사용된다.(3, 4자유 - 노선 개통)

제5의 자유(Fifth Freedom of The Air)

상대국과 제3국 간 승객과 화물을 수송할 수 있는 자유. 이원권이라고도 한다. 즉, 중간 경유지에서 영업과 운송이 가능하다.

예 대한항공 : 서울-오사카-괌. 싱가포르항공 : 싱가포르-서울-샌프란시스코

제6의 자유(Sixth Freedom of The Air)

상대국과 제3국 간 승객과 화물을 자국을 경유하여 수송하는 자유를 말한다.

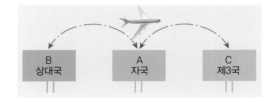

제7의 자유(Seventh Freedom of The Air)

상대국과 제3국 사이만 왕래하면서 승객과 화물을 수송하는 자유. 즉, 자국 밖에서 운항할 수 있는 권리로 상대국 내에서의 허브공항 전략이 가능해진다.

제8의 자유(Eighth Freedom of The Air)

자국에서 출발하여 상대국 국내 공항 간에 승객과 화물을 수송하는 자유이다.

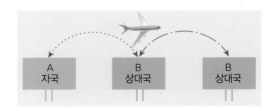

제9의 자유(Ninth Freedom of The Air)

자국에서 출발하지 않고도
상대국 국내 지점 간에 승객과
화물을 운송하는 자유이다.

[출처 : NCS 항공여객운송. 항공서비스 개요분석]

실무 worksheet

1. 비행기는 세계를 연결하는 신속하고 편리한 운송수단이지만 온실가스를 유발하는 기후위기의 주범으로 인식되고 있는 실정이다. 이에 각 국가는 물론 글로벌 항공사들은 비행기 운항과 공항운영에서 파생되는 온실가스를 줄이기 위해 다각적 노력을 기울이고 있다. 이러한 세계적 탄소중립 추세에 어떻게 대응하고 있는지 그 사례를 글로벌 항공사들과 공항에서 하나씩 찾아서 토론해보자.

항공사(해외) _____	
항공사(국내) _____	
공항 _____	

실무 worksheet

2. '하늘의 자유'를 이용하여 우리나라에 취항하고 있는 국내외 항공사들의 실제 운항노선을 하나 찾아서 아래 칸에 그림으로 표현해보자.

'3,4의 자유'의 사례	
'5의 자유'의 사례	
'6의 자유'의 사례	

QUIZ

01 다음의 '항공운송사업'에 대한 설명에서 빈 칸에 적절한 말을 써 넣으시오.

> 항공운송사업이란 "타인의 수요에 맞추어 항공기를 사용하여 (   )으로 여객이나 화물을 운송하는 사업"이다.

02 아래에서 항공운송사업의 특성으로 적절하지 않은 것을 고르시오.

① 연중 또는 특정 시기의 영향을 많이 받는다.
② 진입장벽이 비교적 높다.
③ 계획된 운항스케줄을 지키려는 정시성에 큰 가치를 둔다.
④ 속도가 빠른 반면 안전성은 다소 떨어진다.
⑤ 대규모 자본이 요구된다.

03 다음은 항공운송의 발달사에 중요한 이정표가 되는 인물 또는 사건들이다. 시대 순으로 나열하시오.

① 찰스 린드버그   ② 조지 케일리
③ 시카고 조약   ④ 라이트 형제
⑤ 오토 릴리엔탈

04 아래 설명에서 빈 칸에 해당되는 이름을 써 넣으시오.

> 우리나라 사람의 최초 비행은 1922년 일본비행학교를 졸업한 (   )이 여의도 간이 비행장에서 모국방문 비행행사를 가진 것이며, 여성으로서 우리나라 최초의 비행사는 중국 윈난성 비행학교를 졸업하고 항일 독립운동에 평생을 바친 (   )이다.

Memo

2

공항
Airport

Airport

베트남 여행 계획을 세운 한올이 가족,
항공편을 알아보니 인천공항에서 출발한다는데, 김포에서
출발하는 국내선은 몇 번 이용하였으나 인천공항에서
출발하는 국제선 탑승은 처음이다.
 TV에서 자주 보았던 인천공항에는 어떤 시설이 있고
공항은 어떤 역할을 하는지 궁금해진 한올이! 이번 기회에
공항에 대해 알아봐야겠다고 마음먹는다.

항공여행의 첫 출발인 공항의 여객청사에 들어가면 바로 보이는 안내판. 이 안내판에 승객이 필요로 하는 모든 정보가 모여 있다.

이와 같은 안내판을 '운항정보 안내시스템(FIDS, Flight Information Display System)'이라고 한다. FIDS에서 다음 정보를 확인할 수 있다.

▲ 인천공항 FIDS

- 출발시간
- 항공사 및 항공편 번호
- 목적지
- 지연 여부
- 탑승수속 카운터
- 탑승구
- 기타 안내 필요사항

1. 공항의 구조와 기능

1 공항의 기본 구조

공항은 크게 에어사이드(Air Side)와 랜드사이드(Land Side), 두 개의 구역으로 분류된다. Air side는 항공기의 이착륙과 지상에서의 이동이 중심이 되는 지역이고 Land Side는 여객의 탑승수속과 일반인들의 편의성을 위주로 구성된 지역이다.

Air Side의 주요 시설로는 활주로, 계류장, 항공기 진출입지역(Landing Area), 주기장과 활주로를 이어주는 유도로, 항공기의 이착륙과 항행을 관장하는 관제탑(Tower), 항공기 정비기지, 소방대 등의 항공기 지상지원시설 등이 있고, Land Side에는 Air Side를 제외한 공항지역으로 탑승수속 카운터, 출발과 도착 대기실, 각종 쇼핑과 문화시설 등이 있다.

Air Side는 허가된 사람이나 탑승권을 발급받은 승객만 출입할 수 있어 보안검색지역을 경계로 Land Side와 나누어진다.

▲ 에어사이드   ▲ 랜드사이드

▲ 인천공항 1 터미널에서 바라본 에어사이드와 랜드사이드 지역. 실제로는 각 층과 구역마다 매우 복잡하지만 대체로 붉은 선(가상의 선)을 기준으로 나눌 수 있다.

❷ 국제선 여객터미널의 기본 구조

개요

대형공항의 국제선 여객터미널은 일반적으로 6개의 층(지하 2, 지상 4)으로 되어 있다. 대형 항공기의 크기에 맞춰 출발승객 서비스시설은 대부분 3층에 집중되어 있어 공항으로 들어오는 차량 진입로(커브사이드. Curbside)가 3층으로 연결되는 것이 일반적이다.

승객이 공항에 도착하면 탑승수속-보안검색-출국심사-비행기 탑승 절차를 거의 같은 층에서 밟게 된다. 인천공항의 경우 3층이 출발장이고 2층과 4층은 VIP 라운지, 식당 등 편의시설과 사무실들이 밀집되어 있다.

▲ 공항 터미널 진입 커브사이드(Curbside)

비행기가 도착 후 승객이 탑승교(Boarding Bridge)를 이용하여 터미널의 2층으로 하기하는데 같은 층에서 검역절차(Quarantine)와 입국심사(Immigration)를 거치고 1층으로 가서 수하물을 찾는다. 수하물을 찾는 장소(Baggage Claim Area)에 있는 세관(Custom) 검색대를 통과하면 입국수속이 마무리되며 출입문을 나오면 Air Side를 벗어나 Land side가 된다.

외국의 경우 Immigration과 세관검색이 1층에서 이루어지는 공항도 있으며, 미국의 공항들은 CBP(Custom and Boarder Protection) 심사가 대체로 1층에서 이루어진다.

터미널 및 공항의 지하는 터미널 운영에 필요한 기계와 각종 지원설비와 위탁 수하물이 운반되는 대규모의 BHS(Baggage Handling System) 지역이며, 인천공항은 터미널 간 이동 열차역과 철로가 지하에 설비되어 있다.

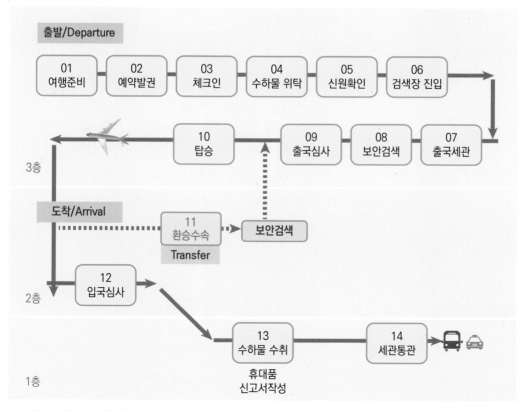

▲ 국제선 공항에서의 승객 이동 절차

여객서비스 시설

탑승수속과 발권 카운터(Check-in & Ticketing Counter)

출발 여객이 공항 도착 후 가장 먼저 들리는 곳으로 항공사 직원이 승객 여행 서류를 확인하고 좌석배정 후 위탁수하물을 접수한다. 항공사 직원이 없는 셀프 체크인 키오스크와 자동위탁수하물 카운터도 여기에 속한다.

▲ 탑승수속지역의 FIDS(Flight Information Display System)와 카운터

보안검색

보안검색요원이 승객의 여권과 탑승권의 이름이 일치하는지와 여권사진과 얼굴을 대조하고, 문형탐지기와 휴대용 X-ray 기계를 이용하여 탑승권을 발급받은 승객과 승객의 휴대수하물에 대한 위험물 소지 여부를 확인한다.

▲ 보안검색 절차 : 승객 신원 확인 ➡ 소지품 검사 ➡ 신체검색(X-Ray 및 금속탐지)

출국심사

법무부 산하 출입국관리사무소 직원이 승객 여권의 유효성과 출국자격 여부를 심사한다.(항공사 직원이 승객의 목적지국가의 입국 유효성까지 확인하는 것과 달리 여기서는 승객의 출국 적격성만 심사한다)

▲ 전통적 방식의 유인 출국심사대와 무인자동심사대(Automated passport control KIOSKs. 핀란드 헬싱키 공항 [출처 : https://www.finavia.fi/]

CIQ

도착승객이 비행기에서 내리면 Quarantine(검역), Immigration(입국심사), 그리고 위탁수하물을 찾은 다음 Custom(휴대품 관세) 순서로 입국심사를 받게 되는데, 이 절차의 앞 글자를 줄여 CIQ라 부른다. 미국에서는 US CBP(Customs and Border Protection-관세 및 국경보호청)가 이에 해당된다.

◀ 인천공항 세관에서 활약하는 마약탐지견(위)과 미국 샌프란시스코 공항의 무인 입국심사 키오스크(아래) [이미지 출처 : 관세청블로그 ecustoms.tistory.com, US CBP 홈페이지]

2. 공항의 개념

❶ 비행장

- 항공안전법에서는 '항공기의 이착
  륙(수면의 경우 이착수)을 위해 사용되는
  육지 또는 수면의 일정한 구역'을
  비행장이라고 한다.(항공안전법 제2조 제
  21호)
- 민간용, 군사용 등을 모두 포함하
  며, 육지가 아닌 수면도 공항이 될
  수 있다.
- 활주로, 유도로, 주기장 및 항행안
  전시설이 필요하다.

❷ 공항

공항의 정의

    항공안전법에서는 "공항시설을 갖춘 공공용 비행장으로서 국토교통부장관이
그 명칭·위치 및 구역을 지정·고시한 것"이라고 정의하고 있다.(항공안전법 제2조 제22호)

공항시설

- 항공기의 이착륙과 여객, 화물의 운송을 위한 시설과 그 부대시설 및 지원시
  설을 포함한다.
- 이착륙을 위한 활주로가 있어야 하며, 여객시설을 위한 터미널이 필요하다.
- 국제공항은 출입국관리의 3대 업무(CIQ - 세관, 출입국관리, 검역)를 위한 시설이 갖춰
  져야 한다.

C.I.Q. (Customs, Immigration, Quarantine-세관, 출입국, 검역)

CIQ란?

공항 내 출입국 업무를 담당하는 기관의 통칭으로 출입국 업무 자체를 의미하기도 한다.

C : Custom(s), 관세업무, 세관
한국의 경우 관세청에서 세관업무를 처리하고 있으며, 인천공항의 경우 인천본부세관에서 관세와 관련된 업무를 처리한다.
※ Custom - 습관, 관습, 풍습을 의미하는 명사이나, Customs라고 s를 붙이면 단수로서 '세관'이라는 전혀 다른 단어가 된다.

I : Immigration, 출입국 관리, 출입국 관리 사무소, 이민국
법무부 산하 출입국관리사무소에서 내·외국인에 대한출입국 관리, 외국인 등록, 체류 조건 등의 업무를 처리한다.
※ 미국의 경우 Immigration이라고 하면 우리말로 '이민국'이라고 번역되는 경우가 대부분이나, 한국은 '출입국 관리'로 번역하여 사용한다.

Q : Quarantine, 질병 반입 예방 및 동·식물 검역업무
질병에 대한 검역은 보건복지부 질병본부 산하 국립인천공항검역소에서 담당하며 동,식물에 대한 검역은 농림축산식품부 산하의 농림축산검역본부에서 업무를 처리한다. 코로나바이러스 감염증 발병 이후, 그 중요성이 더욱 강조되고 있는 업무영역이다.
※ 이탈리아어로 40을 뜻하는 Quaranta에서 나온 말로 40일(40 days)을 의미하는 Quarantina가 그 어원이다. 중세 질병을 가지고 있을 것으로 의심되는 사람이나 동물을 40일간 격리시킨 후 입국시키던 관행에서 비롯된 단어이다.

3 우리나라의 공항(2020)

우리나라에는 민간상업항공기가 사용할 수 있는 15개의 개항공항이 있다. 국제선 노선이 운영되는 8개의 국제공항과 국내선 항공편만 운항하고 있는 7개의 공항이 있으며 이 중 8개의 공항은 군용으로도 사용되고 있다.

No.	공항	IATA	iCAO	유형	처리능력(운행횟수)	활주로 수/최고등급 CAT
1	인천	ICN	RKSI	국제/국내	410,000	3/CAT-Ⅲ b
2	김포	GMP	RKSS	국제/국내	226,000	2/CAT-Ⅲ b(14R)
3	양양	YNY	RKNY	국제/국내	43,000	1/CAT-I
4	원주	WJU	RKNW	국내/군용	115,000	1(PAR)
5	대구	TAE	RKTN	국제/국내/군용	140,000	2/CAT-I
6	청주	CJJ	RKTU	국제/국내/군용	140,000	2/CAT-I
7	포항	KPO	RKTH	국내/군용	100,000	1(PAR)
8	김해	PUS	RKPK	국제/국내/군용	118,000(군용제외)	2/CAT-Ⅱ(36L)
9	제주	CJU	RKPC	국제/국내	172,000	2/CAT-Ⅱ(07)
10	사천	HIN	RKPS	국내/군용	165,000	2/CAT-I
11	울산	USN	RKPU	국내	60,000	1/CAT-I
12	무안	MWX	RKJB	국제/국내	140,000	1/CAT-I
13	광주	KWJ	RKJJ	국내/군용	15,796	2/CAT-I
14	군산	KUV	RKJK	국내/군용	140,000	2/CAT-I
15	여수	RSU	RKJY	국내	60,000	1/CAT-I
16	성남 서울	SSN	RKSM	군용	-	-

우리나라 공항 현황(2020)

● 운영주체 : 인천공항공사(인천공항), 한국공항공사(성남공항 제외한 나머지 14개 공항)

● 국토교통부 자료 참조.

3. 공항 시설

① 활주로(Runway)

육상 비행장에 항공기의 이륙과 착륙을 위해 준비된 한정된 직사각형 면적의 시설을 말한다. 활주로의 개수와 위치, 방향은 항공기가 안전하고 효율적으로 이용할 수 있게 계획되고 정해진다. 풍향과 풍속, 주변지역의 지형적 조건과 항공교통량, 사용될 기종 등 다양한 변수와 조건들이 활주로의 건설과 운영에 영향을 미친다.

활주로의 크기는 공항의 지형적 조건과 사용 항공기의 종류에 따라 일반적으로 폭은 30m, 45m, 60m, 길이는 1,600m에서 4,000m 내에서 분류된다. 우리나라에서 가장 큰 활주로는 인천공항 제3활주로로 폭 60m, 길이 4,000m이다.

활주로는 양 방향을 쓸 수 있는데 공항의 기상, 활주로 상태, 주변 조건 등에 따라 매일 한 쪽을 정해서 사용한다. 또한, 방위각을 기준으로 활주로 번호를 지정하는데 활주로 번호가 36이면 비행기 조종사가 보는 방향에서 활주로가 360도 방향, 즉 정북 방향이라는 의미다. 이때 반대편 활주로 번호는 18(180도 방향)이 되는 것이다. 왼쪽 그림의 27번 활주로는 정동에서 정서 방향의 활주로임을 알 수 있다.

인천공항과 같이 같은 방향으로 나란한 활주로가 여러 개가 있는 경우 번호 옆에 L(Left)과 R(Right)을 붙여 구분하고 3개 이상이면 순차적으로 1(10도)을 더해서 이름을 구분한다.

▲ 미국 Boston Logan 공항의 27 활주로

▲ 미국 시카고 미드웨이 공항의 활주로

2 유도로(Taxiway)

항공기가 이착륙을 위하여 활주로와 주기장, 터미널 간을 이동하기 위한 통로를 유도로라고 한다. 유도로는 공항의 항공교통량을 충분히 고려하여 항공기가 지상에서 신속하고 안전하게 이동할 수 있도록 설비된다.

❶ 유도로
　(Taxiway)
❷ 활주로
　(Runway)
❸ 주기장
　(Apron)

3 주기장(Apron)

승객, 화물을 싣고 내리거나, 급유, 주기 또는 정비하는 항공기를 수용하기 위하여 비행장에 설정된 구역을 말한다. 계류장, Ramp(램프)라고도 불린다. 주기장은 여객과 화물청사와 밀접하게 연계되어 설계되고 건설된다. 항공기는 착륙 후 활주로에서 유도로를 거쳐 주기장으로, 이륙 시에는 반대 순서로 이동하는데, 항공기의 날개폭과 동체 길이, 선회 반경과 지상지원 장비의 접근 및 활동구역 등을 수

용할 수 있어야 한다. 주기장은 여객청사와 브리지로 연결된 접현주기장, 항공기가 자력으로 이동할 수 있는 원격주기장으로 나뉘고, 불법행위 등에 의해 비행기를 격리시킬 필요가 있는 경우 사용하게 되는 격리주기장이 있다.

주기장에서는 지상작업에서의 안전을 유의하여야 한다. 특히, 항공기 엔진 후풍에 의한 사람과 물질의 손상, 항공기 급유 과정에서의 안전절차 준수, 주기장의 이물질 청소와 제거 등에 대한 관리가 요구된다.

❹ 항행안전시설

관제(ATC. Air Traffic Control)와 관제탑(Aerodrome Control Tower)

항공교통질서를 담당하는 업무를 항공교통관제(ATC. Air Traffic Control)라 하고 비행장에서 관제업무를 제공하기 위하여 설치된 시설을 관제탑(Aerodrome Control Tower)이라고 한다.

계기착륙시설(ILS, Instrument Landing System)

착륙하는 항공기가 활주로에 안전하게 착륙할 수 있도록 활주로 중심선과 활공각도 및 위치정보를 전파로 조종사에게 제공하는 시설을 말한다. 활주로 중심

정보를 제공하는 시설을 로컬라이저(Localizer)라 하고, 활공각 정보를 제공하는 시설을 글라이드 슬로프(Glide Slope or Glide Path)라고 한다.

공항등화시설(Airport Lighting Aids 또는 Airport Lighting System)

항공기가 야간 또는 시계가 좋지 않을 때 항공기 조종사의 착륙과 유도 안내자 역할을 하는 불빛들을 말한다. 등화시설에는 활주로 진입등화(ALS, Approach Lights System), 정밀진입각 지시등화(PAPI, Precision Approach Path Indicator), 활주로 등화, 유도로 등화, 지시신호 등화, 위치 등화 등이 있다.

▲ ILS와 ALS

5 여객청사(Passenger Terminal)

항공사 여객운송시설

탑승수속 카운터(Check-In Counter)

탑승수속 카운터는 공항의 핵심 시설이자 승객이 공항에서 가장 많은 시간을 보내는 곳 중 하나이다. 따라서 공항당국과 항공사들은 탑승수속 카운터의 기능적 효율성뿐 아니라 서비스 편의성을 높이고 디자인과 카운터 직원(Check-in Agent)의 용모와 복장(Appearance)에서도 차별성을 부각시키기 위해 노력한다.

탑승수속 카운터는 인천공항과 같은 대형공항들은 수하물 컨베이어를 중심으로 양쪽에 카운터를 배치하는 아일랜드식(Island Type)으로 설치하고, 김포공항이나

대구공항과 같은 중소형 공항들은 터미널 내의 벽면을 뒤로 하고 나란히 배치하는 일렬식(Liner Type)이 보편적이다.

▲ 탑승수속 카운터 안내

▲ 탑승수속 카운터

귀빈실(VIP Lounge)

공항의 VIP Lounge(귀빈실)는 항공사에서 자사의 일등석과 비즈니스석 승객 및 우대서비스가 필요한 승객의 고품격 서비스를 위해 자체적으로 운영하는 항공사 라운지와 공항당국에서 공공의 목적으로 운영하는 공항 귀빈실의 두 종류가 있다.

공항에 따라 금융사 또는 일반회사나 사설업체에서 별도의 공간을 임차하여 VIP 라운지를 유료로 운영하기도 한다.

▲ 항공사 라운지

▲ 공항당국의 귀빈실(인천공항)

▲ 유료 사설라운지(방콕공항)

수하물 인도장(BCA, Baggage Claim Area)

　　승객이 출발지 공항에서 위탁한 수하물을 도착지 공항의 입국장에서 회수하는 곳으로 수하물처리시설(BHS)의 일부이다. 공항의 CIQ 지역, 즉 세관구역에 있으며 위탁수하물을 찾은 승객들은 세관심사대를 통과하게 된다. 항공사들의 수하물사고처리부서(Lost and Found) 기능도 이 곳에 위치한다.

　　출발수하물을 해당 항공편으로 탑재하거나 도착수하물을 BCA의 정해진 벨트로 보내기 위해 분류하는 곳을 BSA(Baggage Sorting Area)라고 한다. BSA는 해당 직원들이 작업하는 공간으로 일반승객이 출입할 수는 없다.

탑승교(Passenger Boarding Bridge)

　　출발 시 승객이 여객터미널에서 항공기로 탑승하거나, 도착 후 항공기에서 터미널로 바로 이동할 수 있도록 항공기와 터미널 사이를 연결시켜주는 시설로 전

후좌우 및 상하 이동이 가능하다.

　주기할 수 있는 항공기의 기종과 크기에 따라 C, D, E, F 급으로 분류되며 F급 탑승교에는 가장 큰 여객기인 A380이 주기할 수 있다.

　Jetway라고도 불린다.

승객편의시설

　출입국 승객과 공항이용자들의 편의를 위한 시설들로 규모가 크고 현대화된 공항일수록 다양한 시설들이 있다. 우리나라를 대표하는 인천공항에는 유아휴게실, 면세점, 식당, 카페, 약국, 병원, 호텔, 캡슐호텔, 편의점, 마트, 영화관, 세탁소, 사우나, 무료샤워실, 스케이트장, 백화점, 수하물보관소, 택배회사, 로밍센터, 은행, 보험사, 서점 등 하나의 소도시 기능을 할 수 있는 편의시설들이 있다.

6 화물청사(Cargo Terminal)

항공화물을 운송하기 위한 시설로 화물기주기장, 화물보관창고시설, 통관을 위한 세관사무실, 통관업자사무실 등 화물 수출입 업무가 이루어지는 곳이다. 대형 항공사들은 허브공항 및 주요 노선 공항에서 자체 화물터미널을 운영한다. 인천공항에는 대한항공, 아시아나항공이 전용 화물터미널을 가지고 있고 세계 최대 물류회사인 페덱스 사에서 전용 터미널을 건립 중에 있으며, 대한항공은 인천공항 외 도쿄, 오사카, 로스앤젤레스, 뉴욕 공항에 자체 화물 전용터미널을 운영 중이다.

7 지상조업사(Ground Handling Company)

항공기의 안전하고 신속한 운항을 위한 항공기 정비, 화물의 탑재와 하역, 여객의 제반 수속과 수하물처리, 항공기 청소, 항공기 운항 보조 및 서류작업 등 항공

사 업무를 보조하는 업체를 지상조업사라고 한다. 항공사들은 자국의 허브공항에서 지상조업사를 직접 또는 자회사로 운영하며 서비스를 이용하지만, 외국공항에서는 전문회사와 계약을 통해 위탁하는 것이 일반적이다.

8 기내식시설(Catering)

항공편에 탑승하는 승객, 승무원을 위한 음식물을 만들어서 항공기에 싣고 내리며 각종 기물을 세척하는 등 항공기 객실서비스에 필요한 기내식 및 연관 소모품을 제조, 탑재, 활용, 처리하는 시설이다. Catering은 항공사가 자체적으로 운영하기도 하지만 전문업체가 항공사와 계약을 맺고 수행하기도 한다.

9 급유시설(Fuel Service)

항공기에 연료를 공급하는 급유서비스는 항공기가 주기되어 있는 주기장에서 수행된다. 대형공항에서 항공유는 공항 인근의 저유고에서 지하에 매설된 파이프를 통해 주기장까지 공급되는 것이 일반적이나 항공유를 실은 유조차가 직접 항공기로 와서 주유하는 경우도 있다.

10 **격납고**(Hangar)

항공기를 점검, 정비하기 위해 만들어진 건물을 말한다. 영어로 Hangar라고
하는데, Hanger(옷걸이, 매다는 것)와 철자는 다르지만 발음이 같다.

인천공항 이야기

1. 거리

인천공항은 서울의 중심인 광화문으로부터 48.5km 떨어져 있다.

최초 중부권 내륙의 여러 곳이 신공항 후보지로 거론되었으나, 육지의 경우 막대한 토지매입 비용, 건설비용 그리고 특히 공항건설 후 주변 민가의 소음피해를 고려하여 인천의 영종도, 용유도, 신불도, 삼목도 등 4개 섬과 주변의 갯벌을 매립하여 위치가 결정되었다. 기존의 김포국제공항의 경우 주변 민가에 대한 소음피해를 줄이기 위해 밤 11시부터 다음날 새벽 6시까지 항공기의 이착륙이 금지된다.

2. 인천공항의 역사

- 1980년대 중반 : 김포공항 포화 예측에 따른 수도권 신공항 건설 논의 시작
- 1992년 11월 : 공사시작(영종도와 용유도 사이 갯벌의 방조제 공사 착공)
- 1996년 5월 : 여객터미널 공사시작(1997년 개항 목표였으나 IMF 사태로 지연)
- 2001년 3월 29일 : 개항

  첫 도착 05:00 OZ3423 : 태국 방콕에서 출발하여 최초 인천공항 착륙

  첫 출발 08:30 KE621 : 필리핀 마닐라를 향해 최초 인천공항 이륙

3. 공항의 명칭

다른 나라 유수의 공항과 같이 우리나라를 대표하는 위인인 세종대왕의 이름을 따서 "세종국제공항"으로 하였으나, 여러 가지 이유로 현재 불리우는 "서울인천국제공항"으로 결정되었다.

4. 인천공항 건설 후 확장 단계별 계획

- 1단계 : 제1, 2활주로, 여객터미널, 화물터미널 건설 후 2001년 개항
- 2단계 : 제3활주로, 탑승동, 화물터미널 확장하여 2008년 완공
- 3단계 : 제2여객터미널 건설하여 2018년 1월 완공
- 4단계 : 제2여객터미널 확장, LCC 전용 터미널, 활주로 2개 추가 건설 예정으로 2023년 완공 예정
- 5단계 : 제 3 여객터미널 건설 (LCC 전용 터미널), 활주로 1개 추가 건설 예정으로 2025부터 시공 예정

5. 인천공항 수송 실적

가. 승객수송 : 4,928만명(2015년 통계, 전 세계 공항 중 22위)

나. 화물수송 : 333만톤

다. 운항 항공사 : 84개 항공사

라. 운항 국가 및 도시 : 전 세계 55개국, 185개 도시

- 일본 : 22개 도시, 중국 : 43개 도시, 아시아 : 32개 도시
- 미주 : 29개 도시, 유럽 : 24개 도시, 대양주 : 8개 도시
- 중동, 아프리카 : 8개 도시, 한국 국내 도시 : 3개 도시 등

QUIZ

01 공항청사에 설치된 운항정보 안내시스템(FIDS, Flight Information Display System)에서 확인할 수 없는 정보는?

① 출발시간(Departure Time)　　　　② 탑승구(Boarding Gate)

③ 비행시간(Flight Time)　　　　　④ 목적지(Destination)

⑤ 탑승수속 카운터(Check-In Counter)

02 공항시설 가운데 CIQ에 대한 설명으로 잘못된 것은?

① CIQ는 공항 내 출입국을 담당하는 기능을 말한다.

② CIQ가 공항 내 출입국을 담당하는 시설 자체를 의미할 때도 있다.

③ "C"는 Customs로 세관을 의미한다.

④ "I"는 Information으로 출입국 정보전달을 의미한다.

⑤ "Q"는 Quarantine으로 동식물 검역을 의미한다.

03 비행장과 공항에 대한 설명 중 올바른 것은?

① 항공기가 이착륙할 수 있으면 모두 공항이다.

② 비행장은 반드시 활주로가 있는 육지이어야 한다.

③ CIQ의 유무에 따라 국제공항 여부가 결정된다.

④ 비행장은 여객, 화물의 처리시설이 있어야 한다.

⑤ 규모가 큰 것을 공항, 규모가 작은 것을 비행장으로 구분한다.

04 공항 내 여객청사에 있는 시설이 아닌 것은?

① Check-in Counter　　　　　② Hangar

③ Boarding Bridge　　　　　④ VIP Lounge

⑤ Duty Free Shop

3

항공예약
Reservation

Reservation

여름 방학을 이용하여 친구와 영국 배낭여행을 가기로 한
한올이는 여행 계획을 세울 생각에 들떠 있다. 첫 단계로
스스로 런던 왕복 항공권을 예약해 보기로 했으나 어디서
어떻게 예약을 해야 할 지 막막하기만 하다. 런던까지 가는
항공편의 스케줄은 어떠한지, 예약하려면 어떤 내용이
필요한 지 인터넷을 통해 검색하다 보니 항공권 예매뿐만
아니라 여행에 필요한 다양한 사항을 사전에 신청할 수
있다는 사실을 알게 되면서, 항공권 예약 단계에서 과연
어떠한 일들이 이루어지는지 궁금해졌다.

1. 항공예약의 일반적 사항

1 항공예약서비스의 역할

고객서비스

항공예약서비스는 여행자의 항공여행과 관련한 요청사항을 기록하고 보관하여 고객의 여정이 순조롭게 진행되도록 하는 항공여객운송서비스의 시작점이다. 이러한 고객서비스로서의 기능은 아래와 같은 업무들로 이루어진다.

- 항공스케줄 확인 및 좌석 예약
- 호텔, 렌터카 등 부대 서비스 예약
- 특별 기내식 등 서비스 신청 사항 접수
- 환자 등 특별 도움이 필요한 고객 여행에 필요한 사전 조치
- 비자 등 출입국규정 및 여행 관련 정보 제공

항공사 수익관리기능 : 항공좌석의 효율적 판매

항공사 여객운송서비스의 상품은 항공기의 좌석이라고 할 수 있다. 이 상품은 특정 시간대, 요일, 구간 등에 수요의 편중이 심하며, 항공기 출발과 함께 판매 여부와 관계없이 모든 상품은 소비되고 재고 보존이 불가능한 특성을 가지고 있다. 따라서 항공사들은 항공편별로 수요를 예측하여 운임별로 예약가능좌석 수를 안배하고, 사전 예약 판매를 통해 수요의 추이를 관찰한다. 시점별 예약 데이터를 기반으로 항공기 운항 당일 각 항공편의 공석과 탑승거부 발생을 최소화하기 위한 좌석 관리 업무가 이루어진다. 이러한 과정을 통해 항공사는 수익성을 높이고, 고객은 원하는 조건에 부합하는 항공운임과 여정을 확정할 수 있다.

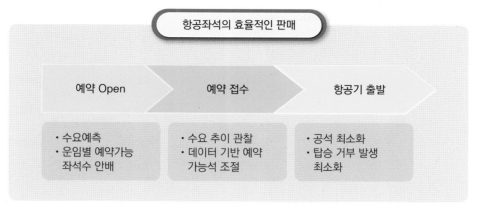

▲ 항공좌석 관리

2 항공권 예약 경로

　　항공권을 예약하는 방법은 전통적으로 항공사를 통한 직접 예약, 여행사를 통한 간접예약 및 항공사간 연계 예약으로 이루어졌으나, 최근에는 익스피디아, 부킹홀딩스, 트립닷컴, 에어비앤비 등의 인터넷 전문대리점(OTA: Online Travel Agency)이나 카약, 스카이스캐너, 네이버항공권 등 인터넷여행 포탈사이트(Meta Search)를 이용한 예약이 증가하고 있다.

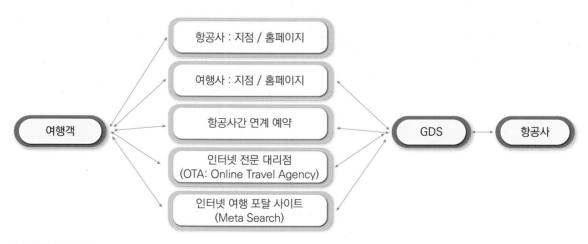

▲ 항공권 예약 경로

3 항공예약시스템의 발전 역사

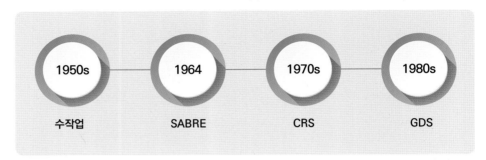

1950s	1964	1970s	1980s
수작업	SABRE	CRS	GDS

▲ 항공예약시스템의 발전

CRS(Computer Reservation System)의 시작

예약카드에 여정, 승객 정보 등을 기록하여 수작업으로 이루어지던 항공 업무는 항공수요의 증가로 인해 효율적인 업무 진행을 위한 전산화를 추진하였다. 1964년 아메리칸 항공이 IBM과 공동으로 최초의 항공예약시스템인 세이버(SABRE)를 개발하였고, 이후 미국 대형항공사들이 자사 고유의 항공예약시스템을 개발하여 사용하기 시작하였다.

대리점 보급 시대

1976년 아메리칸 항공이 세이버(SABRE)를 여행 대리점에 설치하면서 엄청난 판매실적을 거두자, 각 주요 항공사들도 여행사에 경쟁적으로 자사의 단말기를 설치하기 시작했다. CRS는 이제 단순한 내부 업무자동화의 단계를 넘어서 시장 점유율이나 판매수익에 영향을 끼치는 항공사 영업활동의 중요한 도구로 그 역할이 확대된 것이다.

중립 CRS의 발전

여행대리점에 보급된 각 항공사의 단말기는 자사 항공편을 위주로 운영하도록 되어있어 이로 인한 피해와 문제점이 제기되자, 미국 교통부에서는 항공사간의 공정한 경쟁을 보장하고 소비자를 보호하기 위하여 관련 규제 조치를 취한다. 이에 따라 CRS는 자사 항공편 판매 위주의 기능을 상실하게 되고 항공사와 분리된 별도의 회사로 독립하여 항공사와 대리점을 연계해주는 중립적인 시스템으로 전개되었다.

GDS(Global Distribution System) 사업 시대

GDS란 CRS가 확장된 개념으로, 항공사 CRS의 모든 기능을 구비하고 필요한 정보제공 및 예약발권 등의 기능을 사용하도록 하면서 사용자(User)들로부터 사용료를 받는 형태의 사업을 말한다.

세계 주요 GDS는 아마데우스(Amadeus), 세이버(Sabre), 갈릴레오(Galileo)이며, 한국지역에서는 토파스에서 아마데우스를, 아시아나세이버에서 세이버를 도입하여 사용하고 있다.

NDC(New Distribution Capability)의 출현

인터넷의 발달에 따라 IATA는 2015년 XML언어를 기반으로 항공업계 데이터 표준인 NDC라는 새로운 개념을 도입했다. 이는 항공사와 여행사를 직접 연결해 주는 새로운 예약/판매 유통 채널로, 항공사는 GDS를 통해 스케줄, 운임 등 제한된 정보를 제공하던 것을 넘어, 좌석 선택, 업그레이드, 추가 수하물 운임, 우선 탑승, 유상 기내식 등 다양한 서비스를 신청할 수 있는 이미지, 동영상 정보까지 직접 제공할 수 있게 되었다. 한국지역은 2021년 3월 3일부 싱가포르 항공에서 NDC를 사용을 시작으로 주요 항공사에서 도입을 준비하고 있다.

2. 항공권 예약

항공권의 예약은 일반적으로 아래의 단계를 거쳐 이루어진다.

여정조회(스케줄확인) → 운임/여정 선택 → 여행자 정보 입력 → 예약완료*

(*) 항공권 예약과 동시 결제 조건인 경우 "운임확인/결제" 단계가 필요하며, 그 외에는 예약을 완료한 후 정해진 기간 내에 항공권 가격을 지불(결제)한다.

1 여정조회(스케줄 확인)

항공권 예약을 위한 첫 단계로 원하는 구간, 여행일자, 좌석 수 등에 대한 정보 입력이 필요하다.

항공여정 종류

- 편도(One Way) : 출발지에서 목적지까지 여정
- 왕복(Round Trip) : 출발지에서 목적지, 그리고 출발지로 되돌아오는 여정
- 다구간 : 왕복 여정 외 2개 이상의 여정

도중체류(Stopover)

여정 중간에서 체류(Stopover) 후 다음 여정을 시작하는 경우이다.

최종 목적지인 뉴욕으로 가는 중 로스앤젤레스에서 머무르는 경우 서울-로스앤젤레스, 로스앤젤레스-뉴욕, 뉴욕-서울 3개의 구간을 각각 선택하여 예약한다. 이와 같이 중간 경유지인 로스앤젤레스에서 머무르는 시간이 현지 시간 기준 24시간을 초과하여 체류하는 것을 도중체류(Stopover)라 한다.

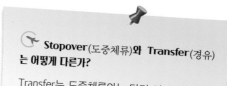

Stopover(도중체류)**와 Transfer**(경유)는 어떻게 다른가?

Transfer는 도중체류와는 달리 여정을 계속하기 위해 항공편을 갈아타는 것으로, 도착지까지의 직항편이 없는 구간이거나, 선택한 가격 조건이 연결 항공편으로 제한되는 경우 등이 있다.

비항공 운송구간(ARNK, Arrival Unknown/ Surface)

첫 번째 여정의 도착지와 두 번째 여정의 출발지가 다른 경우이다.

서울에서 런던까지 항공기로 이동한 후 런던에서 파리 구간은 열차 등의 다른 운송 수단으로 여행하는 경우이다. 서울-런던, 파리-서울 구간의 2구간은 항공여정으로 예약되고, 런던-파리 구간은 예약시스템에서 비항공운송구간(ARNK, Arrival Unknown)으로 처리된다.

도시/공항 코드

각 도시나 공항은 영문자 3자리의 코드로 표기된다. 한 도시에 공항이 하나만 있는 경우 도시코드와 공항코드는 동일하나 두 개 이상의 공항이 있는 경우는 도시코드와 공항코드가 각각 구분되어 있다. 예를 들어 김포공항(GMP)과 인천국제공항(ICN)이 있는 서울의 도시코드는 SEL로, 도시코드와 공항코드가 다르게 사용되지만, PUS는 부산의 도시코드이자 공항코드(김해국제공항)이다.

항공 업무에서는 도시/공항코드 외에 항공사, 국가, 기종 등을 표시하는 다양한 코드를 사용하고 있다. 항공예약에서는 알파벳과 숫자로 만들어진 2자리의 IATA 항공사 코드를 사용하는데, 대한항공(KE), 아시아나항공(OZ), 제주항공(7C) 등이다.

이러한 코드는 누가 만드나요?

도시(공항)코드, 항공사 코드 등은 국제항공운송협회(IATA, International Air Transport Association)에서 부여한다. IATA는 2차 대전 이후 항공운송의 비약적인 발전에 따라 예상되는 문제들을 해결하고 국제협력을 강화할 목적으로 1945년 쿠바의 하바나에서 개최한 세계항공사회의를 통해 설립한 순수 민간의 국제 협력 기구로서 설립 당시 57개 항공사로 시작하여 현재 120여개 국가 280여개 항공사가 가입되어 있다. 세계항공운송의 각종 절차와 규정을 심의, 제정, 결의하며 국제 항공 운송에 관한 각종의 표준 방식을 설정하는 등의 기능을 수행해 왔으며 안전하고 경제적인 국제항공운송 발전을 위한 다양한 활동들을 제공하고 있다.

연령별 승객 구분

여행 출발일을 기준으로 연령에 따라 성인, 소아, 유아로 구분하여 항공편의 좌석 수를 선택한다. 유아의 경우 좌석을 점유하지 않으므로 좌석 수 산정에서 제외된다.

구분	내용	비고
성인(Adult)	만 12세 이상	
소아(Child)	만 2세 ~ 만 11세	한국 국내선의 경우 항공사별로 만 12세까지 적용
유아(Infant)	만 2세 미만	* 좌석을 점유하지 않음

연령별 승객 구분

좌석 등급

기내 좌석 등급(Cabin Class)

실제 항공기에 설치 운영되는 등급으로 일등석(First Class), 비지니스석(Business Class), 일반석(Economy Class)으로 구분된다. 보통 3개의 등급으로 운영되나, 항공기의 종류, 해당 노선의 성격 등에 따라 2개의 등급 또는 일반석으로만 운영되기도 한다. 이를 탑승등급(객실등급)이라고도 한다.

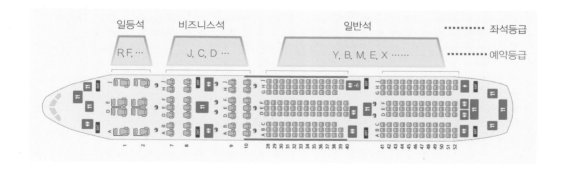

예약등급(Booking Class)

같은 기내 좌석 등급에 앉더라도, 서로 다른 항공권 가격을 지불한 경우를 쉽게 발견할 수 있는데, 이는 동일한 기내 좌석 등급 내에서도 다양한 운임이 운영되기 때문이다.

예약변경 등의 제한사항이 있더라도 저렴한 항공운임을 선호하는 수요와 가격이 높더라도 예약변경, 환불 등의 제한사항이 없는 항공운임을 선호하는 수요

가 공존한다. 이러한 다양한 수요를 반영하기 위하여 항공사는 다양한 항공운임을 운영하여 수요를 분산하고, 승객은 본인의 조건에 맞는 항공운임 상품을 선택할 수 있다. 이 때 항공운임별로 각각 코드를 부여하는데, 이를 예약등급(Booking Class)라고 한다.

다음은 10월15일 출발 기준 대한항공의 서울-방콕 왕복 운임이다. 가장 저렴한 61만원 항공권을 구매하기 위해서는 E 클래스로 예약해야 하며, 유효기간이 12개월인 항공권을 원한다면 87만원 항공권을 구매해야 하며, 이 때는 M클래스로 예약한다.

15OCT22*/KE SELBKK	운임	Booking Class					유효기간		
LN FARE BASIS	KRW RT	B	PEN	DATES/DAYS	AP	MIN	MAX	R
01 ELEVZRKS	610000	E	+	S09OCT 31OCT	+	-	6M	R
02 HLE0ZRKS	680000	H	+	S09OCT 31OCT	-	-	6M	R
03 SLE0ZRKS	760000	S	+	S09OCT 31OCT	-	-	6M	R
04 MLE0ZRKS	870000	M	+	S09OCT 31OCT	-	-	12M	R

2 운임/여정 선택

여행일자와 출발지, 도착지, 인원수 등의 선택 사항을 지정하여 항공권을 검색하면 해당 구간의 항공편 스케줄이 조회된다. 항공스케줄 목록 중 출발과 도착시각, 항공 요금의 조건 등을 확인한 뒤 적합한 항공 여정을 선택한다.

공동 운항(Joint Operation / Code Share Flight)

해당 구간에 실제 운항하지 않는 특정항공사가 실제 항공기를 운행하는 운항사의 좌석을, 자사의 편명을 사용하여 공시 및 판매하는 영업 형태를 말한다.

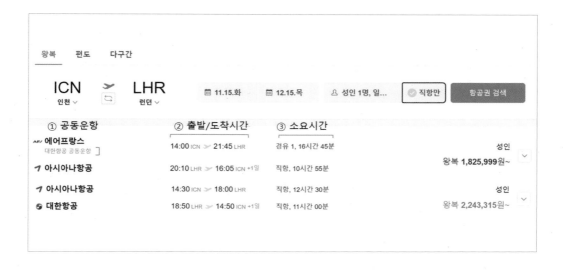

- 운항 항공사(Operating Carrier) : 해당 노선을 직접 운항하는 항공사를 뜻하며, 항공기, 승무원, 승객의 Handling 절차는 운항사의 규정을 따른다.

- 판매 항공사(Marketing Carrier): 운항사가 운항하는 항공편으로부터 좌석을 임차하여 판매하는 항공사이다.

예를 들어 서울-파리 구간을 운항하는 'KE5901' 편의 경우 대한항공편명 으로 공시되어 판매되고 있으나 실제 운항편 은 AF267 이므로 운항 기재, 승무원 등 운송 및 운항 관련 서비스는 운항사인  에어프랑스에 의해 이루어진다. 모든 승객 서비스가 운항사의 규정에 따르므로, 대한항공에서만 제공되는 서비스의 경우는 신청이 불가하며, 기타 일반적인 제반 서비스 신청 규정도 다를 수 있음을 유의해야 한다.

출발 · 도착 시각

항공편의 출발·도착 시각은 해당 도시의 현지 시각으로 표시되며, 항공편 운항 도중 날짜 변경이 발생하는 경우 '도착시간+1일' 등으로 표기된다.

 세계표준시간과 현지시간

- UTC(협정 세계시, Universal Time Coordinated)
  - 1972년 1월 1일부터 시행된 협정세계시로 세슘원자의 진동수에 의거한 초의 길이를 기준으로 하고 일정 주기로 윤초를 가감하여 평균태양시와의 차이를 0.9초 이내로 유지한다.
  - 항공 운항이나 항공관제에서 통상적으로 사용되며, Z(Zulu Time)로 표시된다.

- GMT(Greenwich Mean Time)
  영국 런던 외곽의 그리니치 천문대를 지나는 본초 자오선상의 평균태양시로, 협정 세계시(UTC) 사용 이전 세계표준시로 사용되었으며, 이후에도 GMT라는 표현은 널리 사용되고 있다.

- 현지 시간(Local Time)
  - 도시별로 각자의 표준 자오선을 기준으로 한 표준시 사용
  - 우리나라의 경우 'GMT +9 시간'
  - 항공예약시스템 내에서 표기 시 L(Local Time)로 표시된다.

소요 시간

출발부터 도착까지의 총 소요 시간으로 경유 여정을 선택하는 경우는 비행시간과 중간 지점에서 항공기를 갈아타는 데 소요되는 연결 시간까지 포함한다.

 최소 연결 시간(MCT, Minimum Connecting Time)

승객이 특정 공항에서 항공기를 갈아타는데 소요되는 최소한의 시간.
직항편이 없거나 항공운임상품의 선택으로 인해 중간 지점에서 항공기를 갈아타야하는 경우, 중간 기착지 공항에서의 도착부터 연결 항공편 탑승 등에 소요되는 시간은 공항 상황에 따라 상이하다. 따라서 연결 항공편 예약 시는 공항마다 공시하는 조건별 최소연결시간 테이블을 준수하여 승객의 환승 형태와 공항 터미널 이동 여부, 승객의 위탁수하물 연결 시간 등을 고려하여 최소한의 연결시간을 확보할 수 있는 항공편으로 스케줄을 조정한다. 현재 각 예약시스템에서 조회되는 스케줄은 이러한 최소연결시간을 감안한 스케줄이다.

③ 여행자 정보 입력

여정 조회 – 운임/여정 선택 후, 여행자에 대한 필수 정보를 입력한다.

탑승자 성명

- 탑승할 여행자 본인의 성명을 입력해야하며, 타인이나 대리인의 성명을 임의로 입력해서는 안 된다.
- 국제선의 경우 여권상의 이름과 같아야 한다.
- 예약하고자 하는 좌석수와 성명수가 일치해야 하므로 탑승자 전체의 성명을 입력한다.

연락처

예약기록의 확인이나 변동 사항 발생 시 안내를 위한 연락처로 휴대폰 번호, 이메일 주소 등을 입력한다. 항공사들은 휴대폰 번호를 활용하여 항공기 스케줄 변경 등 예약상황의 변동 사항 발생 시 문자 메시지나 카카오톡 알림 서비스 등을 제공하고 있다.

④ 예약 완료

예약 완료 작업과 함께 여정과 여행자 정보는 항공사 데이터베이스에 저장되고, 항공예약시스템 (CRS/GDS) 내에서는 알파벳과 숫자로 이루어진 예약

> **예약완료** **요금미확정**
>
> **[왕복] 인천 → 런던(히드로) → 인천**
>
> 예약번호 : E1TZT4 출발일 : 2018.07.02 (월)
> 총 요금 : 1,144,200원 결제시한 : 2018.02.09 (금) 17:00
> 항공사 : 대한항공 좌석등급 : 일반석 총인원 : 1명

번호가 부여된다. 일부 항공사에서는 고객 편의를 위해 숫자로 이루어진 고객용 예약번호를 추가로 부여하기도 한다. 여행사를 통해 예약할 경우 여행사 자체 예약번호가 별도로 운영되기도 하나, 항공사로 직접 확인하거나 문의하고자 하

는 경우에는 항공예약시스템 상의 예약번호나 항공사에서 부여한 고객용 예약 번호만 사용 가능하다.

항공권 결제 시한 안내

예약과 함께 항공권 결제가 동시에 이루어져야 하는 경우도 있으나, 별도의 항공권 결제 시한이 운영되며, 해당 시간까지 항공권 결제가 이루어지지 않는 경우는 예약이 취소될 수 있다.

3. 항공예약시스템(CRS/GDS) 내의 예약기록

1 PNR 이란

앞의 항공권 예약 단계를 거쳐 만들어진 항공편 좌석 예약 내용 등 승객의 항공운송과 관련된 모든 정보는 정해진 영역에 따라 항공예약시스템에 저장되어 있는데 이를 PNR(Passenger Name Record)이라 한다. 승객의 항공운송과 관련된 모든 업무는 이 PNR에 근거하여 이루어지므로, 승객이 항공서비스를 이용하는 동안 불편함이 없도록 필요한 모든 내용이 정확하게 입력되어야 한다.

2 PNR 구성 요소

PNR은 여정, 성명, 연락처 등의 여러 요소로 이루어져 있으며 각 요소는 정해진 형식에 따라 작성해야 한다. 항공예약시스템을 사용하는 항공사 또는 여행사 직원들은 각 예약시스템에서 정해놓은 지시어를 사용하여 구성 요소를 입력해야한다. 최근에는 사용자 편의를 위해 각 요소 입력을 정해진 지시어를 사용하여야 하는 지시어 입력 모드(Entry Mode)와 함께 예약 기본 화면을 제공하고 빈칸을 채우는 그래픽 모드(GUI Mode)가 함께 운영되고 있다. 승객이 인터넷 등을 통해 직

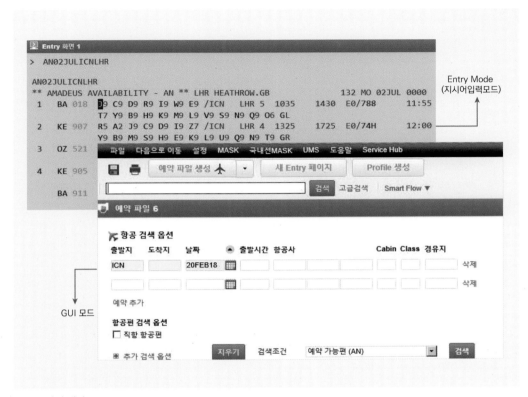

▲ GDS 화면 예시

접 예약하는 경우는 예약자가 지정하거나 입력하는 내용이 정해진 형식으로 변환되어 항공예약시스템 상에 PNR의 형태로 저장된다.

구성요소	내용	비고
Name	승객의 성명	PNR 필수 구성요소
Contact Point	전화번호, 이메일주소 등	PNR 필수 구성요소
Itinerary	항공여정, 비항공여정 등	
OSI(Other Service Information)	승객과 관련된 Information	예 VIP 정보 등
SSR(Special Service Request)	특별 서비스 신청	예 기내식 신청 등

PNR 구성요소

③ PNR 읽어보기

```
--- RLR MSC ---
RP/SELK1394Z/SELK1394Z              AA/SU   7MAY22/2254Z   5UHR4M
1123-1357
  1.LEE/HANOL MR   2.KIM/MINA MISS(CHD/25DEC17)
  3  AF5093 Y 15NOV 2*ICNCDG HK2  1400 1830  15NOV  E  AF/5UHR4M
     OPERATED BY KOREAN AIR
  4  AF1380 Y 15NOV 2*CDGLHR HK2  2120 2145  15NOV  E  AF/5UHR4M
  5  OZ 522 Y 15DEC 4 LHRICN HK2  2010 1605  16DEC  E  OZ/5UHR4M
  6 AP 02-123-1234
  7 APM 010-123-1357/P1
  8 TK OK07MAY/SELK1394Z
  9 SSR CHLD OZ HK1 25DEC17/P2
 10 SSR CHLD AF HK1 25DEC17/P2
 11 SSR VGML OZ HK1/S5/P1
 12 SSR VGML AF HK1/S3/P1
 13 SSR CHML OZ HK1/S5/P2
 14 SSR CHML AF HK1/S3/P2
 15 OPC SELK1390-06OCT:1900/OZ CANCELLATION DUE TO NO TICKET/S5
```

① 예약번호
② 성명
③ 여정
④ 연락처
⑤ 특별 서비스
⑥ 항공권 결제시한

❶ 예약번호(Booking Reference)
  - 5UHR4M : 항공예약시스템(GDS) 내 예약번호
  - 1123-1357 : 항공사에서 운영하는 고객용 예약번호

❷ 성명(Name)
  - 각 성명 뒤에는 연령, 특정 직업(DR, CAPT) 등에 따른 타이틀 입력
    예 남성(MR)/여성(MS), 남아(MSTR)/여아(MISS)

❸ 여정(Itinerary)
  - AF 5093 : 항공편명 (항공사 코드 + 숫자)
  - Y : 예약등급(Booking Class)
  - 15NOV : 출발일자

- 2 : 출발일자의 요일(1은 월요일)
- ICNCDG : 출발지 도착지 공항 코드
- HK1 : 예약상태/좌석수, 1 좌석의 예약이 확정되었음
- 1400 1880 15NOV : 출발시각, 도착시각, 도착일자

❹ 연락처(Contact Point)

모바일 연락처, 여행사 연락처, 이메일 등

❺ 특별 서비스 요청 사항(Special Service Request)

특별 기내식으로 채식(VGML: Vegetarian Meal)과 소아식(CHML)을 신청

❻ 항공권 결제 시한 정보

10월 6일까지 항공권을 결제하지 않는 경우 여정이 취소됨

Code	월	Code	월
JAN	1월 (January)	JUL	7월 (July)
FEB	2월 (February)	AUG	8월 (August)
MAR	3월 (March)	SEP	9월 (September)
APR	4월 (April)	OCT	10월 (October)
MAY	5월 (May)	NOV	11월 (November)
JUN	6월 (June)	DEC	12월 (December)

월(Month)
표시

4. 서비스 요청 사항

예약기록에는 좌석 예약뿐만 아니라 항공여행에 필요한 승객의 제반 요구사항(특별기내식 신청 등)을 입력할 수 있다. PNR의 구성요소 중 SSR(Special Service Request) 항목에 반영되며, 항공사별 서비스 종류별로 항공사로 직접 예약하거나 대리점, 인터넷을 통한 신청이 가능하다.

1 키워드(Keyword)

특별 서비스 요청 사항 등은 여행자의 여정에 포함된 각각의 항공사의 준비를 필요로 하는 것으로 항공사 간 원활한 의사소통을 위해 IATA에서는 승객의 요청사항을 분류하고 이를 '키워드(Keyword)'라고 하는 정해진 코드로 만들어 입력 형태를 표준화 해놓고 있다. 키워드의 몇 가지 예를 살펴보자.

주요 Keyword Table

Code		내용
AVIH	Animal In Hold	반려동물 위탁수하물 수송
BBML	Baby Meal	유아식
BSCT	Bassinet/Baby Basket	유아용 바구니 침대 요청
CHML	Child Meal	어린이 기내식
PETC	Pet in Cabin	반려동물 기내동반 운송
UMNR	Unaccompanied Minor	비 동반 소아
WCHC	Wheelchair-Cabin Seat	객실 안까지 휠체어 서비스 필요

② 사전좌석예약(ASR : Advance Seat Reservation)

예약은 해당 항공편의 좌석 1석을 확보하는 개념이며, 좌석번호가 지정된 것
은 아니다. 좌석번호 배정은 공항에서 탑승 수속 시 확정되는 것이나, 예약 고객
에 대한 서비스로 사전좌석예약 서비스가 운영되고 있다.

예약기록조회	좌석배치도 확인	좌석성격 확인	좌석번호 지정

예약(또는 항공권 구매 완료) 승객은 항공사, 여행대리점 또는 인터넷을 통해 해당 여
정의 좌석배치도를 확인한 후, 지정 가능한 좌석번호 중 선호하는 좌석을 선택
하여 확정할 수 있다. 사전좌석예약 가능 시점과 대상 승객 등은 항공사마다 상
이하게 운영하므로 확인이 필요하다.

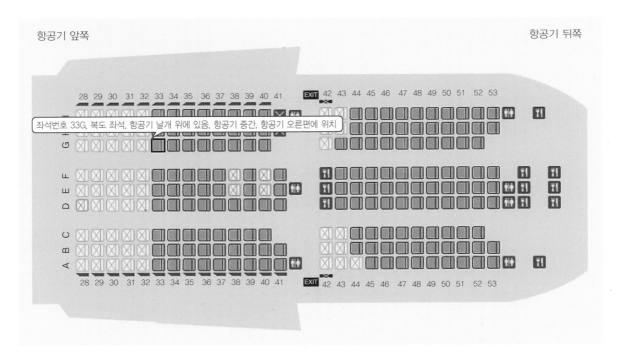

좌석번호 33G, 복도 좌석, 항공기 날개 위에 있음, 항공기 중간, 항공기 오른편에 위치

▲ 좌석배치도(Seat Map)

③ 특별 기내식(Special Meal) 신청

건강, 종교, 연령 등의 이유로 정규 기내식을 취식할 수 없는 승객을 위한 특별 기내식은 일반적으로 항공편 출발 24시간 이전까지 신청 가능하다.

유아식 및 소아식

유아식(BBML, Baby Meal)

24개월 미만의 유아에게 제공, 음식을 삶아서 갈아놓은 형태의 음식을 완제품 형태로 제공

소아식(CHML, Child Meal)

12세 미만의 어린이들이 선호하는 메뉴로 제공, 항공사에 따라 다양한 세부 메뉴 선택이 가능

▲ 에바항공 소아식

종교식

힌두교식(Hindu Meal)

힌두교도를 위한 특별식으로 쇠고기와 송아지 고기를 사용하지 않으나, 양고기, 가금류, 조리된 생선류, 해산물, 우유제품 포함

▲ SPML 신청 고객임을 식별하는 스티커

이슬람교식(Muslim Meal)

이슬람교 율법에 따라 준비된 재료를 사용하며, 돼지고기와 알코올을 사용하지 않음

유대교식(Kosher meal)

유대교의 율법에 따라 고유의 전통 의식을 치른 후 조리된 완제품이 밀봉상태로 탑재되며 승무원이 해당 고객의 확인을 거친 후에 개봉하여 제공

채식

채식을 하는 고객을 위해 다양한 맞춤식 채식을 제공한다.

- 엄격한 서양채식(VGML. 육류, 동물성 지방, 젤라틴, 계란, 유제품을 제외한 채식)
- 서양채식(VLML Vegetarian Lacto-Ovo Meal)
- 인도채식(AVML, Vegetarian Hindu Meal)
- 엄격한 인도채식(VJML, Vegetarian Jain Meal)
- 동양채식(VOML, Vegetarian Oriental Meal)
- 생야채식(RVML, Raw Vegetarian Meal)

▲ KSML과 KSML 안의 일회용 Cutlery

식사 조절식

건강상의 이유로 특별한 식단이 필요한 승객에게 의학 및 영양학적인 전문 지식을 바탕으로 구성된 식사 조절식을 제공한다.

- 저지방식(LFML, Low Fat Meal)
- 당뇨식(DBML, Diabetic Meal)
- 저열량식(LCML, Low Calorie Meal)
- 연식(BLML, Bland Meal)
- 저염식(LSML, Low Salt Meal)
- 유당제한식(NLML, Low Lactose meal)

기타 특별식

해산물식(SFML, Seafood Meal), 과일식(FPML, Fruit Platter Meal), 알레르기 제한식 등을 제공한다.

5. 상용고객 우대제도

1 개념

항공사 상용고객 우대제도(FFP, Frequent Flyer Program)은 항공편 이용이 많은 고객에게 혜택을 주어 고정적인 고객을 확보하는 방법 중의 하나이다. 1981년 아메리칸항공이 'A-Advantage'프로그램으로 처음 시작하였고, 이후 미국 항공사들로 확장되었다. 국내에서는 대한항공이 1984년 'FTBS'로 처음 실시하였고, 현재는 '스카이패스(SKYPASS)'로 명칭이 바뀌었으며, 아시아나 항공은 1989년 도입하여 현재 '아시아나 클럽'으로 운영하고 있다.

항공사에서는 고객의 탑승실적에 따라 일정한 점수를 부여하고 누적점수에 따른 여러 보상기준을 정하여 고객에게 여러 가지 혜택을 제공하고 있다. 이 때 탑승실적에 따라 부여하는 점수의 기준을 탑승거리(마일리지)로 삼기 때문에 마일리지 프로그램으로 알려져 있다.

2 마일리지 적립

마일리지 적립 형태는 탑승횟수 또는 탑승항공편의 운항거리를 기준으로 결정되는데, 좌석등급에 따라 차등화된다. 즉, 동일한 비행구간에 대해서 일등석, 비즈니스석 및 일반석에 따라 마일리지를 차등하여 적립하는 것이다. 일반적으로 일반석을 기준으로 일등석은 50%를, 비즈니스석은 25%를 추가로 적립해 주며,

단체 항공권 또는 일정한 수준 이하의 할인 항공권에 대하여는 마일리지의 일부만 제공하거나 적립이 불가한 경우도 있다.

또한 제휴 항공사 외 은행, 신용카드, 렌터카 등의 타산업과 제휴를 통하여도 마일리지 적립이 가능하게 되었다.

③ 보상 기준

적립된 마일리지를 기준으로 회원등급에 따라 다양한 혜택을 제공한다. 대표적인 보상으로는 무료항공권과 좌석승급 제공을 들 수 있으며, 좀 더 다양한 사용처를 통한 자유로운 보상 방식이 확대되고 있다.

④ 우수고객 프로그램

마일리지 적립 수준에 따라 여러 단계의 우수 회원 자격이 주어지며, 전용 탑승수속 카운터, 공항 라운지, 무료 추가수하물, 보너스 항공권 및 좌석 승급 시 할인된 마일 공제, 수하물 우선 처리, 대기 예약 시 우선권 등 다양한 혜택이 제공된다. 또한 해당 항공사가 속해 있는 항공사 동맹체의 우수회원이 되어 좀 더 많은 항공사의 혜택을 제공받는다.

구분	자격조건
밀리언 마일러 클럽	대한항공 및 스카이팀 100만 탑승마일
모닝캄 프리미엄 클럽	대한항공 및 스카이팀 50만 탑승마일
모닝캄 클럽	대한항공 5만 탑승마일 또는 40회 이상 탑승

대한항공 우수회원 자격 조건

* 대한항공 및 아시아나항공의 우수회원 자격은 기간, 신용카드 사용 등 추가 세부 조건 있음

▲ 대한항공 디지털 회원카드

아시아나항공
우수회원 자격
조건

구분	자격조건
플래티늄	100만 탑승마일 또는 1000회 탑승
다이아몬드 플러스	50만 탑승마일 또는 500회 탑승
다이아몬드	4만 탑승마일 또는 50회 탑승
골드	2만 탑승마일 또는 30회 탑승

우수회원		일반회원
Asiana Club Platinum	Asiana Club Diamond Plus	Asiana Club Silver
플래티늄	다이아몬드 플러스	실버
Asiana Club Diamond	Asiana Club Gold	Asiana Club Magic Miles
다이아몬드	골드	매직마일즈

▲ 아시아나항공 회원등급

6. 항공사 동맹체(Alliance)

1997년 소규모의 스타 얼라이언스가 처음으로 등장한 이후 항공사 간에 시장 지배력 강화를 위해 항공사 동맹체가 다양하게 형성되었다. 각 동맹체는 각 대륙이나 지역을 대표하는 항공사들이 모여 서로의 네트워크와 고객 프로그램을 개발하고 공유하는 협력체제로 운영하고 있다.*

* 항공사 동맹체의 회원사는 해마다 변동됨

1 스타 얼라이언스(Star Alliance)

1997년 설립된 세계 최초의 항공사 동맹체로 아시아나항공을 비롯하여 26개 항공사가 가입되어 있다. 유나이티드항공, 타이항공, 싱가포르항공, 루프트한자와 같은 거대 항공사들로 인해 유럽-아시아, 북미-아시아, 북미-유럽 노선에 있어 다른 제휴에 비해 높은 시장 점유율을 유지하고 있다.

AEGEAN	AIR CANADA	AIR CHINA	AIR INDIA	AIR NEW ZEALAND
ANA	ASIANA AIRLINES	Austrian	Avianca	brussels AIRLINES
CopaAirlines	CROATIA AIRLINES	EGYPTAIR	Ethiopian	EVA AIR
LOT POLISH AIRLINES	Lufthansa	SAS	Shenzhen Airlines	SINGAPORE AIRLINES
SOUTH AFRICAN AIRWAYS	SWISS	AIR PORTUGAL	THAI	TURKISH AIRLINES
UNITED				

2 스카이팀(SkyTeam)

대한항공이 주도적으로 참여하고 있는 항공사 동맹체로서 2000년 델타항공, 에어프랑스, 아에로 멕시코와 함께 시작되었다. 현재 20여개 항공사가 가입하고 있다.

3 **원월드**(One World)

영국항공과 아메리칸항공이 주축이 되어 1998년에 설립하여 현재 13개 항공사가 참여하고 있다. 영국항공의 대서양노선에 대한 높은 점유율과 세계 최대 항공사인 아메리칸항공의 광범위한 미국내 거점공항과 중남미의 방대한 노선, 그리고 오세아니아 지역에서 절대적 위치를 확보하고 있는 콴타스항공 등이 가입해 있다.

7. 특별 도움이 필요한 승객의 예약

환자, 비동반 소아, 애완동물 동반 승객 등 항공여행 중 직원의 특별한 도움이 필요로 하는 경우 예약 시점에 정보 입력 및 서비스 신청이 이루어져야 한다.

① 의료 도움이 필요한 환자 고객

질환이 있거나 건강상의 이유로 기내 환경 변화에 의학적인 문제가 발생할 수 있는 경우로 사전에 의사소견서(Medical Information Form, 항공사 양식)를 작성하여 제출해야 하며, 의료용 침대(Stretcher)와 의료용 산소를 제공할 수 있다.

▲ 의사소견서(출처: 아시아나항공 홈페이지)

의사소견서

항공사마다 양식의 차이가 있으나 환자 인적사항, 의학적 상태, 보호자 동반 여부, 정상 기내 좌석 이용 가능여부, 사용 의약품이나 의료 장비, 산소 필요 여부를 묻는 항목 등으로 구성되어 있다. 담당 의사는 기내 환경의 특성을 고려하여 각 항목을 입력 작성한다.

스트레처(Stretcher)

일반 좌석에 스스로 앉아서 항공여행을 할 수 없는 승객에게 들것과 같이 생긴 항공 의료용 침대를 설치하여 제공한다. 의료용 침대는 좌석의 등받이를 접은 상태에서 설치되며, 침대 하나가 일반석 약 6석 분의 크기이다. 항공기마다 설치위치가 정해져 있으며, 일부 기종은 장착이 불가하다.

2 휠체어 필요 승객

특별한 병적 증세나 질환은 없으나 거동이 불편하여 보행이 불가한 승객에게 휠체어 서비스를 제공하며 예약 시 신청한다.

3 비동반 소아

비 동반 소아(UM. Unaccompanied Minor)는 성인승객과 동반 없이 여행하는 소아를 의미한다. 비 동반 소아의 항공 여행을 위해서는 사전 예약과 운송 허가가 필요하다.

혼자 여행하는 소아(Mandatory UM)

국내 항공사의 경우 만 5세부터 국내선은 만 13세 미만, 국제선은 만 12세 미만의 혼자 여행하는 소아를 대상으로 규정하고 있다. 동반 보호자가 일정 연령에 미치지 못하는 경우도 비 동반 소아 서비스 신청이 필요한 경우도 있는 등 서비스 대상은 항공사마다 다르므로 해당 항공사의 규정을 확인해야한다.

혼자 여행하는 청소년(Optional UM)

국제선에 한해 만 12세 이상 만 17세 미만의 청소년이 혼자 여행하는 경우, 요청에 따라 비 동반 소아(UM)에 준하는 서비스를 제공 받을 수 있으며, 이 경우 항공권 운임 외 별도의 서비스 이용 요금이 부과된다.

미성년자의 단독 입국 여행이 금지되거나 제한되는 국가 또는 도시가 있음에 따라 사전에 국가별 입국 규정을 확인한 후 서비스를 신청(접수)하여야 한다.

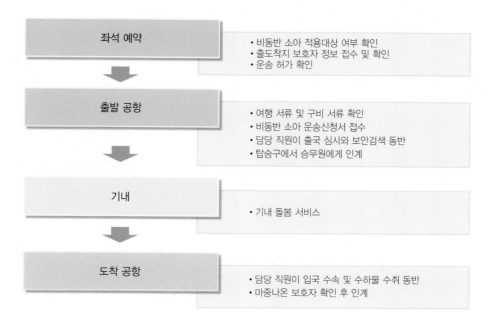

▲ 비동반 소아 예약운송 프로세스

4 반려동물 동반 여행

반려동물 적용 범위

항공사마다 운송을 허용하는 반려동물의 범위와 적용 규정이 다를 수 있다. 국내항공사의 경우 승객이 함께 동반할 수 있는 반려동물은 애완용 개, 고양이, 새로 제한하고 있다. 그 외의 파충류, 가금류, 가축류 등은 기내 동반 또는 위탁 수하물로는 운송이 불가하므로 화물로 운송되어야 한다.

장애고객 보조견(Service Animal)의 경우는 별도의 운송 용기 없이 기내 동반이 가능하다.

운송 방법

동반 반려동물의 운송방법은 승객과 함께 기내로 운송하는 방법과 수하물로 위탁하여 항공기의 화물칸으로 운송하는 방법이 있다. 항공사별로 항공기 기종

및 운항 구간에 따라 기내에 반입 또는 수하물로 위탁할 수 있는 마리 수에 제한이 있으므로 반드시 사전 예약 신청과 확인이 필요하다.

반려동물을 기내로 반입하는 경우 (PETC)

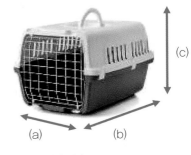

- 반려동물 운송용기를 포함한 무게와 규격 제한 이내여야 반입 가능하다.
- 승객 1인당 1마리 반입 가능하다.
- 기내에서 운송용기에 넣어 승객 앞좌석 밑에 보관해야 한다.
- 기내에서 동물을 꺼내거나 안고 갈 수 없다.

(a)+(b)+(c) ≤ 115cm

▲ 운송 용기 조건

수하물로 위탁하는 경우 (AVIH)

반려동물의 크기가 기내 수하물 규격을 넘는 경우는 수하물로 위탁해야 하며, 위탁 수하물의 경우도 규격 제한이 있다.

운송 시 기본 필요 서류

한국 출국 관련은 농림축산검역본부 사이트(http://www.qia.go.kr)를 참조할 수 있으며, 출국 시는 해당 국가의 검역 기준을 충족해야하므로, 사전에 해당 국가의 대사관이나 동물검역기관에 확인해야 한다.

- 반려동물 건강 진단서
- 광견병 예방 접종 증명서
- 국가별 필요 서류 준비

운송 운임

반려동물 운송에는 승객이 소지한 기존 수하물과 관계없이 반려동물(용기포함)의 무게에 따른 추가 요금이 부과된다.

예 대한항공, 아시아나 항공 국내선 기내반입 시 운송 용기 1개당 20,000원

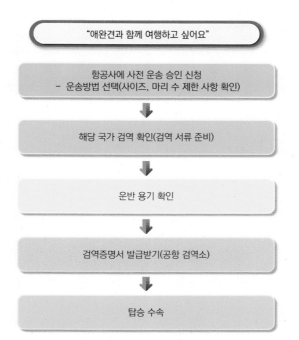

"애완견과 함께 여행하고 싶어요"

항공사에 사전 운송 승인 신청
– 운송방법 선택(사이즈, 마리 수 제한 사항 확인)

해당 국가 검역 확인(검역 서류 준비)

운반 용기 확인

검역증명서 발급받기(공항 검역소)

탑승 수속

▲ 반려동물 동반 여행 방법

 반려동물을 위한 항공사의 특별 서비스

- 대한항공 : 'SKYPETS' 프로그램
  홈페이지 내 반려동물을 등록하고 반려동물과 여행할 때마다 스탬프를 모아 반려동물 운송무료, 할인보너스를 이용하는 프로그램

- 아시아나항공
  아시아나 클럽에 적립한 마일리지로 반려동물 운송 요금 결제 서비스

 반려동물을 동반한 여행객은 얼마나 될까요?

우리나라에서 반려동물이 주인과 함께 기내에 동승하는 것은 아직까진 흔히 볼 수 있는 풍경은 아니지만 꾸준히 증가하고 있다. 최근 반려동물과 함께 해외로 떠나는 여행객이 증가함에 따라 지난해 비행기에 탑승한 반려동물 수가 4만 마리를 넘은 것으로 나타났다. 국회 국토교통위원회가 국토교통부로부터 제출받은 반려동물 기내 반입 현황을 살펴보면 2015년 2만8182건, 2016년 3만3437건, 2017년 4만1343건으로 매년 증가하고 있다. 2018년 7월말 기준 2만 6596건으로 2년 새 47%나 증가했다.

(아시아경제, 2017.6.28 기사 중)

실무 worksheet-항공예약

1. 여행 출발일 기준으로 승객의 연령에 따라 성인, 소아, 유아로 구분된다. 적용되는 연령을 쓰시오.

구분	적용 연령
성인	
소아	
유아	

2. 각 도시나 공항은 IATA코드로 표시된다. 서울의 도시코드와 공항코드를 쓰시오.

　가. 서울 도시코드 :

　나. 김포 공항코드 :

　다. 인천국제공항 코드 :

3. 클래스는 Cabin Class와 Booking Class로 구분된다 차이점을 쓰시오.

　가. Cabin Class

　나. Booking Class

실무 worksheet-항공예약

4. 다음 PNR을 읽어 보시오.

```
--- RLR MSC ---
RP/SELK1394Z/SELK1394Z            AA/SU    7MAY22/2254Z    5UHR4M
1123-1357
  1.LEE/HANOL MR   2.KIM/MINA MISS(CHD/25DEC17)
  3  AF5093 Y 15NOV 2*ICNCDG HK2  1400 1830  15NOV  E  AF/5UHR4M
     OPERATED BY KOREAN AIR
  4  AF1380 Y 15NOV 2*CDGLHR HK2  2120 2145  15NOV  E  AF/5UHR4M
  5  OZ 522 Y 15DEC 4 LHRICN HK2  2010 1605  16DEC  E  OZ/5UHR4M
  6 AP 02-123-1234
  7 APM 010-123-1357/P1
  8 TK OK07MAY/SELK1394Z
  9 SSR CHLD OZ HK1 25DEC17/P2
 10 SSR CHLD AF HK1 25DEC17/P2
 11 SSR VGML OZ HK1/S5/P1
 12 SSR VGML AF HK1/S3/P1
 13 SSR CHML OZ HK1/S5/P2
 14 SSR CHML AF HK1/S3/P2
```

가. 예약번호:

나. 승객명:

다. 2번 승객의 나이와 연령에 따른 구분 :

라. 첫구간 공항코드 : 출발지 (   ) - 경유지 (   ) - 도착지 (   )

마. 귀국편 공항코드 : 출발지 (   ) - 도착지 (   )

바. 출발일자

사. 귀국편 출발일자와 도착일자

아. 1번 승객의 특별기내식

자. 2번 승객의 특별기내식

QUIZ

01 다음 중 예약기록(PNR)의 필수 구성요소를 모두 고르시오.

① 여정
② 탑승객 성명
③ 항공권 구매 시한
④ 연락처
⑤ 서비스 신청 사항

02 다음은 항공 예약 중 승객 성명 입력 시 유의사항이다. 맞지 않는 것을 고르시오.

① 승객은 예약시점의 연령에 따라 성인, 소아, 유아로 구분한다.
② 타인 또는 대리인의 성명을 잠정적으로 대신 입력하는 것은 불가하다.
③ 국제선의 경우 성인은 만 12세 이상의 승객을 말한다.
④ 유아는 만 2세 미만으로 좌석을 점유하지 않는다.
⑤ 예약기록에 입력된 유아를 제외한 성명 수와 좌석 수는 일치해야 한다.

03 다음은 무엇에 대한 설명인가 쓰시오.

- 동일 객실 내에 성인 승객과 동반하지 않고 혼자 여행하는 어린이
- 기내 일반 좌석에 스스로 앉아서 항공여행을 할 수 없는 승객에게 제공하는 들 것과 같이 생긴 항공 의료용 침대

4

항공권과 항공운임
Ticket & Air Fare

Ticket & Air Fare

한올이는 항공권을 받아서 본인의 이름을 확인하고,
목적지를 확인한다.
그런데, 항공권에 적힌 용어들이 낯설다.
예약등급, 항공권 유효기간, 운임, 항공권 운임정보 등
정확하게 무엇을 뜻하는 걸까?

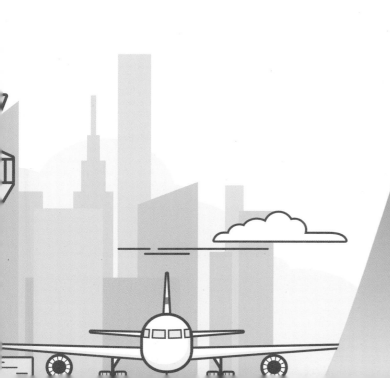

1. 항공권과 전자 항공권

① 항공권

항공권이란 국제항공운송협회(IATA)에서 정한 표준 양식에 따라서 항공사와 승객간에 체결한 계약 내용을 표기하고, 항공사의 운송 약관에 따라서 여객 운송 서비스가 제공됨을 표시하는 증서이다.

전세계 대부분의 항공사는 전자항공권(e-Ticket)을 사용하며, 한국지역도 2008년부터 전자항공권으로 발권하고 있다.

종이 항공권(Passenger Ticket and Baggage Check)

[종이 항공권 이미지]

- 과거 공항에서 탑승 수속 시, 항공기를 탑승하는 구간의 쿠폰을 절취한 후, 해당 구간 탑승권(Boarding Pass)을 발급하는 실물 항공권을 말한다.
- 4장의 탑승용 쿠폰(Flight Coupon)과 승객용 영수증(Passenger Receipt)으로 구성되어 있다.
- 종이항공권은 IATA 결정에 따라 사용 중지되고 전자항공권(e-Ticket)으로 대체되었다.

2 전자항공권(e-Ticket)

항공권은 승객의 여정을 담고 있는 예약기록(PNR)을 기반으로 운임 계산 내역과 지불 내역을 추가하여 발행된다.

▲ 예약기록의 여정

▲ 운임계산내역과 지불내역

전자 항공권이란, 항공사의 전자항공권 데이터베이스에 항공권 발행 내역이 저장되어 항공권의 사용, 환불, 재발행 내역 등을 전산으로 조회하고 처리하는 항공권의 형식을 말한다.

전자항공권은 실물항공권과 달리 분실이나 도난 등의 위험을 방지할 수 있으며, 승객이 항공권을 발행 및 변경을 위하여 항공사나 여행사를 방문할 필요가 없어 항공권을 발행하고 관리하는 시간과 인력을 절약하고 비용을 대폭 줄이게 되었다.

```
TKT-0573331613481        RCI-                    1A LOC-6R5WW5     ①항공권 번호
OD-SELSEL  SI-      FCPI-0  POI-SEL  DOI-24JUN22  IOI-00039911     발행일,발행처
  1.LEE/HANHOL MR              ADT        ST N
1 O ICNCDG KE  AF  5093 Y 15NOV 1400 OK O    YS50AENN     1PC     ② 예약기록
2 X CDGLHR     AF  1380 Y 15NOV 2120 OK O    YS50AENN     1PC     (PNR)의 여정
3 O LHRICN     OZ   522 Y 15DEC 2010 OK O    YRT          1PC
FARE    KRW    3725900
TAX     KRW     515100                                            ③ 운임
TOTAL   KRW    4241000                                            계산내역
/FC SEL AF X/PAR AF LON M1380.93OZ SEL Q182.00 1376.83
  NUC2939.76 END ROE1267.403987
FE NON-ENDORSEMENT. RFND PENALTY APPLY. NO MILE                   ④ 제한사항
FP CASH                                                           및 지불내역
```

▲ 전자항공권(e-Ticket) 이미지

3 e-티켓 확인증(ITR. Itinerary & Receipt)

전자항공권은 실물이 없고 데이터베이스에 저장되어 있어 승객에게 항공권의
세부내역 및 법적 고지를 위한 서류형태의 복사본으로 e-티켓 확인증을 사용한다.

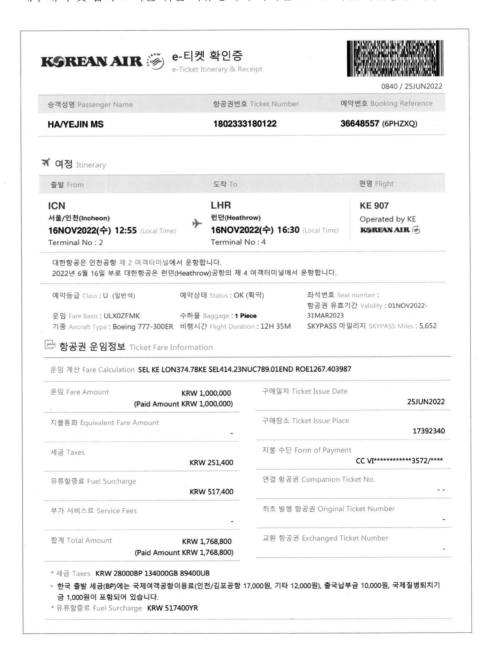

e-티켓 확인증은 공항 입국심사 시에 필요할 수 있으므로 반드시 승객에게 제공되어야 한다.

ⓘ 항공권 제한사항 안내 Ticket Restriction

항공권 유효기간	• 서울/인천 - 런던 : 2023년 03월 31일 • 런던 - 서울/인천 : 2023년 11월 16일 ﹥ 전체 미사용시, 항공권 최초 발행일로부터 1년 이내에 첫 구간 개시 및 변경이 필요합니다.(단, 운임 규정상 변경 허용 조건)
타항공사로 양도	• 본 항공권은 타 항공사로 양도하여 사용할 수 없습니다.
예약변경	• 운임/유효기간/예약등급/요일/편명등의 차이로 인한 차액이 발생될 수 있습니다.
재발행	• 서울 - 런던 : 재발행 수수료가 부과됩니다. (수수료 KRW150,000, 지불 통화에 따른 환율적용) • 서울 - 런던 : 재발행 수수료가 부과됩니다. (수수료 KRW150,000, 지불 통화에 따른 환율적용) ﹥ 각 구간의 변경에 따른 재발행 수수료가 부과되며, 동일한 예약등급 이상으로 재발행이 가능합니다. 단, 일부 구간의 변경이라도 재발행 수수료는 운임/예약등급/시즌/요일등 변경 시 더 제한된 규정이 적용될 수 있습니다.
마일리지	• 정확한 안내는 발권처로 문의 바랍니다. ﹥ 대한항공편 탑승 시, 예약 등급별 마일리지 적립률 P: 200%, F 165%, J 135%, C/D/I/R 125%, Z 100%, Y/W/B/M/S/H/E/K/L/U 100%, G 80%, Q/N/T 70%, 적립불가 A/O/X 및 50% 이상 할인된 항공권 (A : 보너스 혹은 적립불가 조건인 경우 적립 불가) * 탑승일 기준 2023.1.1일 부 F 200%, J 135%, C/D/I/R 125%, Z 100%, Y/W/B/M/S/H/E/K/L/U 100%, G 80%, Q/T 70% 적립불가 A/O/X 및 50% 이상 할인된 항공권 (A : 보너스 혹은 적립불가 조건인 경우 적립 불가)
예약부도 위약금	﹥ 항공편 출발 이전까지 예약취소 없이 탑승하지 않거나 탑승수속 후 탑승하지 않는 경우 예약부도위약금이 부과됩니다. (재발행수수료 또는 환불위약금은 별도 규정에 따라 적용됩니다.) • 지역별 적용 금액 [장거리 - 미주 /유럽 /중동 /대양주 /아프리카] : KRW 120,000 [중거리 - 동남아 /서남아 /타슈켄트] : KRW 70,000 [단거리 - 한국 /일본 /중국 /홍콩 /대만 /몽골 /블라디보스토크 /이르쿠츠크] : KRW 50,000 • 출국장 입장 후 탑승을 취소하시는 경우 KRW 200,000 할증 부과됩니다. • 예약부도위약금은 출발지 국가에 따라 다르게 적용 될 수 있습니다.
항공권 서비스수수료	• 2021년 1월 7일부터 대한항공 서비스센터, 시내 및 공항지점에서 일반석 항공권(Z CLS 좌석승급 포함)을 구매 혹은 변경 하시는 경우 항공권 서비스수수료 KRW30,000 (또는 출발지 통화 기준의 수수료)가 부과됩니다. 자세한 사항은 홈페이지 공지사항을 참조하여 주시기 바랍니다.
환불	• 출발 전 전체 미사용 항공권 환불의 경우 환불 접수 시점별 환불위약금이 부과됩니다. • [출발 91일 이전] 무료 [출발 90일~61일 이전] KRW30,000 • [출발 60일~15일 이전] KRW200,000 [출발 14일~4일 이전] KRW240,000 • [출발 3일 이내] KRW300,000 • 두개 이상의 운임이 결합된 항공권의 경우 높은 환불위약금이 적용됩니다 • 부분 미사용 항공권 환불의 경우 KRW 200,000 과 사용 구간의 편도 운임이 공제 됩니다 • 재발행 항공권은 부분 환불위약금과 동일하게 적용 됩니다 • 정확한 환불위약금은 대한항공 홈페이지 또는 서비스 센터를 통해서 확인하시기 바랍니다 ﹥ 환불 위약금이 없는 경우에도 환불 수수료는 별도로 부과되며, 환불 수수료는 항공권 지불 통화에 따라 상이하오니 확인하여 주시기 바랍니다. 환불수수료 : KRW 30,000 / JPY 2,500 / CAD 35 / EUR 30 / IDR 430,000 / Other Currency : USD 30 * 단, 한국발 전체 미사용 항공권 중 첫 출발일 기준 91일 이전에 환불 접수된 경우는 상기 수수료가 면제 됩니다. (보너스 및 단체 항공권 제외)

④ EMD(Electronic Miscellaneous Document : 전자 바우처)

항공권 외 수하물, 기내식, 기내 인터넷, 항공권 변경 및 다양한 부가 서비스에 대한 비용을 지불할 때 발행되는 전자 바우처를 EMD라 한다.

다음과 같은 사유로 EMD를 발행하게 된다.

❶ 좌석 승급에 따른 추가 이용료(Air transportation)

❷ 타 운송수단 구입

GDS를 통하여 렌트카, 기차표 등을 구입할 경우 바우처 형태의 EMD를 발급

❸ 추가 수하물료(Baggage)

❹ 여정 변경으로 인한 차액 징수(Financial impact)

- 여정 변경으로 인한 추가 금액, 수수료, 패널티 및 환불금(Refundable Balances)
- 초과 예약으로 인한 탑승거절에 대한 보상금(DBC : Denied Boarding Compensation)

❺ 공항 시설 이용료

❻ 유료 기내 서비스 비용

KOREAN AIR 🐝   1211 / 24MAY22

Electronic Miscellaneous Document Receipt 🖨 인쇄하기

Passenger Name	YOO/DAEHYUN MR
PNR Number	6QPPWS
Document Number	1804552577657
Reason for Issuance Code	D (FINANCIAL IMPACT)
Service Details	Residual Value For Refundable Balance

운임안내 Fare Information

Fare Calculation	
Remarks	RFND INFO NO GURANTEE X ASF INFO
Endorsement/Restrictions	
Base Fare Amount	USD 50.00
Equivalent Fare Paid	-
Tax/Fee/Charges Amount	Paid USD 30.00OB
Total Document Amount	USD 0.00
Form of Payment	CC CA
Tour Code	-
Conjunctive Ticket Number	-
In Connection with Document Number	1802332940804
Date of Issue / Place of Issue	23MAY22/17390940/SEL CALL CENTER INTL
Original Ticket Number	1807750101807 SFO16MAR2205511925
Exchanged Ticket Number	1807750101807/2/E

2. 항공권 읽기

1 승객 성명 및 항공권 번호

승객성명 Passenger Name	항공권번호 Ticket Number	예약번호 Booking Reference
HA/YEJIN MS	1802333180122	36648557 (6PHZXQ)

승객성명

❶ 항공권에 대한 모든 권한은 항공권에 성명(Name of Passenger)이 기재된 승객에게만 있다.

❷ 항공권에 명시된 승객 이외는 어떤 경우에라도 양도가 안 된다.

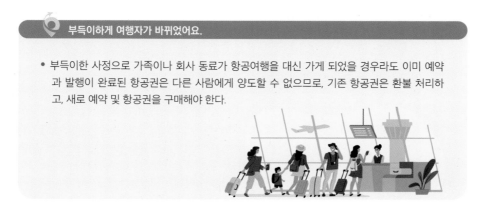

🔄 **부득이하게 여행자가 바뀌었어요.**

• 부득이한 사정으로 가족이나 회사 동료가 항공여행을 대신 가게 되었을 경우라도 이미 예약과 발행이 완료된 항공권은 다른 사람에게 양도할 수 없으므로, 기존 항공권은 환불 처리하고, 새로 예약 및 항공권을 구매해야 한다.

항공권 번호

항공사 고유번호 3자리를 포함한 총 13자리의 숫자로 구성된다.

예약번호

PNR의 시스템 예약번호와 일부 항공사의 고객용 예약번호가 표시된다.

2 여정

✈ 여정 Itinerary		
출발 From	도착 To	편명 Flight
ICN 서울/인천(Incheon) **16NOV2022(수) 12:55** (Local Time) Terminal No : 2	**LHR** 런던(Heathrow) **16NOV2022(수) 16:30** (Local Time) Terminal No : 4	**KE 907** Operated by KE KOREAN AIR

대한항공은 인천공항 제 2 여객터미널에서 운항합니다.
2022년 6월 16일 부로 대한항공은 런던(Heathrow)공항의 제 4 여객터미널에서 운항합니다.

예약등급 Class : U (일반석)	예약상태 Status : OK (확약)	좌석번호 Seat number : 항공권 유효기간 Validity : 01NOV2022- 31MAR2023
운임 Fare Basis : ULX0ZFMK 기종 Aircraft Type : Boeing 777-300ER	수하물 Baggage : **1 Piece** 비행시간 Flight Duration : 12H 35M	SKYPASS 마일리지 SKYPASS Miles : 5,652

여행 순서

항공권은 반드시 항공권에 기재된 여정의 순서대로 사용하여야 한다.

서울-도쿄-서울 항공권은 첫 출발지인 서울을 기준으로 운임이 계산되었으므로 첫 번째 여정인 서울-도쿄를 사용하지 않고 도쿄-서울을 사용할 경우 항공운임이 달라지므로 사용이 불가하다.

> **서울에서 도쿄행 운임과 도쿄에서 서울행 운임이 다르다?**
>
> - 서울/도쿄 편도운임은 KRW 280,000, 도쿄/서울 편도운임은 JPY 54400 (원화 환산시 약 KRW 600,000)로 약 2배의 차이가 난다. 같은 거리인데 왜 이런 차이가 날까?
> - 항공운임은 출발하는 국가의 물가, 통화 가치, 교통운임 등의 사회경제적 수준을 고려하여 설정된다. 따라서 서울 출발 운임은 한국의 사회경제적 수준을, 도쿄 출발 운임은 일본의 사회경제적 수준을 고려하여 설정되며, 물가 수준이 높은 일본 출발의 항공운임은 대체적으로 높은 수준이다.
> - 따라서 항공권에 기재된 순서와 다르게 여행하는 것은 항공운임 자체가 변동되는 일이므로 발행 항공사를 통하여 항공운임을 재계산 하여야 한다.

항공권 유효기간

유효기간의 적용

❶ 항공권의 유효기간은 적용된 항공운임에 따라 적용된다.

❷ 첫 구간 출발일로부터 계산한다. 따라서 첫 번째 구간 출발일이 변경되면
유효기간도 변경된다.

❸ 항공권에 기재된 유효기간 마지막 날짜의 자정까지 출발 가능하다.   즉
도착일은 그 다음 날이더라도 상관없다.

❹ 적용운임 종류에 따라 최소 체류기간(Not Valid Before)을 제한하기도 한다.

유효기간의 계산

❶ 전체 미사용 항공권 : 최초 발행일로부터 1년

❷ 부분 사용 항공권 : 최초 출발일로부터 적용된 운임규정에 준수

- 일(day) 단위 유효기간

  예 YLEE17(17일간 유효) : 6월 3일 ~ 6월 20일

- 월(month) 단위 유효기간

  - 유효기간 만료월 동일 일자까지 유효

  - 기준일이 해당 월의 마지막 일자인 경우 만료월 마지막 일자까지 유효

  예 MHE3M(3개월간 유효) : 4월 30일 ~7월 31일(해당월 마지막 일자)

- 1년(year) 유효기간

  - 대부분 정상운임의 유효기간은 1년으로 규정

  - 해당 년의 동일 일자까지 유효

  예 CRT(1년간 유효) : 2022년 6월 3일 ~ 2023년 6월 3일

항공권은 최대 얼마간 유효한가요?

유효기간이 1년인 정상운임이 적용된 항공권의 경우 최초 발행일로부터 1년안에 첫구간을 출발할 수 있으며, 출발일로부터 1년간 유효하므로, 발행일로부터 최장 2년까지 항공권이 유효할 수 있다.

운임(Fare Basis)

항공권에 기재된 Fare Basis는 기본적인 항공운임의 성격, 즉 제한조건 등을 의미한다. IATA 운임 구성 기준표에 따른 특별운임의 Fare Basis를 통하여 기본적인 운임 성격을 확인해 보자.

Fare Basis 구성 요소의 이해(Y L X EE 6M / CH25)

좌석등급 /예약등급	시즌	주말 /주중	운임 성격	최대 체류기간	할인코드/할인율
Y (일반석)	L (비수기)	X (주중)	EE	6M (6개월)	IN90 (유아 90% 할인)
C (비즈니스석)	H (성수기)	W (주말)	PX	3M (3개월)	CH25 (소아 25% 할인)
F (일등석)			IT	15 (15일)	SD25 (학생 25% 할인)
			GV		CG00 (단체인솔자 100% 할인)

③ 항공권 운임정보

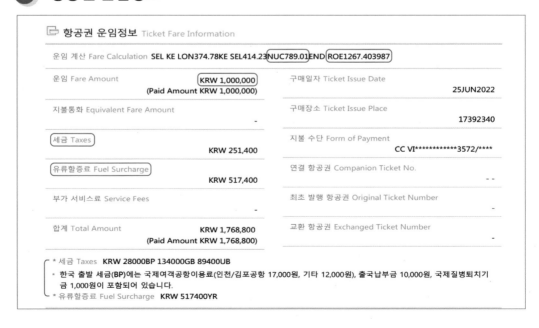

📋 **항공권 운임정보** Ticket Fare Information

운임 계산 Fare Calculation SEL KE LON374.78KE SEL414.23 NUC789.01 END ROE1267.403987

운임 Fare Amount KRW 1,000,000 (Paid Amount KRW 1,000,000)	구매일자 Ticket Issue Date 25JUN2022
지불통화 Equivalent Fare Amount -	구매장소 Ticket Issue Place 17392340
세금 Taxes KRW 251,400	지불 수단 Form of Payment CC VI************3572/****
유류할증료 Fuel Surcharge KRW 517,400	연결 항공권 Companion Ticket No. - -
부가 서비스료 Service Fees -	최초 발행 항공권 Original Ticket Number -
합계 Total Amount KRW 1,768,800 (Paid Amount KRW 1,768,800)	교환 항공권 Exchanged Ticket Number -

* 세금 Taxes **KRW 28000BP 134000GB 89400UB**
* 한국 출발 세금(BP)에는 국제여객공항이용료(인천/김포공항 17,000원, 기타 12,000원), 출국납부금 10,000원, 국제질병퇴치기금 1,000원이 포함되어 있습니다.
* 유류할증료 Fuel Surcharge **KRW 517400YR**

운임 적용 기준일

❶ 첫번째 구간 출발일(국제선 출발일)을 기준으로 항공운임 적용

즉 비수기에 항공권을 구입하더라도 첫 출발일이 성수기인 경우 성수기 운임 적용

❷ 첫 구간 출발일을 기준으로 유효기간, 시즌, 주중/주말 등 운임조건이 적용

따라서 임의로 첫 구간 출발일 변경 불가

❸ 첫 구간 출발일이 변경될 경우 재계산 후 항공권 재발행 필요

운임 산출내역

운임의 적용 방향

항공운임은 같은 구간이라도 출발지에 따라서 운임이 달라진다. 예를 들어 서울발 싱가포르행 왕복 항공운임(정상운임 기준)이 약 151만원일 때, 싱가포르발 서울행 항공운임은 3,818 싱가포르 달러(원화 환산 340만원)이다.

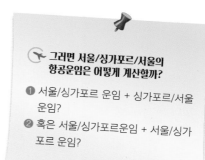

✈ 그러면 서울/싱가포르/서울의 항공운임은 어떻게 계산할까?

❶ 서울/싱가포르 운임 + 싱가포르/서울 운임?

❷ 혹은 서울/싱가포르운임 + 서울/싱가포르 운임?

이처럼 항공운임을 여행 방향으로 적용하는지, 혹은 반대 방향으로 적용하는지에 따라 계산된 항공운임은 달라진다. 즉, 항공운임을 적용하는 방향은 중요한 의미를 가지게 되므로 이를 사용할 때는 기본 원칙이 필요하다.

❶ 여정의 진행 방향대로 운임을 적용한다.

❷ 출발지국으로 돌아올 때는 반대방향으로 운임을 적용한다.

	기본 원칙 ⇒ 여정 방향	출발지국으로 돌아올 경우 ⇒ 여정의 반대 방향
적용 방향	서울 ↓ 홍콩 - 파리 ↓	서울 ↓ 파리 - 서울 ↑
전체운임	서울/홍콩 운임 + 홍콩/파리 운임	서울/파리 운임 + 서울/파리 운임

> **항공운임은 어떤 조건에 따라 결정되나요?**
>
> 국제선 항공운임은 각국 항공사가 먼저 제안 후, IATA 운임회의에서 만장일치로 결정되며, 이를 각국 정부에서 인가해야만 사용할 수 있습니다. 항공운임을 결정할 때는 다음과 같은 내용들을 고려합니다.
>
> - 운항거리 : 거리가 멀수록 항공운임도 높아집니다. 그러나 비슷한 지역 내의 운임은 똑같이 적용하는 균일제의 원리가 보완적으로 쓰이기도 합니다. 서울에서 서유럽의 도시들로 가는 운임은 대부분 동일합니다.
> - 출발지 국가의 사회 경제적 수준 : 항공운임은 출발지 통화로 결정되며, 출발 국가의 통화 가치, 경제 수준, 교통수단의 운임 등을 고려하여 결정됩니다. 물가와 교통비 수준이 높은 싱가포르나 일본 출발 항공운임은 다른 지역 출발에 비해 높은 편입니다.
>
> 그 외에도 탑승률, 예상 수요, 관련국 및 관련 항공사의 정책이나 계절적 수요에도 영향을 받습니다.

NUC와 ROE

항공운임은 출발국가 통화로 공시되므로 여러 구간의 운임을 합산하거나 비교할 경우에는 운임산출을 위한 공통된 통화가 필요하게 된다. 따라서 IATA는 항공운임을 계산하기 위한 가상의 통화단위인 NUC와 이를 현지통화로 환산하기 위한 ROE를 도입하여 사용한다.

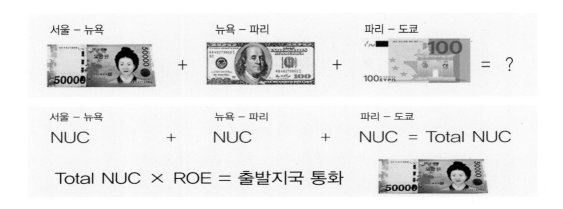

적용 통화

❶ 모든 항공운임은 최초 국제선 여정을 출발하는 국가의 통화로 기재
❷ 한국 출발 여정은 KRW(Korea Won)으로 운임 표시

세금(TAX)

항공권 발권 시에 해당 국가를 대신하여 항공사가 징수하는 세금으로, 운임 적용 화폐로 기재된다. 각 나라와 공항마다 면제대상이나 징수항목, 금액 등이 다르며, 한국 출발 세금(BP)에는 공항이용료, 출국납부금, 국제질병퇴치기금이 포함되어 있다.

유류할증료

항공산업은 유가의 변동에 큰 영향을 받지만 항공운임을 유가 변동에 따라서 수시로 변동할 수는 없기 때문에 일정 기간의 유가 변동치를 항공권에 부가하는데 이를 유류할증료라고 한다. 유가의 변동은 각국 정부 인가를 득한 후 유류 할증료를 통하여 항공운임에 반영한다. 일반적으로 매월 변동되며, 항공권 발권일을 기준으로 한다.

IATA 운임과 항공사 운임(Carrier Fare)

IATA는 항공사들이 공통으로 사용 가능한 기준 운임을 제정하고 이를 YY Fare라 부르며 대부분의 항공사들이 이를 사용하여 운임을 계산했으나, 1980년대 후반부터 각 항공사별로 서로간의 경쟁력을 제고하기 위하여 자신들만의 규정이 반영된 고유의 운임인 Carrier Fare를 만들어 사용하게 되었다. 항공사들은 점차 자사에 유리한 조건으로 운임을 계산하기 위하여 Carrier Fare 위주로 공시운임을 설정해 왔으며, 2017년에는 IATA Fare 사용율이 1%에 지나지 않아 2018년 10월부터 IATA 회원사들의 결의에 따라 IATA Fare가 폐지되었다.
현재는 하나의 운임마디에 여러 항공사가 있는 경우 항공사 운임 선택규정(Carrier Fare Selection Criteria)에 의하여 해당되는 Carrier Fare를 결정하고, 그에 따라 운임을 계산하고 있다.

3. 항공운임의 계산

일반적으로 출발지부터 목적지까지의 단순한 편도나 왕복여정인 경우도 있지만, 중간 경유지를 포함한 다수의 구간을 여행하는 여정도 있다. 이렇게 중간 경유지를 포함한 여정의 항공운임은 어떻게 계산해야 할까?

단순 편도나 왕복 여정은 공시되어 있는 운임을 그대로 사용하지만, 출발지와 목적지 사이에 여러 경유지를 포함하는 경우에는 루팅 시스템과 마일리지 시스템이라는 2가지 방법으로 운임을 계산한다.

항공운임은 해당 운임이 루팅 시스템을 적용하는 운임인지, 마일리지 시스템을 적용하는 운임인지 여부를 함께 고지하고 있다.

구간 : 서울 - 싱가포르 / 대한항공 일반석 운임

```
> FQDSELSIN/AKE/IL,X
08MAY22**08MAY22/KE SELSIN/NSP;EH/TPM  2883/MPM  3459
LN FARE BASIS     OW   KRW  RT   B   DATES/DAYS    MIN MAX R
```

LN	FARE BASIS 운임종류	OW 편도	KRW 왕복	B 클래스	DATES/DAYS 적용기간	MIN	MAX 유효기간	R	
01	ELEVZRKS		650000	E	S06MAY 30MAY	-	6M	R	루팅시스템
02	MLE0ZRKS		980000	M	S06MAY 30MAY	-	12M	R	
03	MNE00EKS	624000		M	- -	-	-	M	마일리지 시스템
04	BLE0ZRKS		1200000	B	S06MAY 30MAY	-	12M	R	
05	YRT		1512600	Y	- -	-	-	M	

동일 구간이라도 다양한 운임 종류가 있으며, 각 운임마다 적용 금액 뿐만 아니라 계산 방법도 함께 고지된다. 1,2,4번 운임은 루팅 시스템으로 운임 계산 시 적용 가능한 운임이며, 3,5번 운임은 마일리지 시스템으로 운임 계산 시 적용 가능한 운임이다.

1 루팅 시스템(Routing System)

서울에서 미국 보스턴까지 가는 방법은 매우 다양하다. LA, 뉴욕, 애틀란타 등 다양한 경유지를 거쳐, 선택할 수 있는 항공사도 델타항공, 유나이티드 에어, 아메리칸 에어 등 수 많은 항공사를 선택할 수 있다.

※ 루팅 시스템 : 정해진 3가지 조건이 충족되면 출발지에서 목적지까지의 공시운임을 그대로 적용하는 방법

❶ 경유지(노선)
❷ 항공사
❸ 예약등급(Booking Class)

항공사들은 합리적인 가격과 노선을 승객에게 제공하기 위해, 중간 경유지, 갈아타는 항공사, 해당 항공사의 예약 등급 등을 지정한 루팅(일정 경유 조건)을 설정하고, 해당 루팅이 준수될 경우 지정된 운임을 그대로 적용할 수 있도록 하였다.

서울-보스턴	경유지 및 항공사	예약등급
ELXEKA운임 (190만원)	서울 - KE - 뉴욕 - DL - 보스턴 서울 - KE - 애틀란타 - DL - 보스턴	KE : E 클래스 DL : V 또는 T 클래스
HLXEKA운임 (205만원)	서울 - KE - 뉴욕 - DL - 보스턴 서울 - KE - 애틀란타 - DL - 보스턴 서울 - KE - 워싱턴 - AA - 보스턴	KE : E 클래스 DL : V 또는 T 클래스 AA : Q 또는 N 클래스

서울에서 보스턴까지 여행할 때 ELXEKA운임을 적용하기 위해서는 경유지를 뉴욕 또는 애틀란타로 해야 하며 각각의 여정에 따라 정해진 항공사와 해당 항공사의 예약 등급을 준수하면 190만원이라는 운임을 적용할 수 있다.

그러나 경유지를 워싱턴으로 선택한다면, ELXEKA운임에 해당 경유지를 가지고 있는 루팅이 존재하지 않으므로 좀 더 가격이 높은 HLXEKA운임으로 적용해야 하며, 이 때 서울에서 워싱턴까지는 KE항공사를, 워싱턴에서 보스턴은 AA항공을 선택해야 하며 지정된 예약 등급을 사용해야만 한다.

2 마일리지 시스템(Mileage System : 거리제도)

우리가 한국에서 대중교통 이용 시, 이용거리에 비례하여 환승 할인을 적용하는 것처럼, 항공운임도 출발지에서 목적지까지의 거리에 기반을 두어 운임을 계산하는 방식이다. 마일리지 시스템을 이용하여 항공운임을 계산하기 위해서는 3가지 기본 요소를 알아야 한다.

기본요소

TPM(Ticketed Point Mileage) : 실제 이용거리/ 발권구간 거리

❶ 구간별 실제 거리

❷ 각 구간별 TPM의 합산거리와 최대허용거리인 MPM과 비교한다.

MPM(Maximum Permitted Mileage) : 최대 허용거리

❶ 출발지에서 목적지간의 공시운임으로 여행할 수 있는 최대 허용거리

❷ 실제 거리인 TPM의 약 1.2배 정도로 설정

EMS(Excess Mileage Surcharge) : 초과거리 할증

❶ 실제 이용거리의 합(TPM의 합) > 최대 허용거리(MPM) 일 때, 초과되는 비율

❷ 5%, 10%, 15%, 20%, 25%의 5단계별로 할증

❸ 최대 25%를 넘는 경우는 하나의 운임마디로 계산 불가

운임 계산

　　중간경유지를 포함한 실제 이용거리(TPM)의 합이 출발지에서 최종 목적지간
설정된 최대 허용거리(MPM) 안이거나, 25% 이하로 추가된 경우 출발지에서 목적
지까지의 직행 공시운임에 일부 할증을 적용하여 운임을 계산한다.

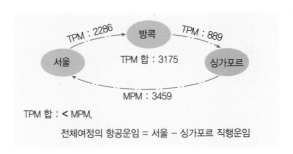

TPM 합 : < MPM.

전체여정의 항공운임 = 서울 – 싱가포르 직행운임

4. 항공운임의 종류

항공운임은 승객이 여행하는 기간, 여행 조건 등에 따라 정상운임과 특별운임으로 나눌 수 있으며, 나이 및 신분 등 승객의 조건에 따라 정상운임이나 특별운임에서 할인을 제공하는 할인운임이 있다. 일반적으로 정상운임의 경우 여행 조건에 제한사항이 없으며, 특별 운임의 경우 저렴한 데 반하여 체류기간, 여행 형태, 사전 구입 사항 등의 여러 가지 제약을 받는다.

1 정상운임(Normal Fare)

정상운임은 제한사항이 없거나, 일부만 제한을 두는 운임을 말한다.
항공권의 유효기간은 보통 첫 구간 출발일로부터 1년이다.
정상운임의 대표적인 Fare Basis는 P, F, J, C, Y, YO2, Y2, YW2, YX2 등이 있다.

2 특별운임(Special Fare)

승객의 다양한 여행형태에 부합하여 개발된 운임으로 판촉운임(Promotional Fare)이라고도 한다. 특별운임은 항공권 사용에 여러 가지 제한사항을 두고 있는 대신 정상운임보다 저렴하게 판매하는 운임이다.

승객의 여행조건에 따라 적절한 특별운임을 선택하는 것이 일반적이며 노선별, 항공사별로 다양한 종류의 운임을 사용하고 있고 다음과 같은 사항에 제한조건을 둔다.

- 최소/최대 체류기간(Minimum/Maximum Stay)
- 도중체류/경유 허용 여부 및 가능 횟수(Stopover/Transfer)
- 여정 변경 및 환불 제한(Change/Refund)
- 사전구입 사항(AP. Advanced Purchase)

3 할인운임(Discounted Fare)

승객의 나이나 신분에 따라 특정한 할인을 적용하는 운임이다.

구분	내용
유아운임 (IN : Infant Fare)	14일 이상~ 2세 미만의 좌석 비점유 승객 성인운임의 10%
소아운임 (CH : Child Fare)	2세 이상 ~ 12세 미만의 성인동반 어린이 승객 성인운임의 75%
비동반 소아운임 (UM : Unaccompanied Minor)	5세 이상 ~ 12세 미만의 혼자 여행하는 어린이 성인운임과 동일
학생운임 (SD : Student Fare)	12세 이상 ~ 26세 미만의 목적지 국가에서 공부하는 학생 일반석에만 적용 성인 정상운임의 75%
단체 인솔자 운임 (CG : Tour Conductor Fare)	10명 이상의 단체 승객을 인솔하는 승객 단체 구성원 수에 따라 인솔자 운임에 대한 할인율 결정

* 항공사와 적용운임에 따라 할인율 및 적용연령 변경 가능

5. 기타 발권 서비스

1 Revalidation과 재발행

Revalidation은 항공권 발행 후 운임과 상관없는 단순한 시간, 날짜, 항공편 변경 시 항공권을 재발행 하지 않고, 전자항공권(e-Ticket) 데이터베이스 상에 변경하는 방법이다. 예약등급(Booking Class)이나 구간, 유효기간에 영향을 끼치는 첫 구간 등의 변경은 운임에 영향을 끼칠 수 있으므로 Revalidation이 아닌 재발행을 실시한다.

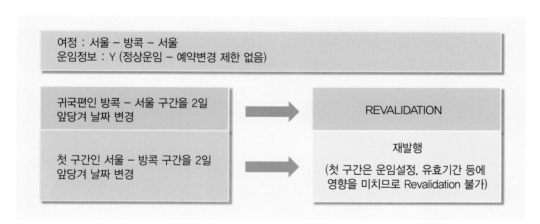

여정 : 서울 – 방콕 – 서울
운임정보 : Y (정상운임 – 예약변경 제한 없음)

| 귀국편인 방콕 – 서울 구간을 2일 앞당겨 날짜 변경 | ⟶ | REVALIDATION |
| 첫 구간인 서울 – 방콕 구간을 2일 앞당겨 날짜 변경 | ⟶ | 재발행 (첫 구간은 운임설정, 유효기간 등에 영향을 미치므로 Revalidation 불가) |

실물항공권을 소지한 승객이 단순 시간 및 운항편 변경 시 항공권을 변경하지 않고, 항공권 위에 스티커를 붙여서 변경 사실을 나타내는 것처럼, Revalidation은 단순 변경에만 적용된다.

2 환불

미사용 항공권, EMD 등은 환불이 가능하다.
환불은 전체 환불, 부분 환불, TAX 환불 등이 있다.

전체 미사용 항공권 환불

운임 규정상의 환불 위약금(Penalty)와 환불 수수료(Service Fee)를 공제 후 환불한다. 사전에 예약을 취소하지 않은 경우 예약부도 위약금(No Show Penalty)을 징수하게 된다.

부분 사용 항공권 환불

항공권 구매 금액에서 실제로 사용된 여정에 대하여 운임을 재계산한 다음에 각종 환불 위약금과 수수료를 공제한 후 환불한다.
항공운임은 편도운임과 왕복운임의 차이가 매우 커서 환불금이 적거나 때로는 없는 경우도 있을 수 있다.

이와 같은 이유로 편도만 사용된 왕복 항공권의 환불금은 최초 구입가격 대비 매우 적을 수 있으며, 항공권을 최초에 발행한 곳에서 재계산하도록 한다.

서울/방콕/서울 왕복 항공권의 편도 사용 후 환불금 계산

서울-방콕 / 00항공 일반석 운임 (원화 기준)

	운임 종류	편도 운임	왕복 운임
1	MKEKS		840,000
2	MKOWKS	504,000	

- 최초 구매 항공권 : 서울 /방콕 /서울   MKEKS KRW 840,000
- 실제 이용 구간 : 서울 /방콕 편도 ➡ 적용 운임 MKOWKS KRW 504,000
- MKEKS 운임의 출발 후 환불 위약금   KRW 70,000
- 한국지역 대한항공 환불 수수료   KRW 30,000

※ 환불금 KRW 236,000

실무 worksheet - 항공권과 항공운임

1. 다음 정의를 쓰시오.

   가. 항공권
   나. 전자항공권(e-Ticket)
   다. e-티켓 확인증
   라. EMD

2. 항공운임을 계산하는 2가지 방법을 간단히 설명하시오.

   가.

   나.

3. 다음 e-티켓 이미지를 보고 어떤 할인운임이 적용되었는지 쓰시오.

승객성명 Passenger Name	항공권번호 Ticket Number	예약번호 Booking Reference
KANG/YOONJAEMSTR	**1803829883415**	**679ODU**

✈ 여정 Itinerary

출발 From	도착 To	편명 Flight
ICN 서울/인천(Incheon) **26MAR2022(토) 19:55** (Local Time) Terminal No : -	**SYD** 시드니(Kingsford Smith) **27MAR2022(일) 08:25** (Local Time) Terminal No : -	**KE 121** Operated by KE **KGREAN AIR**

예약등급 Class : **E** (일반석)	예약상태 Status : **OK** (확약)	좌석번호 Seat number :
운임 Fare Basis : **ELEVZRKZ/CH25**	수하물 Baggage : **1 Piece**	항공권 유효기간 Validity : --
기종 Aircraft Type : -	비행시간 Flight Duration :	SKYPASS 마일리지 SKYPASS Miles : **5,184**

4. 다음 사례를 환불금을 계산하시오.

   • 최초 구매 항공권 100만원
   • 실제 사용구간 60만원
   • 환불 위약금 (Penalty) 7만원
   • 환불 수수료 (Charge) 3만원

실무 worksheet - 항공권과 항공운임

5. 다음 항공권을 읽고 아래 사항을 찾아 쓰시오.

가. 승객 성명

나. 항공권 번호

다. 예약 등급(Booking Class)

라. 항공권 유효기간

마. 운임 종류(Fare Basis)

바. 무료 수하물 허용량(Baggage)

KOREAN AIR e-티켓 확인증
e-Ticket Itinerary & Receipt

1313 / 08MAY2022

승객성명 Passenger Name	항공권번호 Ticket Number	예약번호 Booking Reference
KIM/MINKYUNGMS	**1803829883413**	**679ODU**

✈ 여정 Itinerary

출발 From	도착 To	편명 Flight
ICN 서울/인천(Incheon) **26MAR2022(토) 19:55** (Local Time) Terminal No : -	**SYD** 시드니(Kingsford Smith) **27MAR2022(일) 08:25** (Local Time) Terminal No : -	**KE 121** Operated by KE **KOREAN AIR**

예약등급 Class : E (일반석)	예약상태 Status : OK (확약)	좌석번호 Seat number :
운임 Fare Basis : ELEVZRKZ	수하물 Baggage : **1 Piece**	항공권 유효기간 Validity : --
기종 Aircraft Type : -	비행시간 Flight Duration :	SKYPASS 마일리지 SKYPASS Miles : 5,184

출발 From	도착 To	편명 Flight
SYD 시드니(Kingsford Smith) **20APR2022(수) 21:15** (Local Time) Terminal No : -	**ICN** 서울/인천(Incheon) **21APR2022(목) 07:15** (Local Time) Terminal No : -	**KE 122** Operated by KE **KOREAN AIR**

예약등급 Class : K (일반석)	예약상태 Status : OK (확약)	좌석번호 Seat number :
운임 Fare Basis : KLEVZRKZ	수하물 Baggage : **1 Piece**	항공권 유효기간 Validity : --
기종 Aircraft Type : -	비행시간 Flight Duration :	SKYPASS 마일리지 SKYPASS Miles : 5,184

QUIZ

01 다음은 항공권의 일반적 사항이다. O, X로 표시하시오.

① 항공권은 첫 번째 구간 출발일로부터 유효기간을 계산한다.

② 반드시 항공권에 기재된 여정의 순서대로 사용하여야 한다.

③ 항공권은 가족 내에서는 양도가 가능하다.

④ 항공운임은 미국 달러화로 통일하여 계산한다.

02 다음의 설명에 대한 빈칸에 적절한 말을 넣으시오.

> 항공운임은 출발국가 통화로 공시되므로, IATA는 항공운임을 계산하기 위한 가상의 통화단위인 (   )와 이를 현지통화로 환산하기 위한 환율인 (   )를 사용한다.

03 다음은 할인운임에 대한 내용이다. 맞으면 O, 틀리면 X로 표시하시오.

① 만 2세 생일이 지난 어린이는 소아 운임을 적용한다.

② 학생운임은 일반석에만 적용된다.

③ 만 2세 미만의 유아는 좌석을 점유하더라도 성인운임 10%수준의 운임을 적용한다.

04 항공권 발행 후 운임과 상관없는 단순한 날짜 변경, 항공편 변경 시 항공권을 재발행하지 않고 전자항공권 데이터베이스 상에 변경하는 방법을 무엇이라 하는 쓰시오.

5

출입국 서류
Travel Documents

Travel Documents

한올이는 중국으로 가족여행을 계획 중이다.
가족들의 여권을 챙기면서 중국에서의 즐거운 여행을
상상하다가 지난 겨울 중국으로 공부하러간 친구가
비자가 늦게 발급되어 고민했었던 기억이 떠올랐다.
중국으로 가려면 관광여행에도 비자를 받아야 되는 건가?
그러면 대사관에 가야 하나? 어떻게 하면 좋을까?

1. 여권과 비자

1 **여권**(Passport)

여권은 여권을 발급한 정부가 그 여권을 소지한 사람이 그 나라(자국)의 국민임을 증명해주는 국제적 신분보증서다. 우리나라 여권은 해외에서 우리나라의 국민임을 증명할 수 있는 국가 공인 신분증인 것이다. 여권에는 종류, 발행국, 여권번호, 본인의 이름, 생년월일, 사진, 발급일자, 유효기간 등의 정보가 기록되어 있다.

▲ 대한민국 여권 첫 페이지(외교통상부)

여권의 발달

▲ 1960년대 여권

우리나라의 여권은 1961년 여권법이 제정되면서 현대적 여권 형태를 갖추게 되었다. 1980년대까지만 하더라도 종이에 사진을 붙인 다음 각종 도장을 찍은 평범한 신분증명서와 크게 다르지 않았으나 1994년 여권 신원정보면(Bio Page)을 기계로 읽어 들일 수 있는 기계판독식여권(MRP. Machine Readable Passport)이 도입되었고 2005년에는 여권 사진을 인쇄한 사진전사식 여권을 사용하면서 보안

▲ 1980년대 여권

▲ 1990년대 MRP(출처 : 외교통상부)

성이 강화된 여권을 사용하게 되었다. 2008년 이후 신원정보가 들어있는 전자 칩을 내장하여 보안성이 더욱 강화된 전자여권만이 발급되고 있으며, 현재 우리가 사용하고 있는 여권은 대부분 이런 전자여권이다.

여권의 용도

해외여행할 때 필수품인 여권의 용도를 다음과 같이 세분화할 수 있다.

- 출국과 항공기 탑승 수속
- 해외 입국과 귀국 수속
- 비자(사증) 신청과 발급
- 국제운전면허증 발급 신청
- 여권 재발급 신청
- 해외여행 시 병무신고(해당자)
- 면세점 상품 구입
- 렌터카 예약 결제
- 숙박시설 체크인
- 환전 및 송금된 돈을 찾을 때
- 기타 국내외 신분증 대용

2 VISA(사증)

VISA는 여행목적국가로의 여행허가서이다. 각국의 재외공관(영사관, 대사관)에서 자국을 방문하고자 하는 여행자의 여권 및 여행목적 등에 대해 검토한 후 자국의 안전과 이익을 해치지 아니하고 자국의 이익에 도움이 된다는 판단에 따라 자국에 여행을 할 수 있도록 우선 승인하는 서류이다. 비자를 소지한 여행자

여권과 비자의 차이

- 여권은 여권을 발급한 국가가 여권을 소지한 사람의 신분을 증명하는 증명서이며, 비자는 여행 목적지 또는 경유지 국가에서 여행자의 입국이나 경유를 허락하는 허가서이다.
- 여권이 작은 책자 형태로 되어 있는 반면 비자는 여권 속지에 찍힌 일종의 스탬프이다.
- 여권은 국가 정부에서 발행하고, 비자는 정부 관료(영사)가 발급한다.

를 본국 정부의 출입국관리기관(Immigration)이 비자의 목적과 여행의 목적 등에 대한 인터뷰를 통해 입국 여부를 최종 결정한다. 비자의 종류에는 관광을 목적으로 하는 관광비자, 유학을 목적으로 하는 유학비자 등 체류 목적에 따른 여러 가지 비자가 있다. 방문국에 따라서는 비자가 면제되는 나라가 있다.

사용 횟수에 따른 분류

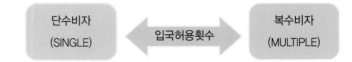

입국목적에 따른 분류

- 관광사증(Tourist VISA)
- 상용사증(Business VISA)
- 외교사증(Diplomatic VISA)
- 공무사증(Official VISA)

- 체류사증(Staying VISA)
- 통과사증(Transit VISA)
- 일반사증(Ordinary VISA)

TWOV

- 모든 국가는 자국에 입국하려는 외국 국적자에게는 입국 전 또는 입국할 때 VISA 또는 ESTA와 같은 허가를 요구한다. 그러나 국제항공의 발달로 제3국으로 가기 위해 자국을 단순히 통과 또는 경유하는 경우가 빈발해지면서 굳이 VISA나 사전 허가를 받지 않도록 하는 제도를 TWOV(무비자통과)라고 한다.
- TWOV 제도가 잘못 사용되는 경우를 방지하기 위해 최종 목적국가 입국에 필요한 항공권과 여행서류, 경유 공항이나 도시에서의 체류기간 등에 대한 일반적 조건을 규정해놓고 있으며, TWOV를 자국의 관광산업 발전에 응용하려는 국가들도 많아 체류 가능 기간이나 도시에 대해서는 국가마다 조금씩 다르다.
- 과거 중남미를 가기 위해 미국 경유 TWOV를 많이 활용하였으나, 미국은 911 사건 이후 강화된 국경보안정책으로 TWOV 제도를 폐지하였다. 미국을 통과하는 모든 승객은 심지어 같은 비행기에 타고 경유하더라도 비자 또는 ESTA를 취득하여야 한다.

TWOV 규정에 대한 일반 조건

- 제3국행 여행이 유효한 서류 소지자 항공권을 소지
- 연결편에 대한 예약이 확약된 항공권을 소지
- 입국 목적이 단순히 통과에만 국한될 경우

무사증 통과 대상자

- 국제관례, 상호주의, 국가이익 등을 종합적으로 고려하여 무사증입국 허가 대상 국가를 별도로 지정하고 있다.
- 관광 또는 방문목적에 한하여 일반적으로 30일 동안 체류가 가능하지만, 캐나다 여권은 6개월, 호주, 홍콩, 슬로베니아, 일본 여권 소지자는 90일 동안 체류가 가능하다.

2. 국가별 여권 및 VISA

1 대한민국

여권(2021년 12월 이전 발급/구여권)

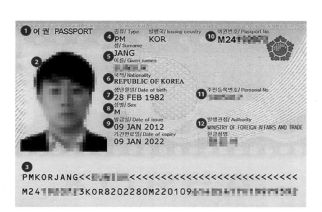

① 제목 : **여권**(PASSPORT)

② 사진

③ 기계판독영역(MRZ, Machine Readable Zone) : 여권상의 데이터를 기계로 읽기 쉽도록 모아놓은 부분

④ 여권의 종류

　　PM(복수여권) PS(단수여권) PG(관용여권) PD(외교관여권) PR(해외 거주자 여권)

⑤ 이름 : 영문 성명, 한글 이름의 경우 ⑫ 발행관청 하단에 표기

⑥ 국적

⑦ 생년월일 : 날짜(숫자 2자리) / 월(영어 알파벳 3자리) / 연도(숫자 4자리)

⑧ 성별 : 남자 M(Male), 여자F (Female)

⑨ 여권 발급일자 : 생년월일과 동일 표기 방법

⑩ 여권번호

⑪ 주민등록번호 : 주민등록번호의 뒷자리 7 숫자(⑦번의 생년월일과 조합)

⑫ 발행관청 : 대한민국 외교통상부

여권 발행

현재 우리나라 여권의 발행권자는 대한민국 외교통상부장관이며 여권 신원정보면의 ⑫번에 표시되어 있다. 그러나 실제 여권의 발급은 각 지방자치단체(여권 사무 대행기관 - 정해진 구청, 시청)에서 외교통상부의 업무를 대행하여 발급하고 있다.

여권의 종류

우리나라의 여권은 일반여권, 관용여권, 외교관여권의 세 가지가 있다.

• 일반여권

대한민국 국민에게 여권법에 의해 발급되는 10년 유효기간의 여권으로 표지가 남색이다.(2020년 이전 발급 여권은 초록색)

• 관용여권

대한민국 공무원과 공공기관, 한국은행, 한국수출입은행 임직원에게 발급되며 그 가족이 공무로 해외여행할 경우 가족에게도 발급된다. 여권의 유효기간은 5년이며, 기한 내라도 그 직이 종결되어 더 이상 공무를 담당하지 않을 시 즉시 여권을 반납하여야 한다. 국회의원의 예를 들면, 당선되어 국회의원의 신분이 된 순간부터 관용여권을 발급받아 사용할 수 있지만, 국회의원을 그만두거나 낙

선하여 국회의원 신분을 잃는 순간부터 관용여권을 사용할 수 없다. 관용여권의
표지는 회색이다.(2020년 이전은 고동색)

• 차세대 여권

2021년 12월 이후부터
발급되는 신 여권. 바이
오 페이지의 내용은 일부
순서가 바뀌었을 뿐 기본
적으로 동일 함

기존여권 표지	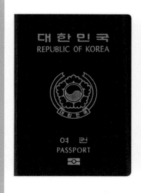		
차세대 여권 표지			

2021년 12월
21일부터 발급되는
우리나라 차세대
전자여권

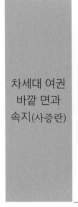

차세대 여권
바깥 면과
속지(사증란)

● 보안성·내구성·내구성이 강화된 폴리카보네이트(PC) 타입, 레이저 각인 방식
● 표지 색상이 기존 녹색에서 남색으로 바뀌고,(일반여권)
● 사증 면수는 기존 48면에서 58면으로 확대됐다.(알뜰 여권은 24면)

● 외교관여권

　전 현직 대통령/국회의장/대법원장/헌법재판소장/국무총리/외교부장관 및 특명전권대사/국제올림픽위원회위원, 외교부 소속 공무원 및 그 가족에게 발급되며 유효기간은 5년이다. 관용여권과 마찬가지로 기한 내라도 그 직이 종결되어 더 이상 외교업무를 담당하지 않을 시 즉시 반납하여야 한다. 외교관여권의 표지는 붉은색이다.(2020년 이전은 청색)

● 관용 및 외교관여권 소지자라도 일반여권을 발급받을 수 있으며, 공무나 외교업무로 여행하지 아니할 때는 일반여권을 사용하여야 한다.

● 관용여권과 외교관여권을 일반여권과 모양이나 색상을 달리하는 이유는 외교관여권의 경우 국가 간 외교업무를 담당하는 사람에게 발급되므로 거의 모든 국가 입국 시 비자를 필요로 하지 않는다. 또한 해당 국가에서 외교관으로의 면책특권을 부여받을 수도 있다. 관용여권의 경우 그 여행의 목적이 개인의 필요가 아닌 국가의 필요에 의한 공적인 목적의 여행으로 간주하여 대부분의 국가에서 입국 시 비자를 면제해준다.

전자여권

종이로 만들어진 여권에 소지인의 사진, 이름 등 정보가 들어가 있는 전자칩이 내장되어 보안성이 강화된 여권을 말한다. 미국을 포함한 대부분의 비자면제 대상 국가에서 비자면제의 조건으로 전자여권을 요구한다. 우리나라 여권의 경우 전자칩과 안테나가 여권의 가장 뒤페이지에 내장되어 있다. 전자여권의 경우 여권 앞 페이지에 128쪽 하단 그림과 같은 마크가 있다.

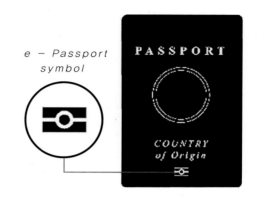

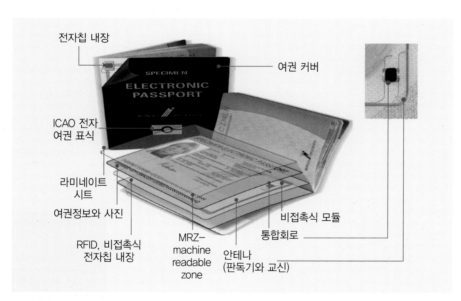

▲ 전자여권 속의 첨단 기술 [출처 : 정보통신연구진흥원 주간기술통향 1333호.
http://www.bundesdruckerei.de/pics/4_presse/fotoarchiv/aktuelle_fotos/ePass2005_text_en.JPG. 편집]

위 그림에서 반으로 갈라진 네모난 사각형 안에 원이 들어있는 표시는 국제민간항공기구(ICAO)에서 정한 전자여권의 표시로, 전자여권을 발급하는 모든 국가는 여권 앞 페이지에 같은 표시를 하고 있다.

여권 대용 서류

• UN에서 발급한 Laissez-Passer(통행허가증, 입장권)

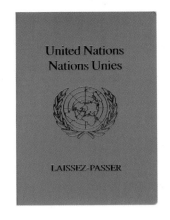

• 미군 및 군속 신분증

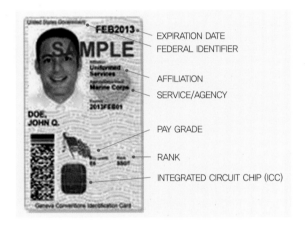

• 여행증명서(Travel Certificate)

해외공관에서 한국인에게 발급되며, 모든 국가의 신분증(Travel Certificate 또는 Certificate of Identity) 소지자는 사전에 법무부의 허가를 득해야만 입국할 수 있다. 또 증명서 내부에 기재된 목적지 국가로만 출국할 수 있으며 한 번(1회)만 사용할 수 있다.

VISA(비자. 사증)

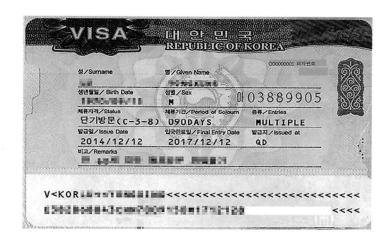

비자의 종류

VISA TYPE	체류자격
A	외교, 공무, 협정
B	비자 면제, 관광 통과
C	일시 취재, 단기 상용, 단기 취업
D	문화 예술, 유학, 연수, 종교, 주재, 투자, 무역, 취재, 구직
E	교수, 연구, 기술 지도, 전문인, 선원
F	방문 동거, 거주, 동반가족, 재외동포, 결혼 이민
G	기타(치료, 소송 등)
H	방문 취업, 관광 취업

모든 비자는 발급 당시 허가된 입국 목적에 맞게 사용되어야 한다.

비자 면제 승객

- 대한민국 국적자
- 미군 신분증 소지자로서 전속명령서, 공무여행증명서 또는 휴가증 등
  그 서류상 여행지에 한국이 기재되어 있는 경우

- Laissez-Passer(UN 통행허가증) 소지자
- 한국 정부가 발행한 외국인 등록증과 재입국허가서 소지자
- 비자면제 협정체결 국가의 국민

비자면제협정(Visa Waiver Agreement)

비자면제협정(Visa Waiver Agreement)이 체결된 경우 비자 없이 입국이 가능하다.

비자면제협정에 대한 일반조건	• 계속되는 여정 또는 왕복여행을 위한 항공권을 소지 • 충분한 체류 경비를 소지하고 있을 경우 • 관광, 상용 및 단기목적 방문

병무 신고

- 대한민국의 남성으로서 만 25세 이상 병역 미필자는 출입국 시 병무청에 국외 여행허가 및 귀국신고를 하여야 한다.
- 신고장소 : 모든 지방 병무청 방문 또는 병무청 홈페이지
- 신고방법
  - 법무부 출입국에서 출국심사 시 <국외여행허가증명서> 제출
  - 법무부 출입국에서 병역의무자 출국신고 대행(양식은 해당 항공사 창구에 비치되어 있음)
  - 귀국 후에는 15일 내에 병무청 또는 거주지 동사무소로 귀국 신고

외국인의 국내 체류 등록

- PNR상의 여정을 조회하여, 확인한 날로부터 90일을 초과하여 체류하려는 외국 국적자는 입국일로부터 90일 이내 외국인 등록을 해야 한다.
- 대한민국에서 91일 이상 체류하게 되어 외국인 등록을 한 경우, 체류기간 중 1년 이상 대한민국을 출국하였다가 재입국하고자 할 때는 출국 전 관할 출입국 관리사무소에서 사전에 재입국 허가를 받은 후 출국해야 하며,
- 출국 후 1년 내 재입국하고자 하는 경우 재입국 허가를 받지 않아도 된다.

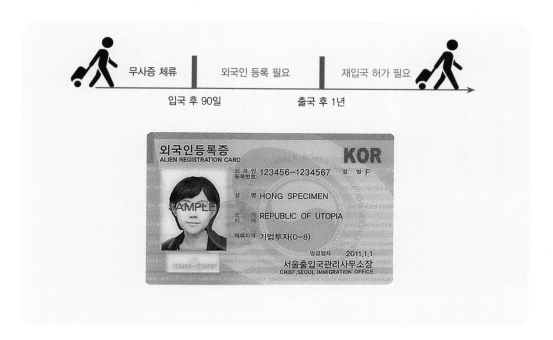

2 미국

여권

미국은 이민하려고 불법으로 입국하는 사례가 많아 입국 규정이 엄격하며 항공사에 부과되는 벌금도 크기 때문에 서류 확인에 세심한 주의가 필요하다. 일반여권, 관용여권, 외교관여권 등의 일반적  인 여권 종류 외에 여권의 위조 또는 변조 방지를 포함한 보안성 강화 및 출입국 심사를 간소화하기 위해 인적사항은 물론 얼굴과 지문 등 생체정보가 저장된 전자여권이 상용화되고 있다.

여권 대용 여행서류

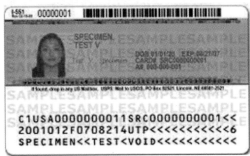

▲ I-551 (Greed Card, 미국 영주권)

- 넥서스(NEXUX) 카드 : Nexux Kiosk 설치공항 입국 시에만 사용, 캐나다 국민만 가능
- 여행(통행)증명서(Transportation Letter / Boarding Letter)
- 미군 : US Military ID 및 Leave Order(Travel Order)
- 영주권 카드(Form I-551) : 미국 영주권은 미국 이외의 지역에서
  1년 이상 체류할 경우에는 효력이 상실된다. 색깔이 초록색이라 그린카드라 불린다.

▲ 미군 ID 카드

ESTA(Electronic System for Travel Authorization)

ESTA(전자여행허가제)는 2009년부터 미국 국토안보부에서 온라인으로 미국 여행 가능 여부를 사전에 심사하고 승인하는 시스템으로, 전자여권을 소지한 승객이 국토안보부 웹사이트에서 미국 여행 가능 여부를 사전에 확인하고 허가를 취득한다.

ESTA는 사전 여행허가에 대한 인증이지 비자가 아니다. 한국은 미국 비자 면제 프로그램에 가입되어 단기간으로 관광 및 단순방문 목적으로 여행하는 한국인들은 비자 대신 ESTA를 취득하여야 한다. ESTA를 통하여 미국 정부는 비자 면제국가들의 여행자들을 사전에 점검하는 것이다. 미국을 경유하는 비행기를 탑승할 경우에도 ESTA가 필요하다.

- 신청방법 : ESTA 공식 홈페이지
- 개인정보/여권/여행정보 및 질문사항 등 입력
- 신청서 제출 후 72시간 내에 신청 결과를 확인 가능
- 발급비용 : USD 14
- 전자여권과 Return/Onward 항공권을 소지
- 90일 이내 체류

▲ ESTA 신청 초기화면 : https://www.evisaonline.com/ko/usa/esta.html 캡처

미국 VISA

미국 비자의 종류

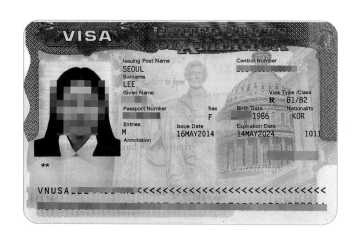

미국 비자는 이민 비자와 일시방문 비자인 비이민 비자로 구분이 되며, 비이민 비자는 방문목적에 따라 크게 다음과 같이 분류된다. 각 Type 내에서도 방문목적과 발급대상에 따라 세분화되어 있다.

주요 미국 비이민 비자 유형과 대상

Visa Type	방문 목적 및 발급 대상자	비 고
A	외교 - 대사, 외교관, 영사 및 가족	
B-1/2	상용 또는 관광 일시방문자	왕복항공권 소지
C-1	통과여객	Return 여정 불인정
D	선박/항공기의 승무원	GD에 등재 필요
E	주재원 및 가족	
F/M	유학 - 학생 및 배우자 혹은 가족	I-20 Form 필요
H	취업 - 일시 취업 수련 근로자, 산업 연수자	
J	교환 방문자	DS2019 (구IAP-66) Form
K	미국시민의 약혼자/배우자와 자녀	I-129F, 사진 부착된 서류 소지
L	취업 - 취업근로자 혹은 가족	
O	재능 단기 취업	
P	스포츠 선수 및 연예인	
Q	문화 교환 방문	
R	종교인	

- F-1, F-2 (M-1, M-2) VISA 특이 및 유의사항
  - 미국에 유학하는 학생은 학교에서 발급한 Form I-20(입학 허가서)이 있어야 F-1 또는 M-1 VISA를 발급받게 되며, 미국 입국 시 이를 소지하고 입국심사관에게 제시하여야 한다.
  - 따라서 F, M VISA 승객(가족에게 발급되는 F-2, M-2 VISA 포함)이 Form I-20을 소지하고 있는지 확인해야 한다.
  - 즉, F VISA와 M VISA는 Form I-20이 있어야만 유효한 것이다.

- F VISA 와 M VISA의 차이
  - F VISA : 학업 목적으로만 발급
  - M VISA : 학업과 함께 취업(근로) 가능

▲ Form I-20 Sample

미국 VISA 유의사항

- 현재 미국의 관광, 상용비자의 유효기간은 10년이다.
- VISA 유효기간을 넘길 경우, 벌금형 또는 처벌을 받을 수 있으며, 이 외에도 5년간 미국 입국 금지, 10년간 비자 발급 금지 등의 제재를 받을 수 있고, 2번 이상 적발 시에는 영구적으로 미국 입국이 금지될 수 있다.

세부 목적별 미국 비이민 비자 종류

미국 여행 목적 비이민 비자	비자 종류
운동선수, 아마추어 및 프로(상금을 위해서만 경쟁하는 선수)	B-1
운동선수, 예술가, 연예인	P
호주 근로자 - 전문직	E-3
국경 통행 카드: 멕시코	BCC
사업 방문	B-1
선원(미국 내 선박이나 항공기에서 근무)	D
외교 공무원 및 정부 공무원	A
가사 근로자 또는 유모(외국 국적의 고용주가 있어야 함)	B-1
지정된 국제기구 및 NATO의 직원	G1-G5, NATO
교환 방문	J
교환 방문 - 오페어	J-1
교환 방문 - 미성년자(21세 미만) 또는 J-1 비자 소지자의 배우자	J-2
교환 방문 - 전문직 종사자, 학자, 교사	J-1
교환 방문 - 국제적, 문화적	J, Q
약혼자	K-1
미국 내 주재한 외국 군대 근무자	A-2, NATO1-6
과학, 예술, 교육, 비즈니스 또는 스포츠 분야에 특별한 재능을 가진 외국인	O-1
자유 무역 협정(FTA) 전문가 : 칠레	H-1B1
자유 무역 협정(FTA) 전문가 : 싱가포르	H-1B1
정보 언론 대표(언론사, 기자)	I

미국 여행 목적 비이민 비자	비자 종류
사내 전근	L
의학적 치료, 다음을 위한 방문	B-2
NAFTA 전문가 : 멕시코, 캐나다	TN/TD
의료 종사자의 부족으로 외국으로 나가서 근무하는 간호사	H-1C
의사	J-1, H-1B
종교인	R
고도의 특수 지식을 요하는 분야의 전문직	H-1B
학생 - 정규 학업 및 언어 연수	F-1
학생 동반 가족 - F-1 비자 소지자의 동반 가족	F-2
학생 - 직업 관련	M-1
학생 동반 가족 - M-1 비자 소지자의 동반 가족	M-2
임시 노동자 - 계절적 농업	H-2A
임시 노동자 - 비농업	H-2B
관광, 휴가, 여가를 위한 방문	B-2
구직이 목적이 아닌 프로그램에 참여하여 트레이닝	H-3
북마리아나제도 비자(CNMI)	CW
무역인 / 투자자	E-1 / E-2
미국 경유	C
특정 범죄 피해자	U
인신매매 범죄 피해자	T-1
미국에서 비자 갱신 - A, G 및 NATO	A1-2, G1-4, NATO1-6

출처 : http://www.ustraveldocs.com/kr

미국 비자 면제 승객

- 미국 또는 캐나다 국적자
- US. VWP(Visa Waiver Program : 미국 단기 비자 면제협정) 조건하에 여행하는 승객

US. VWP(Visa Waiver Program : 미국 단기 비자 면제협정)

- 미국 정부와 협정을 맺은 국가의 국민이 일정 조건을 충족했을 경우 미국 입국 시 비자 없이 입국 가능하도록 한 비자 면제 프로그램을 말한다.
- 필요조건
  관광, 상용, 통과 목적으로 최대 90일 체류 가능 / ESTA 취득 의무화
  약속한 일정의 항공사 이용 / Return 및 Onward Ticket 소지

- 협정 대상 국가 : Andorra, Argentina, Austria, Australia, Belgium, Brunei, Denmark, Filand, France, Germany, Iceland, Ireland, Italy, Japan, South of Koera, Monaco, Liechensten, Luxembourg, New Zealand, Portugal, Singapore, Netherlands, Switzerland, Norway, San Marino, Slovenia, Spain, Sweden, United Kingdom, Uruguay

- 적용대상 항공사 : I-775에 서명한 대한항공을 포함한 100여 개 항공사

③ 중국

여권

중국을 방문하기 위해서는 중국 정부가 인정하는 여권이 필요하며, 여권을 대신할 수 있는 여권 대용 여행서류는 다음과 같다.

▲ 중국 여권

▲ 마카오 SAR

▲ 여행허가증

- 중화인민공화국 여행증명서
- 마카오(SAR 중국) 여행허가 소지자
- 홍콩 및 마카오에 대한 본토 여행허가증 소지자
- 대만 주민 대륙 여행허가 소지자
- 대만에서 발급한 국가 ID 카드 소지자(대만 신분증)
- 싱가포르에서 발급한 임시 여행증명서(Travel Certificate) 소지자

VISA

중국 비자의 종류

중국은 대부분 국적의 승객들에게 사증(VISA)을 요구하고 있다. 중국 도시에 따라서 공항도착 시 도착 비자를 받거나, 무사증 입국이 가능한 경우가 있다. 중국 비자는 종류에 따라 확인해야 할 사항들이 있으므로 주의 깊게 살펴보아야 한다. 보편적으로 많이 발급되는 비자는 단수비자와 복수비자로 비자의 'Entry'에 표시되어 있으며, Entry에 따른 비자 유형과 그 내용을 숙지해야 한다.

- 관광단수 비자 :
  유효기간 3개월, 체류
  기간 30일

- 상용단수 비자 :
  (F)유효기간 3개월, 체
  류기간 90일인 비자

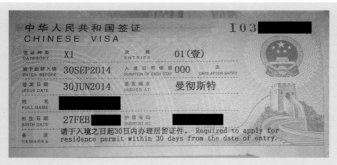

중국비자 종류

- 6개월 복수 비자(M) :
  유효기간 6개월, 체류
  기간 30일인 비자

- 1년 복수 비자(M) :
  유효기간 12개월, 체류
  기간 30일인 비자

• 도착비자	중국 내 특정도시로 입·출국하는 승객 중 도착비자발급이 가능한 국가의 국민은 사전에 비자를 받지 않아도 중국 도착 시 비자를 발급 받을 수 있다. * 도착비자 발급조건 : 일반여권 소지자 * 도착비자 허용 여부 및 발급필요서류(중국 당국에서 발급한 초청장, 수수료 및 사진 등)는 공항별로 상이하므로 도착지 공항과의 상호 확인 절차가 필요하다.	

Entry에 따른 비자 유형

Entry	내용
00 (*)	중국 내 체류기간 연장을 위한 Stay Permit으로 비자가 아님.
01	비자에 표기된 유효기간 내 한 번에 한하여 입국 가능. 사선이 그어져 있으면 사용 불가함.
02	비자에 표기된 유효기간 내 두 번에 한하여 입국 가능
M	비자에 표기된 유효기간 내 횟수에 제한 없이 입국 가능
거류	중국 영주권의 개념으로 중국 내 거주기간과 출입국 횟수에 제한을 받지 않음. 상단에 "中華人民共和國 外國人 居留許可"라고 기재됨.
단체비자	별도 종이(A4 용지 등)에 여러 명의 승객 비자가 기록된 것으로 여권과 단체 비자에 기입된 승객 성명, 생년월일이 일치하여야 한다.

비자 면제 승객

- 중국 국적자
- 재입국 허가서 소지자
- 기타 여권 대용 서류 소지자

TWOV 규정

- **24시간 TWOV**(24-Hour Direct Transit Rules)

  계속 여행을 위한 제3국에 입국할 수 있는 여권과 비자 등 유효한 여행 서류를 소지한 승객 대상

Direct Transit (within 24 Hours)

From Country A   China   To Country B

scheduled landing   **24** hours   scheduled departure

almost all nationalities passing through one or multiple ports

24-hour Direct Transit Rules

출처 : travelchinaguide.com

- **72시간 TWOV**(72-Hour Visa-Free Transit Rules)

  한국, 일본, 미국, 호주, 프랑스, 독일 등 53개 국가의 국민들은 예약이 확약된 항공권과 제3국 여행서류를 구비하였을 시에 북경, 상하이, 광저우, 청도 등 도시에서 TWOV로 72시간 동안 머무를 수 있다.

- **144시간 TWOV**(144-Hour Visa-Free Transit Rules)

  72-Hour Visa-Free Transit Rules이 적용되는 국가의 국민은 북경, 상하이 등 일부 제한된 도시에서는 144시간까지 머무를 수 있다.

여권자유도

비자 없이 여권만 가지고 얼마나 많은 국가를 여행할 수 있는지를 여권자유도라 부르고 국가별로 그 순위를 매긴 것이 Passport Power Rank이다. 우리나라 여권자유도는 코로나 팬데믹 이전에 2~3위권이었는데 팬데믹 기간에도 전 세계 189개국을 무비자 여행을 할 수 있어 독일과 함께 랭킹 3위를 유지하고 있음을 알 수 있다. [2021 Henley Passport Index: Rankings belie pandemic restrictions on freedom of movement]

		Rank	Access
●	Japan	1	191
	Singapore	2	190
	South Korea	3	189
	Germany	3	189
	Italy	4	188
	Finland	4	188
	Spain	4	188
	Luxembourg	4	188
	Denmark	5	187
	Austria	5	187

The world's top ten passports, ranked according to the number of destinations their holders can access without a prior visa

3. TIMATIC

1 **TIM**(Travel Information Manual)

TIM(Travel Information Manual)의 정의

IATA 회원 항공사 공동 주관으로 발간되는 여행안내책자로 해외여행 시 필요한 정보, 즉 여권, 비자, 예방접종, 세관 등 각국에서 요구하는 각 국가별 출입국 관련 규정이 수록되어 있다. IATA 회원 항공사들이 월별로 수정·보완 후 발간하며 항공운송회사의 직원 또는 여행업계의 종사원들이 정확한 업무처리를 위한 매뉴얼로 삼고 공식 자료로 활용하고 있다.

2020 이후 특히 코로나19(COVID-19)로 인해 여권이나 비자 규정 외에 각 국가의 방역 규정이 제각각에다 수시로 변경되어 여행객은 물론 여행사나 항공사들의 서비스 제공에도 상당한 혼란이 발생될 수밖에 없는데, TIMATIC은 이러한 국가별 항공사별 방역 및 입국 규정을 가장 신속하게 반영하는 데이터베이스로서 그 활용도가 더 중요해지고 있다.

TIM의 구성

해외여행 시 필요한 Passport(여권), VISA(사증), Health, Tax(세금), Customs(세관) 및 Currency(외환)에 관련되어 다음과 같은 정보가 들어있다.

- Passport : 입국에 유효한 국적별 여권, 여권의 종류, 기타 여권대용 서류
- VISA : 입국에 유효한 국적별 사증, 사증면제 국가 현황, TWOV 규정, 선원(Sea-Man) 입국규정 등
- Health : 예방접종 필요 여부, 기타 권고사항
- Customs : 통관규제 물품, 세관반출 규정, 여행자 휴대품(술, 담배, 향수 등) 면세 범위, 애완동물 반입 규정, 기타 세관관련 안내사항

- TAX : 공항세 징수 여부, 징수금액, 징수장소 등
- Currency : 외환규정, 외환반입신고_(허용) 범위, 외환반출신고_(허용)

2 TIMATIC

TIMATIC은 Automatic Response System Based on the Travel Information Manual을 줄인 용어로 TIM를 전산화한 데이터베이스를 말하며, 약 200여 개국의 여권을 비롯해 비자, 검역에 관련된 데이터와 정보를 포함하고 있다.

TIMATIC은 크게 Full Text Data Base와 Specific Text Data Base로 분류되는데 여행에 관련된 최신정보를 여러 가지 분류기호에 따라 사용자가 쉽고 신속하게 검색할 수 있다.

TIMATIC의 구성

Full Text Data Base

각 국가에서 정하고 있는 출입국 규정 중 비자, 여권, 검역, 세관을 비롯해 출입국 시의 화폐보유액과 관련된 제반정보를 확인할 수 있으며, 이를 조회하기 위한 지시어는 해당 국가에 포함된 하나의 도시 Code를 이용한다.

- 사용 예
  - TIM·SYD/PA : 시드니의 Passport 관련 사항
  - TIM·OSA/VI : 오사카_(일본)의 Visa 관련 사항
  - TIM·FCO/TX : 로마 공항의 Airport tax 사항

- TIMATIC의 Topic Code의 종류
  - PA : PASSPORT
  - HE : HEALTH
  - CS : CUSTOMS
  - GS : GEOGRAPHICAL INFO
  - VI : VISA

- CY : CURRENCY

- TX : AIRPORT TAX

☞ Full Text Data Base 조회

TIM∗SEL/CS/PE
❶　❷　❸　❹

❶ Timatic Display를 위한 기본 지시어이다.

❷ SEL : 이 지시어는 정보가 필요한 국가 내의 도시명(또는 공항명)을 나타내는 Code로서 3 Letter City Code로 나타낸다.

❸ CS : 이 지시어는 필요한 부분의 Topic Code를 나타낸다.

❹ PE : 이 지시어는 하부(Sub) - Topic Code를 나타낸다.

☞ TIMATIC 시스템 모니터상에 나타나는 응답화면

TIMATIC-3 / 22OCT17 / 1447 UTC
CUSTOMS FULL TEXT FOR : SEOUL (KR)

(PETS)
REQUIRED : HEALTH CERTIFICATE FROM AN AUTHORIZED VETERINARIAN, STATING THAT THE ANIMAL IS FREE FROM INSPECTIONS AND CONTAGIOUS DISEASES.
PETS MAY ENTER AS PASSENGER'S CHECKED BAGGAGE, IN THE CABIN OR AS CARGO.

Specific Text Data Base

승객의 국적을 참고하여 승객이 방문하는 국가의 여권, 비자, 검역 등과 관련된 구비사항을 조회할 수 있다.

• 여객의 여정을 임의로 지정하여 조회 확인

☞ Specific Text Data Base 조회

TIM*NA KR / EM ICN / TR SFO / DE EZE / VT HKG
❶   ❷   ❸   ❹   ❺   ❻

❶ TIM : TIMATIC을 조회하기 위한 기본 지시어

❷ NA KR : 승객의 국적코드 혹은 국적 국내의 city code

❸ EM ICN : 승객의 최초 출발지국의 도시(Embarkation)

❹ TR SFO : 경유지국의 도시(Transit)

❺ DE EZE : 최종 목적지국의 도시(Destination)

❻ VT HKG : 승객이 출발지국의 도시 출발 전 6일 이내에 방문한 도시
        출·도착지의 Health 조건 관련 사항

☞ TIMATIC 시스템 모니터상에 나타나는 응답화면

```
TIMATIC-2 / 22OCT15 / 0456 UTC
NATIONAL KOREA(REPUBLIC)(KR) /EMBARKATION
KOREA(REPUBLIC)(KR)
TRANSIT U.S.A(US) / DESTINATION ARGENTINA (AR)
VISITED HONG KONG (HK)
ALSO CHECK DESTINATION INFORMATION BELOW

VISA TRANSIT U.S.A(US)

---NORMAL PASSPORT ONLY---
VISA REQUIRED, EXCEPT FOR NATIONALS OF KOREA (REP.) IN TRANSIT (SEE
NOTS 42904).
  NOTE 42904 :PASSENGERS MUST OBTAIN AN ESTA AUTHORIZATION
  (VIA HTTPS://ESTA.CBP.DHS.GOV/) PRIOR TO BOARDING.
  - FOR HOLDERS OF BIOMETRIC PASSPORTS.
```

• PNR(Passenger Name Record)상의 여정을 이용한 조회 방법과 응답화면

❶ Help Page : HETIMATIC

```
>  HETIMATIC

                        TIMATIC                 EN   31MAR17 1334Z

                        TIMATIC                 EN   30JAN17 1348Z

    *****************************************************************
                          PLEASE NOTE:
    TRAVEL AGENCIES WILL NO LONGER HAVE ACCESS TO TIMATIC (CRYPTIC)
                          FROM 01APR 2017.
    *****************************************************************

    TASK                    FORMAT                      REFERENCE
    ----                    ------                      ---------
    VISA INFO FROM PNR      TIRV/NAUS/S4-6                 MS127

    HEALTH INFO FROM PNR    TIRH/S4-6                      MS127

    HEALTH AND VISA         TIRA/NAUS/S4-6                 MS106

    GUIDED MODE:                                           MS169
    -VISA                   TIFV -OR- TI/VISA
    -HEALTH                 TIFH -OR- TI/HEALTH
    -VISA AND HEALTH        TIFA -OR- TI/BOTH               >MD
```

❷ PNR을 이용해서도 정보 조회 가능

```
RP/SEL1A0981/
  1.KIM/AAA MR
  2   KE 601 Y 01MAY 2 ICNHKG DK1  1325 1620  01MAY  E  0 77W M
      SEE RTSVC
  3   KE6711 Y 01MAY 2 HKGBOM DK1  1945 2335  01MAY  E  0 333
      OPERATED BY JET AIRWAYS
      SEE RTSVC - TRAFFIC RESTRICTION EXISTS

> TIRV/NAIN/S2

TIMATIC-3 / 25APR18 / 0419 UTC
NATIONAL INDIA (IN)
DESTINATION HONG KONG (SAR CHINA) (HK)

VISA DESTINATION HONG KONG (SAR CHINA) (HK)

...... NORMAL PASSPORTS ONLY ......
PASSPORT REQUIRED.
- PASSPORTS AND OTHER DOCUMENTS ACCEPTED FOR ENTRY MUST BE
  VALID FOR A MINIMUM OF 1 MONTH BEYOND THE PERIOD OF INTENDED
>MDTI
```

TIMATICweb 2.0을 적용하고 있는 항공사의 홈페이지를 통해 승객이 직접 TIMATIC 정보를 조회할 수도 있는데, 승객이 자신의 여정, 여권과 비자 정보를 입력하면 TIMATIC으로부터 제공되는 Full Text Data를 확인할 수 있다. [항공사 웹사이트의 입력화면]

TIMATIC 활용 화면 예시

CRS(DCS)를 이용하여 TIMATIC 조회 화면

- 한국을 출발하여 인도네시아로 여행하는 이란 국적 승객의 여권 및 비자 요건

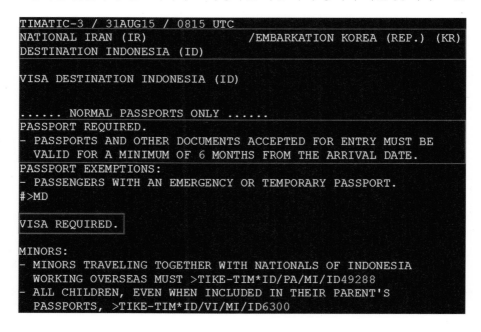

Amadeus DCS-CM을 이용한 TIMATIC 조회 화면

• 몰디브의 반려동물(PET) 반입 세관 규정 조회

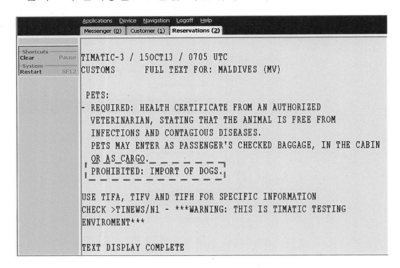

IATA Travel Centre web을 활용한 화면

• 인도 입국할 때 유효한 비자가 구 여권(Old passport)에 있는 경우 입국이 가능한지
찾아본 규정

> as part of that journey.
> Visitors are required to register with the Foreigner's
> Regional Registration Office within 14 days of re-entry.
>
> - Visa extensions possible, except for "T" (tourist) visas and
>   Transit visas, by applying at the Ministry of Foreign
>   Affairs. (SEE NOTE 57490)
>   NOTE 57490: This does not apply to passengers with a PIO
>   card.
> - Valid visas in expired passports are still acceptable,
>
>   provided accompanied by a valid passport of the same
>   nationality of the expired passport.
>
> - Holders of visas that specifically state the city/airport of
>   entry must enter India at the specified city/airport. (SEE
>   NOTE 57490)
>   NOTE 57490: This does not apply to passengers with a PIO
>   card.
> - Visa exemption does not apply to nationals of Cyprus,
>
>   Hungary, Israel, Lao People's Dem. Rep., Russian Fed. and
>   Tajikistan holding diplomatic or official passport, if
>
>   employed by an international organization.

실무 worksheet

1. 여권 및 비자 판독해보기

    a. 본인의 여권을 준비한다.(본인 여권이 없을 경우 가족 여권)

    b. 2명 씩 짝을 이뤄 상대의 여권을 보고 다음 정보를 확인한다.(주민등록번호와 같은 개인정보
      는 기록 금지)

여권	• Type • Valid until • 기타(서명 및 훼손 여부)
여권 내 보안정보 찾기	• 홀로그램 • 한글 • 그림 • 숫자
비자	• 비자가 있을 경우 • 발행국 • Type • Valid until • 기타

실무 worksheet

2. 아래 여정으로 항공여행을 계획하고 있는 승객의 입장이 되어 조별로 나누어 TIMATIC 정보의 입국규정을 확인한 후 발표해보자.

- 규정은 여권, 비자, COVID19, 기타로 나누어 조사

- 대한항공 홈페이지를 통해 확인

1)	• 여정 : 서울 - 두바이 - 이스탄불 • 승객국적 : 대한민국	
2)	• 여정 : 서울 - 베이징 - 런던 • 승객국적 : 베트남	
3)	• 여정 : 서울 - 방콕 - 하와이 • 승객국적 : 미국	

QUIZ

01 여권과 비자 관련 내용 중 올바르지 않은 내용은?

① 우리나라 여권의 발급권한은 외교통상부장관에게 있다.

② 우리나라 여권은 일반여권, 외교관여권, 관용여권 등 세 종류가 있다.

③ 전자여권은 출입국 시 관련 데이터가 자동 표출되므로 실제 여권을 소지할 필요가 없다.

④ 비자면제협정을 맺은 국가라 할지라도 일부 국가는 귀국편 혹은 제3국행 항공권을 반드시 소지하여야 입국이 가능하다.

⑤ 비자는 발급 당시 허가된 입국 목적에만 맞게 사용되어야 한다.

02 탑승수속 직원이 승객의 여권을 확인하는 사항 중 적절하지 않은 것은?

① 여권과 PNR의 영문 철자 ② 여권 타입(Single / Multiple)

③ 여권 발급일자 ④ 여권의 훼손 여부

⑤ 외국여권소지자의 한국 입국날짜

03 미국 ESTA를 이용할 수 있는 조건에 대해 간략히 설명하시오.

04 다음 TIMATIC Topic Code로 알 수 있는 정보와 연결이 잘못된 것은?

① PA - 여권 ② HE - 보건

③ CS - 세관 ④ GS - 통화

⑤ TX - 공항이용료

6

탑승수속
Check-in

Check-in

드디어 출발 당일! 한올이는 가족들의 여권을 확인하였다.
e-Ticket이지만 만약을 대비하여 휴대전화에 가족 모두의
티켓 번호와 예약번호를 기록하고 사진으로 담아두었다.
짐을 챙기고 인천공항으로 가는 공항버스를 탔다.
중국에서의 즐거운 여행을 상상하다 보니 어느 덧
인천공항에 도착한 한올이는 가족들을 이끌고 탑승수속
카운터를 찾아간다.

1. 탑승수속의 일반적 사항

1 탑승수속의 개념

탑승수속(Check-In)은 출국을 위한 첫 번째 단계로 공항에 도착한 승객이 해당 항공사의 탑승수속카운터 또는 무인수속단말기(Kiosk)에서 좌석을 배정받고, 수하물을 부친 후 탑승권을 받게 되는 등의 일련의 절차를 말한다.

> ### 탑승수속의 유래와 변화
>
> - 탑승수속의 의미는?
>   탑승수속은 탑승(搭乘) + 수속(手續)의 합성어로 각 단어의 의미와 같이 항공기의 탑승을 위한 절차(수속)를 밟는 것을 의미한다. 영어 Check-in을 번역한 말로, 최초 Check-in은 항공사에서 사용되었던 것이 아니고 유럽과 미국의 호텔에서 사용되었던 용어로 투숙객이 호텔에 당도하여 방을 배정받는 절차를 의미하며, 호텔에서는 Check-in 또는 Register, Sign-in이라고도 한다. 그러나 현재는 항공여행을 원하는 여객이 공항에 당도하여 항공기 탑승을 위한 절차를 취하는 것이 그 주요한 의미가 되었다(Airport Check-in).
> - 항공사의 탑승수속은 공항의 항공사 탑승수속 전담직원에 의해 수행되는 것이 지금까지의 일반적 추세이었으나, 최근에는 인터넷이나 휴대전화, 공항에 설치된 무인수속단말기(Kiosk) 등을 이용하여 직원과의 직접적인 대면이 없이 여객이 스스로 수행하기도 한다. 이러한 무인화 탑승수속은 모든 항공사에서 점차 확산되는 추세이다.

2 필수 확인 내용

- 유효한 여행 서류 : 항공권, 여권, 비자 등
- 수하물 접수 및 안내 : 위탁수하물과 휴대수하물
- 보안절차
- 좌석배정 : 선호 좌석, 사전예약된 좌석 등
- 탑승권(Boarding Pass)과 수하물표(Baggage Claim Tag) 교부
- 탑승구, 탑승시각, 목적지 등 재확인

③ 탑승수속 시간

한국의 경우 보통 국내선은 항공기 출발 20분 전, 국제선은 40분 전에 탑승수속이 마감된다.

따라서 충분한 시간 여유를 가지고 공항에 도착해야 한다. 인천국제공항을 기준으로 출발 2시간 전, 성수기에는 출발 3시간 전까지 공항에 도착하도록 한다. 미주, 유럽, 중동, 아프리카 지역 등 해외에서 출발하는 항공편을 이용할 때는 특히 미리 도착하여 해당 항공편 출발 60분 전까지 탑승수속을 완료하는 것이 좋다.

④ 탑승권

탑승권은 탑승수속이 완료된 승객의 성명, 항공편명과 날짜, 목적지, 탑승시각과 탑승구, 좌석등급, 좌석번호, 마일리지 회원번호 등의 내용이 포함되어 있으며, 항공사 회수용과 승객 소지용 두 부분으로 구성되어져 있다.

이 외에 스마트폰을 통한 모바일 탑승권, 웹 체크인 탑승권, 우리나라의 국내선 항공편에서 주로 사용되는 감광기능을 이용한 종이 탑승권 등이 있다.

▲ 홈프린트 탑승권

▲ 국내선 모바일 바코드 탑승권

탑승권에 표시되는 항목

- 승객명
- 항공편명 / 일자
- 항공 운항 구간(출도착지) 및 출발시간
- 탑승 시간 및 탑승구 번호
- 항공권 번호
- 항공사 회원정보

2. 탑승수속 절차

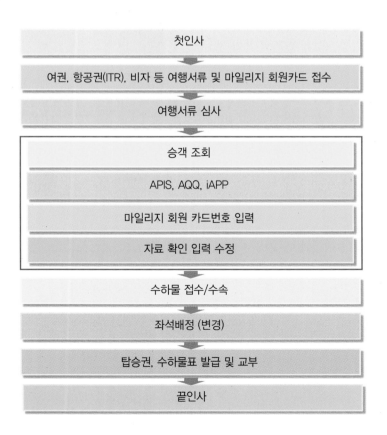

첫인사

↓

여권, 항공권(ITR), 비자 등 여행서류 및 마일리지 회원카드 접수

↓

여행서류 심사

↓

승객 조회

APIS, AQQ, iAPP

마일리지 회원 카드번호 입력

자료 확인 입력 수정

↓

수하물 접수/수속

↓

좌석배정 (변경)

↓

탑승권, 수하물표 발급 및 교부

↓

끝인사

1 탑승수속 준비

승객의 편리하고 신속한 탑승수속을 하기 위하여 카운터 주변을 정리하고 운항편 또는 필요한 각종 정보를 알리는 안내판을 비치하고 승객 대기 스탠션을 설치한다.

스탠션

스탠션(Stanchion)은 승객들의 대기열을 표시하고 한 줄 또는 지그재그 방식으로 대기 승객들을 안내하고 통제하기 위해 카운터 전면 공간에 설치하는 바(Bar)와 로프(Rope)를 말하는데, 카운터 오픈 전에 필요한 수량을 적절하게 설치하고 적당한 위치마다 항공기 출발시간 및 카운터 수속 마감시간, 짐 없는 승객을 위한 체크인 카운터(No Baggage Counter) 위치, 셀프 백 드롭 카

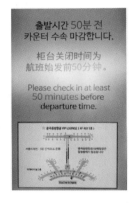

운터 등 수속 시 필요한 안내문을 세우거나 Bar 위에 꽂아 운영한다.

운송약관

항공사업법 제62조(운송약관 등의 비치 등) 제4항에 의거하여 운송약관, 피해구제계획 및 피해구제 신청을 위한 관계 서류 등을 승객이 잘 볼 수 있는 곳에 갖추어두고, 승객이 항시 열람할 수 있도록 한다.

안내판

항공기 기내반입 금지품목과 위탁수하물 지입 불가품목은 국토교통부장관 고시로 법제화된 물품으로서 해당 물품에 대한 금지사항을 승객이 열람할 수 있도록 한다.

액체류 금지 안내판

기내반입
수하물 안내

1개만 휴대 가능
10kg
55cm × 40cm × 20cm = 115cm

항공기 기내로 가져가실 수 있는 휴대수하물은 1인당 1개(삼 면의 합이 115cm, 10kg 미만)이며, 수속 시 직원이 붙여 드리는 '기내반입 꼬리표'가 붙어있는 가방만 반입 가능합니다.
(면세품 제외) 그외 수하물은 탑승구에서 위탁수하물로 처리되며, 초과수하물 수수료가 징수될 수 있습니다.

무기류 금지 안내판

위탁수하물 탁송 금지물품 안내판

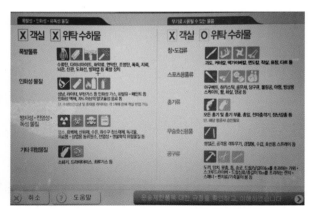

2 여행 서류 확인

여권

- 본인 명의 확인
- 여권과 항공권의 성명 일치 여부(특히 영문 철자가 모두 일치하여야 함)
- 단수·복수 여권 종류 - 단수 여권은 한 번 출입국하면 더 이상 쓸 수 없다.
- 유효기간 확인
- 여권의 훼손 여부 확인 - 여권 겉 면과 신원정보면(Bio-data Page, 사진이 붙어있는 부분)에 경미한 훼손도 위조 여권으로 의심되어 입국 거절의 이유가 될 수 있으며, 속지가 뜯겨져 있어 입국이 거부되는 사례도 종종 발생한다.

- 외국인, 교포의 경우 국내 체류 허용기간 초과 여부
- 여권에 본인 서명 유무 - 일부 국가는 여권에 서명이 없으면 입국을 거절하기도 하므로 여권의 서명란에 반드시 서명이 있어야 한다.

비자

- 여행 목적 국가 입국 시 비자 필요 여부
- 비자 소지 시 여행 목적에 적합한 비자인지 여부(학생 비자의 경우 친지 방문 등의 목적으로 사용할 수 없음)
- 비자 면제 국가의 경우 면제 조건에 부합한지 여부 확인

  (귀국편 항공권 혹은 제3국행 항공권, 적절한 여행 경비, 단순 방문의 목적 등)

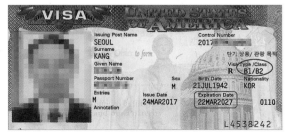

항공권

- 항공권과 여권 이름 일치 여부
- 항공권 탑승 조건 확인 필요
- 항공권 유효기간, Restriction, Booking Class, Fare Type 등 확인
- Mileage 회원 등록 여부 확인 및 적립(Alliance 회원사 포함)
- 일부 국가에서는 입국 시, 귀국편 혹은 제3국행 e-티켓 확인증을 요구하므로 승객이 소지하도록 한다.

③ 수하물 접수

수하물의 종류

위탁수하물(Checked Baggage)

탑승수속 시 수하물표(Baggage Claim Tag)를 발급하고 항공기 화물칸에 탑재하는 수하물

휴대수하물(Hand-carry Baggage)

승객 좌석 밑이나 기내 선반에 올려놓을 수 있는 물품으로, 위탁하지 않고 승객이 직접 소지하여 기내에 휴대 운송하는 수하물

수하물 접수 시 확인사항

- 기내 휴대 제한품목(SRI : Security Removed Items) 소지 여부 확인
- 휴대수하물 개수 및 중량 확인
- 운송 제한 품목 및 세관 반출 신고 필요 물품 소지 확인
- 위탁수하물 영문 수하물 이름표(Name Tag), 포장 상태 확인
- 위탁수하물 계량 및 초과 수하물 요금(EBC : Excess Baggage Charge) 징수
- Baggage Tagging 및 목적지 재확인

수하물 보안 질의

탁송하는 수하물의 안전 여부를 확인하기 위하여 직원은 승객에게 다음과 같은 질문을 하여 수하물이 안전한 상태인지를 확인한다.

• 수하물 본인 소유 여부

"이 짐이 본인의 짐이 맞으십니까?"

Have you packed your baggage yourself?

반드시 본인 소유의 수하물만을 탁송하여야 한다.

• 수하물 내용 중 타인으로부터 부탁받은 물품 포함 여부

"짐 중에 다른 사람으로부터 부탁받은 물건이 있으십니까?"

Has anyone asked you to carry anything on board for them?

수하물 내의 모든 물건은 승객 본인이 인지하고 있는 본인 소유의 물건으로 제3자로부터 부탁받은 내용을 모르는 물건이 있어서는 안 된다.

• 수하물 포장 이후 본인의 관리 이외 지역에서 방치되었는지 여부

"짐을 가져와서 짐만 다른 곳이 놔두신 적이 있으신가요?"

Have you left your bags unattended at any time?

탑승수속 이전 수하물을 주인이 관리하지 않는 곳에 놔두어 다른 사람이 본인 수하물에 다른 물건을 넣거나 해서는 안 된다.

④ Watch List

Watch List

워치 리스트는 국가정보기관의 테러용의자 데이터베이스를 근거로 작성된 명단으로, 각종 정보 보고서를 통해 테러가능성이나 위험성이 있다고 판단되는 사

람의 인적 정보가 표시되어 있다. 이 리스트는 항공사가 탑승수속을 할 때 자동으로 검색되어 표출되며, 주기적으로 업데이트된다.

No-Fly List : 탑승금지 대상자

항공기 탑승이 거절되는 사람의 명단으로 2017년 현재 약 6,000명 정도의 이름이 등재된 것으로 알려지고 있다. 탑승수속 시 No-Fly 승객의 이름이 표출되면 항공사는 이러한 사실을 알려주고 탑승수속을 거절하여야 한다.

Selectee List : (추가) 검색 대상자

탑승수속은 하지만 출국장에서 일반승객보다 더욱 정밀한 추가 보안검색을 받아야 하는 승객이다. 추가 검색을 통과하면 항공기 탑승이 가능하다. 2017년 현재 약 2만 명의 명단이 등재된 것으로 알려지고 있으며, 이들 외에도 탑승수속 시 임의로 승객을 선정하

여 추가 검색을 실시하기도 한다. Selectee로 표시된 승객의 탑승권과 수하물에는 별도의 표시(SSSS)가 표출되어 직원과 검색요원이 인식할 수 있다.

5 APIS, AQQ, iAPP

APIS

APIS는 Advance Passenger Information System의 약어로 탑승객의 이름, 여권번호, 생년월일 등 신원정보를 항공기 탑승 전에 도착지 국가에 전송하는 제도 및 규정을 말한다. 미국에서 처음 시작하였으며 현재 우리나라를 비롯하여 중국, 일본, 프랑스, 영국 등 많은 국

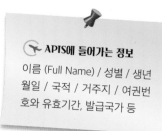

✈ APIS에 들어가는 정보

이름 (Full Name) / 성별 / 생년월일 / 국적 / 거주지 / 여권번호와 유효기간, 발급국가 등

가에서 시행하고 있다. APIS를 시행하는 국가에 운항하려는 항공사들은 그 나라의 APIS에 연결된 시스템을 구축하고 운영하여야 한다.

미국 등 일부 국가들은 APIS 내용의 정확도와 전송시간 등에 대하여 엄격히 규정하고 있어 이를 어길 경우 항공사에 벌금을 부과하고 제재를 가하기 때문에 탑승수속 시 APIS에 필요한 승객의 정보 입력과 확인에 특히 유의하여야 한다.

미국행 항공편 탑승객은 기본적 APIS 정보 외에 미국 내 거주지 정보를 사전에 의무적으로 신고해야 하는데 영주권이나 시민권이 없는 모든 승객은 미국 방문 시 체류지 정보를 입력하고, 미국 시민이나 영주권 소지자는 영주권 번호, 재입국허가서, 주소 등을 입력한다.

AQQ

AQQ는 APIS Quick Query를 뜻하는 말로 미국행 항공편의 탑승수속 시 APIS 정보를 기초로 항공기 탑승수속 가부를 즉시 통보해주는 시스템 및 절차를 의미한다. 즉, 탑승수속 직원이 승객의 APIS 정보를 DCS에 입력하면 미국 CBP(Customs and Boarder Protection. 미 관세국경보호청)의 시스템으로 전송되고 탑승권 발급 허용 여부에 대한 응답을 실시간으로 받게 되는 것이다.

DCS로 받는 AQQ 응답 유형은 'CLEARED-OK to Board', 'SELECTEE', 'INHIBITED' 세 가지로 나뉘는데 'CLEARED'이면 탑승수속을 진행할 수 있고, 'SELECTEE'와 'INHIBITED'는 추가 검색 또는 별도의 조치를 취한 후 탑승수속 진행 여부를 결정한다.

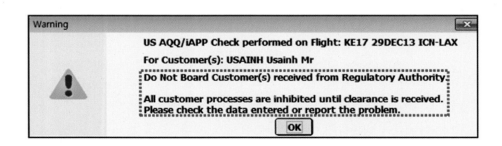

iAPP

AQQ가 미국행 승객에 대한 탑승수속 가부를 결정하기 위한 절차라면 iAPP는 우리나라를 출국하는 승객에 대한 우리나라 출입국관리소의 출국허가를 묻고 받는 시스템이자 절차이다.

> AQQ STATUS - OK to Board
>
> ESTA STATUS - OK - Not required
>
> iAPP STATUS - KOR - OK to Board
> 00-Cleared

▲ CM으로 수속할 때 APIS 입력 후 받은 응답화면 예시

탑승수속 시 입력하는 APIS 정보를 기초로 우리나라 법무부 출입국관리시스템에서 해당 승객의 출국 가능 여부를 확인해서 실시간으로 항공사 DCS로 응답을 해주는 것이다. 따라서 미국행 승객을 수속하면 AQQ 및 iAPP의 응답을 동시에 받게 되고 직원은 이를 확인한 후 탑승권을 발급하면 된다.

호주 ETAS와 APP

미국 ESTA 및 AQQ와 유사한 제도로 호주는 ETAS(Electronic Travel Authority System)와 APP(Advance Passenger Processing) 제도를 운영하고 있다. ETAS는 호주를 단순 방문하는 일정국가의 국민에게 발급해주는 전자비자이고, APP는 사전 입국 심사 제도로 미국의 AQQ와 같은 절차이다.

ETAS는 단기관광 또는 사업을 목적으로 호주를 찾는 방문객들에게 컴퓨터를 통한 사증발급 제도로서 ETAS 승인(비자 소지) 유무는 시스템을 통해 확인해야 한다.

ETAS는 공항의 항공사 탑승수속카운터에서 취득할 수 있는데 탑승수속 직원은 수속 시 승객의 일반 비자 여부를 확인한 다음 DCS를 통하여 신청하고 취득할 수 있다.

이때 학생비자와 같이 별도의 일반비자가 있는 상태에서 ETAS를 신청하면 기존 비자가 취소될 수 있기에 특히 주의해야 한다.

APP로는 탑승수속 시 승객의 여권번호, 국적, 생년월일을 입력하면 호주 이민국과 세관의 데이터베이스로 연결되어 승객의 탑승가능 여부를 실시간으로 응답받을 수 있다.

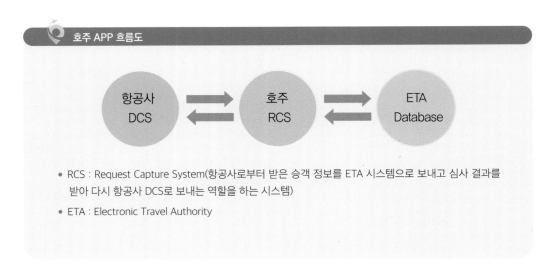

호주 APP 흐름도

항공사
DCS

호주
RCS

ETA
Database

- RCS : Request Capture System(항공사로부터 받은 승객 정보를 ETA 시스템으로 보내고 심사 결과를
받아 다시 항공사 DCS로 보내는 역할을 하는 시스템)
- ETA : Electronic Travel Authority

6 좌석 배정

승객이 선호하는 좌석을 확인하고, 좌석의 특징을 안내한 다음 좌석을 배정
한다.

- 실제 DCS상에 표출되는 기종별 좌석 그림
  수속 시 해당 편의 좌석이 클래스, 번호, 기
  능, 상태 등으로 세분되어 표시된다.

수속 시 직원이 특정 좌석을
지정하지 않으면 시스템이
항공기 무게와 균형(Weight
& Balance)이 유지되도록 임
의의 좌석을 자동 배정한다.

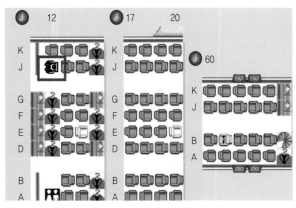

▲ Amadeus CM

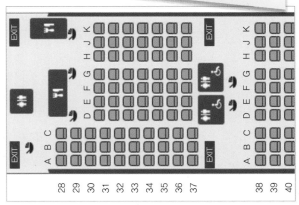

▲ Galileo

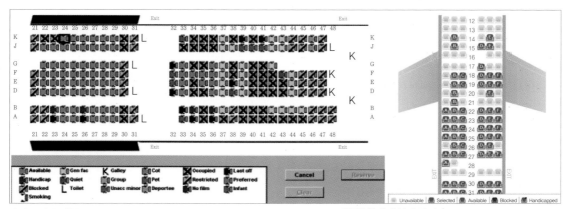

▲ Amadeus CM   ▲ 대한항공 홈페이지 이미지

좌석 유형

통로 좌석(Aisle Seat)

기내 복도 옆 좌석으로 탑승, 하기 및 기내에서의 이동이 편리하여 많은 승객이 선호하는 좌석이다.

창가 좌석(Window Seat)

창밖을 보거나, 개인공간을 침해받지 않는 점에서 선호되는 좌석이다. 다만, 기내 이동을 위해서는 옆 좌석을 통과해야 하는 점이 불편하다.

기종에 따라 Window Seat이라 할지라도 창문이 폐쇄되어 밖을 볼 수 없는 경우도 있으므로 직원은 기종별 기내 좌석 특성에 대해 잘 인지하고 있어야 한다.

비상구 열 좌석(Emergency Exit Seat)

일부 LCC는 비상구 좌석을 추가요금을 받고 판매하는 사례도 있다.

항공기 출입구 바로 앞쪽 좌석으로 앞쪽이 출입구 통로 공간으로 비어 있어 착석 시 발을 뻗을 수 있고 넓어서 선호도가 매우 높다.

비상구 열 좌석은 정부 고시에 따라 승무원의 안내를 이해하고 비상시 다른 승객들의 탈출을 도울 수 있는 신체 건강한 15세 이상 승객에게 배정되고 있으며, 사전 좌석 배정은 되지 않는다. 따라서 탑승수속 시 비상구 열 좌석 배정을 원하는 경우 직원이 직접 가능 여부를 확인한다.

유아용 요람 장착 가능 좌석(Bassinet Seat)

탑승한 유아를 위한 기내 요람을 장착할 수 있는 좌석으로 유아동반 승객에게 우선적으로 배정된다. 앞쪽이 벽으로 되어 있는 경우가 많다.

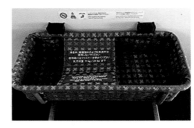

▲ 일본항공의 Bassinet

다리를 펼 수 있는 좌석(Leg Space Seat)

앞 열이 벽이거나, 맨 앞 열로 충분한 공간이 확보되어 다리를 펼 수 있는 좌석으로 승객의 선호도가 높다. 비상구 열 좌석이 공간이 넓은 경우가 많으며, Bulkhead Seat이라고도 부른다.

2층 좌석(Upper Deck Seat)

B747, A380 기종 등 복층 항공기의 2층 좌석으로 항공사의 좌석 배치에 따라 일

▲ B747의 이층으로 오르는 계단(wikimedia commons)

등석, 비즈니스석, 일반석으로 사용된다. 대한항공은 A380 이층 전체를 비즈니스(프레스티지)석으로만 운영하고 있다.

Solo Seat

항공기 최후방 또는 다른 이유로 한 석만 장착된 좌석으로 옆쪽에 공간이 있는 경우가 많아 상대적으로 선호도가 높은 좌석이다.

승객에 따른 좌석 배정 기준

유아

유아용 요람 장착 가능 좌석(Bassinet Seat)에 우선 배정하되, 좌석의 여유가 없는 경우 일반 좌석에 배정한다.

• 유아용 요람(Bassinet) 이용 조건
  - 만 24개월 미만인 좌석을 점유하지 않는 유아
  - 신장이 75cm/ 체중 11kg 이하인 유아

소아

소아는 동반성인 승객 옆 좌석에 배정한다.
비동반 소아의 좌석은 승무원이 돌보기 쉽도록 앞쪽 또는 갤리 주변에 배정한다.

장애인

항공기 탑승 및 하기가 편리한 곳으로 배정한다. 주로 앞쪽에 배정하고 장애 유형에 따라 창가 또는 복도 좌석(왼쪽 복도 또는 오른쪽 복도)을 미리 지정하여 배정한다.
어떤 경우라도 장애인에게는 비상구 열(Emergency Exit Row)쪽 좌석을 배정하지 않는다.

스트레처(Stretcher) 이용 승객

탑승수속 준비단계(Editing)에서 블록으로 지정하여 승객과 보호자 좌석을 배정한다. 보통 기종별로 스트레처를 장착하는 좌석이 정해져 있으며, 일반석 6개를

점유하는데 주변 좌석은 편의성이 떨어짐에 따라 가능한 판매되지 않도록 또는 가장 늦게 판매되도록 블록(Block)해 둔다. 부득이 이런 좌석을 배정할 때는 승객에게 미리 알려주고 양해를 구한다.

사전 좌석 배정(ASR : Advance Seat Reservation)

사전 좌석 배정이란 승객이 출발일 이전에 예약이나 항공권 구매 시 좌석을 미리 지정하는 제도로 ASR 승객에게는 선호 좌석을 승객에게 재확인한다. ASR 서비스 대상, 가능 시간 등은 항공사마다 약간의 차이가 있을 수 있다.

서비스 대상

일반석은 항공권을 구매한 경우 제공되며, 일등석/비즈니스석은 항공편 예약 시점부터 서비스 가능하다.

단, 다음의 경우는 사전 좌석 배정이 제한된다.

- 타 항공사가 운항하는 공동운항편(Code Share Flight) 이용 승객
- 부정기편 이용 승객
- 단체 항공권 구매 승객

이용 방법

- 예약센터나 지점, 항공권을 구매한 여행사를 통해 좌석을 미리 선택
- 홈페이지 또는 스마트폰 애플리케이션을 통해 직접 좌석을 선택

가능 시간

항공편 출발 361일 전 ~ 48시간 전(일등석/비즈니스석은 출발 24시간 이전)

제한 및 특기 사항

- 비상구 주변 좌석을 비롯한 일부 좌석은 선택 불가
- 항공사 마일리지 회원등급 및 구매한 항공권 종류에 따라 좌석 선택 제한
- 항공기 교체 등의 사유로 사전 예고 없이 선택 좌석이 변경될 수 있음

• 지정된 시각까지 탑승수속을 하지 못한 경우 지정 좌석 변경될 수 있음

(국제선 일등석/비즈니스석 : 1시간 전, 일반석: 1시간 30분 전, 국내선 30분 전)

비선호 좌석 배정 시 사전 안내(LPS : Least Preferable Seat, Least Desirable Seat)

비선호 좌석이란 여러 가지 이유로 승객에게 불편을 줄 가능성이 있는 좌석으로 가급적 가장 마지막으로 승객에게 배정하는 좌석이다.

• 항공기의 화장실 부근 좌석 : 출입승객 및 악취에 따른 불편
• 기내 주방(Galley) 부근 좌석 : 주방에서 소음, 불빛 및 냄새가 날 수 있음
• 앞쪽 공간(Leg Room)에 제한이 있는 좌석 : 기내 설비 등으로 앞쪽으로 충분히 발을 뻗을 수 없는 좌석
• Recline이 제한되는 좌석 : 비상구 앞 또는 기내 가장 뒤쪽 등 여러 가지 사유로 좌석을 뒤로 눕히는 것이 제한되는 좌석
• 개인용 모니터가 없는 구형 기종의 경우 앞쪽의 스크린이 보이지 않는 좌석
• 스트레처 장착 좌석 주변 좌석

Seat Block

Seat Block은 항공기에 장착된 좌석 중 일부를 원활하고도 정확한 탑승수속을 위해 지정된 승객에게 판매(수속)되도록 하기 위해, 또는 적합하지 않은 승객에게 자동적으로 판매(수속)되지 않도록 시스템적으로 묶어두는 것(Block)을 말한다.

지정된 승객에게 Seat를 Block하는 것은 'P' Block, 'R' Block 등으로 불리는데 예를 들면 ASR 승객, 유아동반 승객, 범죄호송 등이 해당되며 탑승수속 직원은 수속 시 다시 한 번 선호 좌석 또는 지정 좌석을 확인하고 수속을 진행한다.

▲ Amadeus DCS CM의 좌석 맵 상에 표시된 Block Seat
 - ☒ 표시된 좌석

자동적으로 임의의 승객에게 배정되지 않도록 Block하는 좌석은 탑승수속 통제담당(컨트롤러)이 관리 운영하는데, 이런 좌석에 배정이 필요한 경우 수속직원이 승객을 직접 보고 인터뷰한 다음 묶여진 좌석을 풀고(Unblock) 수속을 진행한다. 이러한 Seat Block의 목적은 일반적으로 다음과 같다.

- 비상구(Emergency Exit)용 좌석
- 승무원 휴식(Crew Rest)용 좌석
- 장애인(MEDA, Disabled Passenger)용 좌석
- 스트레처(Stretcher)용 좌석
- 기타 업무 목적상 필요한 좌석

7 탑승권(Boarding Pass) 발급

- 탑승권을 인쇄한 다음 승객에게 교부할 때 탑승권상의 Gate 번호, 탑승 시간, 목적지 등에 동그라미 표시(Circling)를 하며 구두로 안내한다.
- 수하물 표(Baggage Tag)에도 같은 방식으로 Circling하며 목적지, 위탁수하물 개수를 안내한다.

8 연결탑승 수속(Through Check-In)

인천에서 파리로 가는 항공편을 타는 승객이 파리가 최종목적지라면 한 번의 탑승수속에 한 장의 탑승권을 발급받는다. 그러나 파리를 거쳐 스톡홀름으로 계속해서 여행을 하는 승객이 파리에서 항공편을 갈아탄다면 탑승수속을 두 번하게 되고 탑승권도 두 장이 필요하게 되는데 이렇게 두 번 이상의 탑승수속을 하

는 것을 연결탑승수속(Through Check-in)이라고 한다.

Through Check-in은 목적지까지의 필요한 탑승권을 첫 출발지에서 모두 받아가고 수하물 역시 최종목적지까지 자동으로 연결이 되므로(Baggage Through Check-in) 매우 편리하기에 FSC(풀 서비스 항공사)들은 대부분 운영하고 있는 서비스이다.

Through Check-in은 항공사 간의 제휴와 협약을 통해 항공사가 바뀌는 경우에도 적용될 수 있다. 항공 동맹체 내의 항공사들 사이 또는 별도의 협정을 맺는다면 2개 또는 3개의 연결편 수속이 가능한 것이다.

대부분 국가는 국내 구간에서의 수하물 연결을 제한하고 있다. 이는 자국의 첫 도착지에서 승객이 찾아서 세관 검색을 받도록 하고 있기 때문이며, 통상 세관 검색 후 곧바로 연결할 수 있도록 시스템을 운영하고 있다.

예 승객이 인천-(❶대한항공)-시애틀-(❷델타항공)-덴버-(❸델타항공)-미니애폴리스의 여정으로 인천에서 탑승수속을 하면 ;

- 대한항공 카운터에서 ❶, ❷, ❸ 세 개의 구간 항공편 탑승권을 한꺼번에 받고
- 위탁수하물 역시 미니애폴리스까지 수속이 된다.
- 승객은 시애틀 도착 후 위탁수하물을 찾아서 세관심사를 통과한 후 지정 데스크에서 수하물만 다시 맡기면(Baggage Tag이 부착되어 있으므로 따로 수속을 하는 것이 아님) 되고,
- 델타항공을 탑승할 때는 탑승수속카운터를 갈 필요 없이 탑승구로 가서 항공기에 탑승하면 되는 것이다.
- 물론, 덴버공항에서는 수하물도 찾을 필요가 없으며 비행기에 곧바로 탑승하여 최종목적지인 미니애폴리스에서 찾으면 된다.

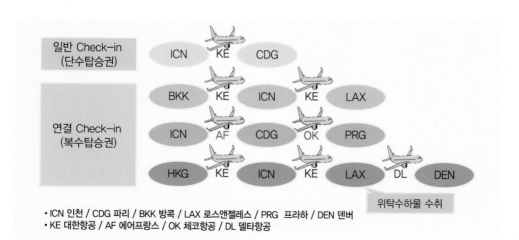

- ICN 인천 / CDG 파리 / BKK 방콕 / LAX 로스앤젤레스 / PRG 프라하 / DEN 덴버
- KE 대한항공 / AF 에어프랑스 / OK 체코항공 / DL 델타항공

▲ Through Check-in 개념도

3. 탑승수속 시스템

1 DCS(Departure Control System)

DCS(Depature Control System)는 공항 내의 항공사 카운터에서 체크인 수속을 수행하는 소프트웨어 운영 애플리케이션 프로그램으로 좌석 배정 및 변경을 포함한 탑승수속, 항공기 탑재 관리, 기내식 신청 및 변경, 수하물 수속, 게이트 탑승관리(Boarding Control) 등을 제어하는 항공여객 운송시스템이다.

과거 대부분의 항공사는 자체적으로 DCS를 사용하여 왔으나, 현재는 여러 가지 분야의 정보를 통합하여 편리하게 처리하고 제어할 수 있는 GDS(Global Distribution System) 회사의 시스템을 도입하여 사용하는 추세이다. Amadeus 사의 Altea Departure Control System인 CM(Customer Management)이 대표적인데 우리나라의 대한항공, 아시아나항공이 이 시스템을 도입하여 사용하고 있다.

2 CUTE(Common User Terminal Equipments)

공항에서 여러 항공사들의 DCS를 접속하여 사용할 수 있도록 공항 내에 공용 터미널을 구축해놓은 공용사용자 시스템 환경을 의미한다.(8장 셀프체크인 참조)

CUTE 전문 시스템사업자가 운영하는데 세계에서 가장 큰 회사가 ARINC사로 iMUSE라는 CUTE 시스템을 운용한다. 인천공항을 비롯한 국내 중대형 공항들이 사용 중이다.

3 CUTE-DCS 활용 과정

CUTE 사용 공항에서 DCS(Amadeus CM)의 접속 및 활용은 크게 다음과 같은 과정으로 이루어진다.

• 접속할 항공사의 ID와 비밀번호를 입력한다.

▲ ARINC사의 iMUSE 시스템 로그인 화면

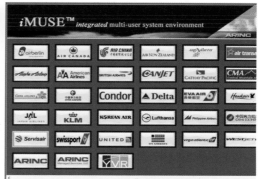

▲ 로그인 후 나타나는 CUTE 화면(뱅쿠버 공항의 CUTE - ARINC사의 iMUSE 시스템의 초기 화면)

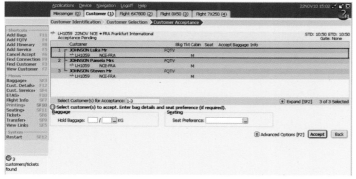

▲ Amadeus CM의 탑승수속 화면(다양한 메뉴방식으로 구성되어 있다)

• DCS를 활용하여 탑승 수속을 진행한다.

▲ 탑승권 프린터(BPP : Boarding Pass Printer)를 선택하여 탑승권을 출력한다.

▲ 수하물표 프린터(BTP : Baggage Tag Printer)를 선택하여 수하물표를 발급한다.

• 수속 완료 후 탑승권, 수하물 표 항목을 선택하여 단계별로 출력한다.

QUIZ

01 탑승수속 시 보안절차로 적절치 않은 것은?

① Watch List에 등재된 승객은 탑승수속 시 자동으로 표출된다.
② No-Fly 승객의 경우 탑승을 거절한다.
③ Selectee 승객은 사전 지정된 명단에 한정되며 임의로 추가할 수 없다.
④ Selectee 승객의 경우도 추가 검색에 통과하면 탑승이 가능하다.
⑤ 수하물 접수 시 보안질의를 통해 승객과 항공기의 안전을 확보한다.

02 기내 좌석 배정 시 확인할 수 있는 기내 좌석의 종류 중 잘못된 것은?

① Aisle Seat : 통로좌석
② Leg Room Seat : 다리가 아픈 사람을 위한 좌석
③ Bassinet Seat : 유아요람 설치 가능 좌석
④ Emergency Exit Seat : 비상구 앞쪽 좌석
⑤ Upper Deck Seat : 2층이 있는 항공기의 2층 좌석

03 APIS란 무엇의 약어인지 영문으로 쓰고 그 의미를 간단히 설명하시오.

04 위탁수하물을 연결수속(Baggage Through Check-in)을 하더라도 국내선 구간으로 연결될 때 그 나라의 첫 번째 도착하는 도시의 공항에서 승객이 일단 수하물을 찾아야 하는 이유는 무엇인지 설명하시오.

Memo

7

수하물 접수
Baggage Acceptance

Baggage Acceptance

한올이 가족의 방콕 여행, 최근 스쿠버 다이빙에 푹 빠진 한올이 아빠,
아빠는 스쿠버 다이빙 장비를 가져가서 태국의 바다를 즐기겠다는 계획이나, 그 많은 장비를 가져갈 수 있을지 의문이다. 한올이와 엄마의 짐도 만만치 않게 많기 때문이다. 과연 한올이와 아빠의 짐을 무사히 위탁할 수 있을까?

1. 수하물의 종류

① 수하물(Baggage. Luggage)이란?

TV 연속극이나 영화 속에서 사람들이 '비행기표'라고 부르는 것을 자세히 보면 사실은 탑승권(Boarding Pass)인 경우가 대부분이다. 지금은 전자항공권(e-Ticket)이 일반화되어 실물항공권을 볼 수 있는 기회가 거의 없지만, 과거 종이항공권이 사용되던 시절, 그 항공권을 자세히 보면 이름이 'Passenger Ticket and Baggage Check'라고 쓰여 있었다.

승객이 비행기에 탑승하므로 여객용 티켓(Passenger Ticket)이라고 하면 충분할 것 같은데 굳이 짐표(Baggage Check)라고까지 표시한 이유는 무엇일까?

1903년 라이트형제에 의해 엔진을 이용한 항공기가 처음으로 비행을 시작한 이래 짧은 기간에 항공기는 급속한 발전을 이루었다. 최초 단순히 하늘을 날고 싶다는 원초적 소망을 만족시키기 위해 사람이 하늘을 마음대로 날 수 있는 비행에 도전하였으나, 항공기의 성능이 개선되면서 좀 더 많은 사람과 좀 더 무거운 짐을 싣고 더 먼 거리를 비행할 수 있게 되었다.

항공기의 획기적인 발달이 군사적 목적에 따른 것이기는 하였으나, 사람들은 항공기의 상업적 용도도 같이 고민하였다. 그러나 당시의 적재능력이 작은 항공기로 많은 사람을 실어 나르는 것은 기술적으로도 불가능하고 거의 경제성이 없는 어려운 일이었으나 작으면서도 가격이 비싸고 고액의 요금을 받을 수 있는 품목으로 우편물을 생

각하게 되었다. 우편물을 신속하게 수
송하는 것은 나름의 경제성을 갖추고
있음을 알게 되었고 초기 항공편의 짐
(Baggage)의 대부분은 우편물이었다.

이후 항공기가 좀 더 개량되어 다수의
승객을 운송할 수 있게 되었으나 여전
히 탑재 하중의 제한을 많이 받게 되므로 초기 항공운송업에서는 승객과 승객이
소지한 짐(Baggage)의 무게를 합산하여 요금을 부과하는 것이 일반적인 관행이 되
었다. 당시의 관행이 현대까지 이어지는 과정에서 최근의 경우는 일정량의 짐까
지는 무료로 탁송하는 체계가 되었지만 항공권의 정식 명칭은 당시부터 쓰고 있
던 'Passenger Ticket and Baggage Check'를 지속적으로 사용하게 된 것이다.

'수하물'의 사전적 의미

현재 우리나라의 항공사들은 이 짐(Baggage)을 '수하물'이라고 번역하여 사용하고 있다. 한자
로는 手荷物(수하물)이라고 쓰는데, 사실 이 수하물은 우리말이 아닌 일본식 한자어를 우리말로
읽은 것이다. 일본말로 手荷物은 てにもつ라고 읽는데, 일본말로 화물 혹은 짐을 뜻하는 荷物(に
もつ, 우리나라에서는 貨物이라는 단어를 사용한다)에 손을 뜻하는 手(て)을 붙여서 '손으로 들
고가는 짐'의 의미로 사용하게 되었다.
우리나라에서 항공운송업이 시작되고 많은 용어를 일본어에서 받아들인 관계로 일본에서 사용
하던 手荷物을 그대로 우리말로 읽어 수하물이라는 용어를 사용하기 시작한 것이다.

'수하물'과 '수화물' 중 어떤 표현이 맞는 것인가?
국어사전 (동아 새국어사전)에 따르면,
- 수하물(手荷物) : 여객이 손수 나를 수 있는 작은 짐
  예 소화물(小貨物)
- 수화물(手貨物) : 들고다닐 수 있을 정도의 작은 짐
이라고 설명되어 있다.

우리말에 '화물(貨物)'이라는 말은 있으나 '하물(荷物)'이라고 사용하지는 않는다. 따라서 우리말
의 어법에 좀 더 가까운 것은 '수화물'이나 이미 대부분의 우리나라 항공사들이 '수하물'이라는
용어를 사용하고 있어 이 '수하물'이라는 용어가 더욱 널리 사용되고 있는 실정이다.
국립국어원에서도 ['손에 간편하게 들고 다닐 수 있는 짐'을 이르는 말로는 '수하물(手荷物)'과 '수
화물(手貨物)'을 모두 쓸 수 있고, '기차 편에 손쉽게 부칠 수 있는 작고 가벼운 짐'을 이르는 말로
는 '수하물(手荷物)'을 씁니다. 이러한 뜻을 고려할 때, 두 가지를 모두 포괄하고자 한다면, '수하
물'을 쓸 수 있겠습니다.]라는 의견을 주고 있다.

2 위탁 수하물과 휴대 수하물

수하물은 탑승수속 시 항공사에 탑재하여 보내줄 것을 맡기는 '위탁수하물(Checked Baggage)'과 승객이 직접 들고 기내로 들어가는 '휴대수하물(Hand-Carry Baggage)'로 나눌 수 있다.

휴대수하물의 영문 명칭은 항공사마다 다르게 표현하고 있는데, 대체로 Cabin Baggage, Hand Baggage, Hand Luggage, Carry-on Baggage, Hand-carry Baggage 등으로 쓰인다.

위탁수하물

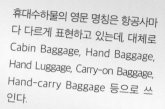

- FBA(무료 위탁수하물 허용량 Free Baggage Allowance)
- Baggage Pooling(무료 수하물 합산)
- Excess Baggage Charge(초과 수하물 요금 징수)

휴대수하물(Hand-Carry Baggage)

- 귀중품, 고가품, Fragile Item(깨지거나 상하기 쉬운 물건), 기내 휴대 사용 품목(노트북 컴퓨터, 게임기, 서적 등) 등 승객이 직접 들고 기내로 들어가 도착할 때까지 운반하는 짐으로 통상 기내 Overhead Bin에 들어갈 수 있는 크기와 무게 이내여야 한다.
- 항공사는 위탁수하물의 분실 파손에 대해서는 책임을 지나, 휴대수하물에 대해서는 항공사의 명확한 과실이 확인되지 않는 한 책임을 지지 않는다.

3 동반 수하물과 비동반 수하물

승객과 같은 비행기로 이동하는가 여부에 따라 동반 수하물(Accompanied Baggage)
과 비동반 수하물(Unaccompanied Baggage)로 나눈다.

- 모든 수하물은 승객과 같은 비행기에 탑재되어 같이 이동하는 동반 수하물이
  어야 하며,
- 승객과 동일한 항공편에 탑재되지 않는 비동반 수하물은 보안상의 이유로 엄
  격하게 금지된다. 단, 항공사의 규정을 충족하는 경우 제한적으로 비동반 수
  하물이 허용될 수도 있다.

4 특수 수하물

반려동물(Pet)

개(Dog), 고양이(Cat), 새(Birds - 단, 맹금류 불가)만 허용. 무료 수하물 허용량이 포함되지
않음. 서약서 및 동물검역서 반드시 소지

대형 악기류

115cm 이하는 기내 휴대 가능하나, 대형 악기는 기내 좌석 구매 혹은 위탁수
하물로 송부(악기 상태, 포장, 면책동의서)

고가품

항공사 배상 한도 초
과 품목은 신고 후 초
과 요금 접수

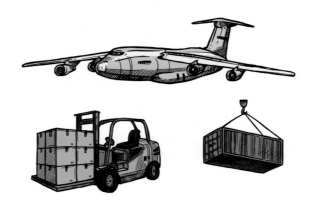

2. 수하물 규정

1 휴대 수하물

일등석/비즈니스석 승객

- 총 2개의 수하물 휴대 가능
- 2개를 합친 무게가 18kg을 초과 불가
- 수하물 개당 부피는 가로×세로×높이가 55×40×20cm 혹은 3변의 합이 115cm 이하

일반석 승객

- 총 1개의 수하물 휴대 가능
- 무게는 12kg을 초과 불가
- 수하물 개당 부피는 가로×세로×높이가 55×40×20cm 혹은 3변의 합이 115cm 이하

▲ 기내반입 휴대수하물 테스트 유닛-Test Unit(제주항공/유나이티드항공)

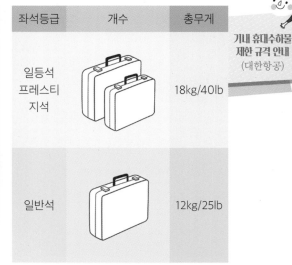

기내 휴대수하물 제한 규격 안내 (대한항공)

좌석등급	개수	총무게
일등석 프레스티지석		18kg/40lb
일반석		12kg/25lb

• 단, 상기 1개의 수하물 이외에 노트북 컴퓨터, 서류가방, 핸드백 중 1개를 추가 가능

② 위탁 수하물

무료 위탁수하물 허용량(FBA, Free Baggage Allowance)은 항공사, 항공기의 노선, 탑승 Class에 따라 서로 따르다.

무료 위탁수하물 허용 기준

Weight System

미국을 목적지로 하거나, 미국에서 출발하는 항공편을 제외한 모든 지역을 운항하는 노선에서 적용되는 System으로 승객이 소지한 수하물의 총무게를 기준으로 무료 수하물 허용량을 정한다.

Piece System

미국으로 가거나, 미국에서 출발하거나, 미국을 경유하는 항공편에 적용되는 System으로 수하물의 무게와 상관없이 수하물의 개수를 기준으로 무료 수하물 허용량을 정한다.

최근의 위탁수하물 허용 기준

• 최근 들어 많은 항공사가 Weight와 Piece를 동시에 적용하는 기준을 사용하는 경향이 있다.
• 대한항공, 아시아나항공 등과 같은 대형 항공사(FSC, Full Service Carrier)의 경우 대체로 유사한 기준을 적용하나, 저비용 항공사(LCC, Low Cost Carrier)의 경우 대형 항공사에 비해 수하물 허용량이 적거나, 혹은 아예 없는 경우도 있다.

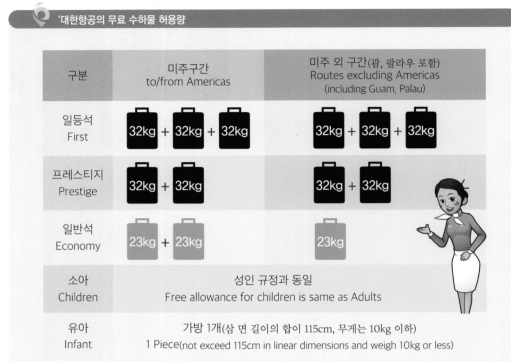

구분	미주구간 to/from Americas	미주 외 구간(괌, 팔라우 포함) Routes excluding Americas (including Guam, Palau)
일등석 First	32kg + 32kg + 32kg	32kg + 32kg + 32kg
프레스티지 Prestige	32kg + 32kg	32kg + 32kg
일반석 Economy	23kg + 23kg	23kg
소아 Children	성인 규정과 동일 Free allowance for children is same as Adults	
유아 Infant	가방 1개(삼 면 길이의 합이 115cm, 무게는 10kg 이하) 1 Piece(not exceed 115cm in linear dimensions and weigh 10kg or less)	

상기 표에 나타난 것과 같이 미주노선으로 여행하는 일반석 승객의 경우 종전 Piece System에 기준한 2 Piece의 무료 수하물 허용량을 적용받는다. 그러나 그 외 노선의 경우 Weight System에 따르면 짐의 개수에 관계없이 총무게만을 제한하여 무료 수하물 허용량을 적용받아야 하나, 여기서는 개수를 1개로, 무게는 23kg으로 제한하고 있음을 볼 수 있다.

무료 위탁수하물 허용량 추가 규정

• 유·소아 승객의 유모차 1개 + 운반용 요람(또는 카시트) 1개는 무료 탁송 가능하다.

• 일반적 위탁수하물 최대 허용량

- 1개당 32kg 이내, 가로×세로×높이 3변의 합 158cm 이내

- 무게 32kg 이상인 경우 탁송 자체를 금지하는 국가가 있다.

- 영국, 뉴질랜드, 아랍에미레이트의 3개국은 수하물 1개의 무게가 32kg이 초과할 경우 공항에서 작업하는 노동자들의 건강과 무거운 짐을 처리할 때 생기는 부상을 우려하여 접수 자체를 금지하고 있다.

- 대부분의 국가에서는 과대 수하물(Oversize Baggage)의 규격을 무게 45kg, 가로×세로×높이 3변의 합 203cm까지로 제한하여 처리한다.
- 과대 수하물(Oversize Baggage)의 경우 추가 수하물 요금을 징수하고 처리하여야 하며, Heavy Tag을 부착하여 작업자의 부상방지를 위해 주의를 기울인다.

위탁수하물 추가 요금

위탁수하물을 무료 위탁 허용량을 초과하여 추가하거나 규격과 무게를 초과하면 일정 범위 내에서는 추가요금을 내고 탁송할 수 있다. 추가 수하물 요금은 항공사, 노선, 무게, 크기, 개수 등에 따라 조금씩 다르나 일반석 기준으로 대체로 다음과 같은 원칙을 따른다.

미주 노선

- 개당 23kg까지의 수하물 2개 무료 탁송
- 3개째부터 개당 요금 추가
- 개당 23kg 초과 시 32kg까지는 USD 100, 32kg 이상 45kg까지는 USD 200 등으로 무게 구간을 나누어 요금 추가
- 45kg을 초과하는 경우 탁송 불가
- 2개 이내라도 개당 부피가 3면의 합이 158cm를 초과하여 203cm 이내일 경우 요금 추가
- 3면의 합이 203cm를 초과하는 경우 탁송 불가

아시아, 유럽, 중동, 아프리카, 대양주 노선

- 23kg까지의 수하물 1개 무료 탁송 가능
- 2개째부터 개당 요금 추가
- 개당 23kg 초과 시 32kg까지는 USD 100, 32kg 이상 45kg까지는 USD 200 등으로 무게 구간을 나누어 요금 추가

- 45kg을 초과하는 경우 탁송 불가
- 1개 이내라도 개당 부피가 3면의 합이 158cm를 초과하여 203cm 이내일 경우 요금 추가
- 3면의 합이 203cm를 초과하는 경우 탁송 불가

스포츠 장비

스포츠를 목적으로 하는 항공여행 시 스포츠 장비는 일반 수하물의 규격을 벗어나는 용품이 많아 항공사는 스포츠 장비에 대해 일반 수하물과는 별도의 규격을 적용한다.

- 운송 도중 파손, 변형될 위험이 높으므로 특별 포장/전용용기 포장이 필수적이다.
- 하드케이스(전용 포장용기)에 넣지 않은 스포츠 용품은 파손 시 보상이 되지 않는다.
- 총 수하물 개수(스포츠 장비 + 기타 위탁수하물) 및 무게가 무료 허용량을 초과하는 경우에는 추가 요금을 징수한다.
- 최대 운송가능 무게는 32kg(70lb) 이내여야 한다.
- 최대 운송가능 크기는 세변의 합(A+B+C) 277cm(109in) 이내여야 한다.

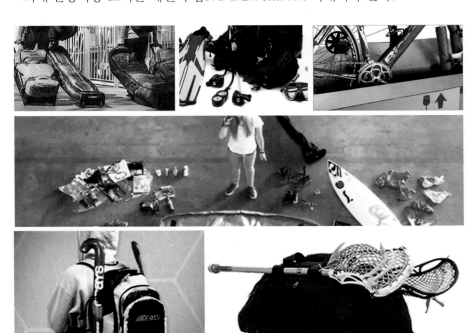

③ 수하물 제한 품목

수하물 관련 사항은 각 항공사의 여객운송약관의 적용을 받으며, 제한 품목에 대해서는 파손이나 분실 사고 시 배상이 되지 않을 수 있다.

 객실   위탁수하물

폭발물류
수류탄, 다이너마이트, 화약류, 연막탄, 조명탄, 폭죽, 지뢰,
뇌관, 신관, 도화선, 발파캡 등 폭발 장치

방사성·전염성·독성 물질
염소, 표백제, 산화제, 수은, 하수구 청소재제, 독극물,
의료용·상업용 방사성 동위원소, 전염성·생물학적 위험물질 등

인화성 물질
성냥, 라이터, 부탄가스 등 인화성 가스, 휘발유·페인트 등
인화성 액체, 70% 이상의 알코올성 음료 등
단, 소형안전성냥 및 휴대용 라이터는 각 1개에 한해 객실 반입 가능

기타 위험물질
소화기, 드라이아이스, 최루가스 등
드라이아이스는 1인당 2.5kg에 한해 이산화탄소 배출이 용이하도록
안전하게 포장된 경우 항공사 승인하에 반입 가능

 객실  위탁수하물

창·도검류
과도, 커터칼, 접이식칼, 면도칼, 작살, 표창, 다트 등
안전면도날, 일반 휴대용면도기, 전기면도기 등은 객실 반입 가능

총기류
모든 총기 및 총기 부품, 총알, 전자충격기, 장난감총 등
총기류는 항공사에 소지허가서 등을
확인시키고 총알과 분리 후 위탁 가능

스포츠용품류
야구배트, 하키스틱, 골프채, 당구큐, 빙상용스케이트,
아령, 볼링공, 활, 화살, 양궁 등
테니스라켓 등 라켓류, 인라인스케이트, 스케이트 보드, 등산용 스틱, 야구공 등
공기가 주입되지 않은 공류는 객실 반입 가능

무술호신용품
쌍절곤, 공격용 격투무기, 경찰봉, 수갑, 호신용스프레이 등
호신용스프레이는 1인당 1개(100㎖ 이하)만 위탁 가능

공구류
도끼, 망치, 못총, 톱, 송곳, 드릴/ 날길이 6cm를 초과하는 가위·
스크류드라이버·드릴심류/ 총길이 10cm를 초과하는 렌치·
스패너·펜치류/ 가축몰이 봉 등

안전운항에 지장을 주는 물품

승객 안전 및 항공기의 안전운항에 지장을 주는 모든 물품은 수하물 탁송 및 휴대가 금지된다.

- 총기, 폭발물류

  총기, 수류탄, 화약, 조명탄 등 폭발, 발화 우려가 있는 모든 물품

- 방사성, 전염성, 독성 물질

  방사성 동위원소, 독극물, 염소, 표백제, 수은 등

- 인화성 물질

  성냥, 라이터, 휘발유, 페인트, 부탄 등 인화성 가스, 70도 이상의 알코올성 음료 등(단, 소형 성냥 및 일회용 라이터는 1개에 한해 기내 휴대 반입 가능)

- 기타 위험물질

  소화기, 드라이아이스, 최루가스 등(단, 냉동용으로 사용하는 드라이아이스는 1인당 2.5kg에 한해 이산화탄소 배출이 용이하도록 포장이 된 경우 항공사 승인하에 기내 반입 허용)

| ◎ 객실 | ◎ 위탁수하물 |

생활도구류
수저, 포크, 손톱깎이, 긴우산, 감자칼, 병따개, 와인따개, 족집게, 손톱정리가위, 바늘류, 제도용 콤파스 등

액체류 위생용품·욕실용품·의약품류
화장품, 염색약, 퍼머약, 목욕용품, 치약, 콘택트렌즈용품, 소염제, 의료용 소독 알코올, 내복약, 외용연고 등
단, 국제선 객실 반입 시 100㎖ 이하만 가능
위탁수하물인 경우 개별용기 500㎖ 이하로 1인당 2Kg(2ℓ)까지 반입 가능

의료장비 및 보행 보조도구
주사바늘, 체온계, 자동제세동기 등 휴대용 전자의료장비, 인공심박기 등 인체이식장치, 지팡이, 목발, 휠체어, 유모차 등
수은체온계는 보호케이스에 안전하게 보관된 경우 객실 반입 가능하며 전동휠체어는 배터리 위험성 등으로 위탁만 가능

구조용품
소형 산소통(5kg 이하), 구명조끼에 포함된 실린더 1쌍(여분 실린더 1쌍도 가능), 눈사태용 구조배낭(1인당 1개)
단, 안전기준에 맞게 포장되고 해당 항공사 승인 필요

건전지 및 개인용 휴대 전자장비
휴대용 건전지, 시계, 계산기, 카메라, 캠코더, 휴대폰, 노트북컴퓨터, MP3 등

기타 수하물 탁송 제한 품목

항공기 안전에 문제를 일으키지 않아도 다음과 같은 품목은 수하물로 위탁이 되지 않는다.(승객이 원할 경우 직접 휴대수하물로 운송)

- 파손 또는 손상되기 쉬운 물품
- 전자제품(노트북, 카메라, 핸드폰 등) 및 서류, 의약품
- 화폐, 보석, 주요한 견본 등 귀중품
- 고가품(1인당 미화 2,500달러를 초과하는 물품)

리튬배터리 운송 제한

	리튬베터리 용량 규격	휴대수하물	위탁수하물
	160Wh 이하 배터리가 장착된 기기	허용	허용
	160Wh를 초과하는 배터리가 장착된 기기	금지	금지
	100Wh 이하 보조 배터리	허용	금지
	100Wh 초과 ~ 160Wh 이하의 보조 배터리 *1인당 2개 이하	허용	금지
	160Wh 초과하는 보조 배터리	금지	금지
	160Wh 이하인 배터리가 가방에서 분리된 경우 *분리된 가방은 휴대·위탁수화물 허용	허용	금지
	160Wh 이하인 배터리가 가방에서 분리 안 된 경우	허용	금지
	160Wh를 초과하는 배터리가 장착된 가방	금지	금지

리튬배터리
휴대 · 위탁수하물
항공운송 기준

[출처 : 국토교통부]

4 객실 내 액체류 반입 제한

- 규격을 초과하는 액체류, 스프레이, 겔류는 항공기 기내반입이 금지된다.
- 물, 음료, 식품, 화장품 등 액체류, 스프레이, 겔류(젤 또는 크림)로 된 물품은 100mL 이하의 개별용기에 담아, 1인당 1리터 투명 비닐지퍼백 1개에 넣은 경우에 한해 기내 반입 가능하다.
- 유아용 우유, 아동식, 의약품 등, 기내에서 비행 중 필요한 물품은 필요한 용량에 한해 반입 허용. 단, 의약품은 처방전 등 증빙서류를 제시해야 한다.

국제선 객실 내 액체류 반입 기준

국제선 항공기를 이용하려는 승객은 아래와 같이 액체·분무·겔류용품의 객실 내 반입이 엄격히 금지되므로 소지하신 물품이 허용기준에 적합한지 미리 확인하시기 바랍니다.

- ⊘ 물·음료·식품·화장품 등 액체·분무(스프레이)·겔류(젤 또는 크림)로 된 물품은 100㎖ 이하의 개별용기에 담아, 1인당 1ℓ투명 비닐지퍼백 1개에 한해 반입이 가능

- ⊘ 유아식 및 의약품 등은 항공여정에 필요한 용량에 한하여 반입 허용. 단, 의약품 등은 처방전 등 증빙서류를 검색요원에게 제시

3. 반려동물

1 운송 가능 반려동물(Pet) 범위

국제선으로 반려동물과 여행할 때는 우선 목적지 국가에서 반려동물 입국을 허용하는 지를 확인하여야 한다. 항공수하물로 운송 가능한 반려동물의 범위는 기본적으로 개, 고양이, 애완용 새에 한정되지만 항공사 별로 그 조금씩 적용 기준이 다를 수 있다. 반려동물 운송 시는 반드시 예약이 필요하다. (국내선 24시간 이전, 국제선 48시간 이전)

반려동물 운송 시는 휴대, 위탁수하물의 소지여부와 관계없이 별도의 추가요금이 부과되며, 일부 국가의 경우 우리나라에서 출발하는 승객의 반려동물 반입이 금지된다. (호주, 뉴질랜드, 영국은 우리나라에서 운송동물을 가지고 입국할 수 없다, 또한 싱가포르의 경우 사전 싱가포르 정부허가가 필요하고, 일본은 40일전 미리 허가를 받아야 한다.)

운송 제한사항

- 맹견류는 수하물로 운송 불가
- 맹견류 종류(대한항공 사례) : 다음 사이트를 확인해 봅시다.
  https://www.koreanair.com/kr/ko/airport/
  assistance/travel-with-pet/permitted-pets

- 생후 8주 미만 어린 동물 운송 불가
- 새의 경우도 맹금류(독수리, 솔개, 매, 부엉이 등)는 수하물 운송 불가
- 개, 고양이, 새를 제외한 토끼, 햄스터, 페릿(ferret), 거북이, 뱀, 병아리, 닭, 돼지 등 모든 종류의 동물은 수하물로 운송 불가

- 단, 애완용 설치류(햄스터, 토끼 등)는 항공기 안전상 화물로도 수송 불가
  설치류의 특성상 우리에서 빠져나올 경우 항공기의 전선 등 장비를 갉아서 안전에 치명적 위협이 될 가능성이 있다.
- 안정제나 수면제를 투여한 경우 체온과 혈압이 떨어져 위험할 수 있어 약물을 사용한 경우 운송 불가
- 불안정하고 공격적인 동물, 악취가 심하거나 건강하지 않은 동물, 수태한 암컷 운송 불가

2 운송 가능한 반려동물(Pet) 수

- 탑승객 1인당 기내 반입 한 마리, 위탁수하물 2마리까지 가능(비동반 소아는 반려동물 운송 불가)
- 단, 한 쌍의 새, 6개월 미만의 개 2마리 또는 고양이 2마리는 하나의 운송용기에 넣어 운송 가능
- 목적지 및 기종별 제한사항에 따라 운송이 제한될 수 있으므로 항공사 사전 확인 및 예약 필수
  - 기종별 최대 반입 허용 마리 수는 다름
  - B737 기종은 화물칸 공기유입과 온도조절이 불가하여 위탁수하물 성격인 AVIH 운송 불가

3 반려동물 운송방법

위탁수하물(Checked Baggage) 운송

- 일반 휴대수하물과 동일한 방법으로 항공기 화물칸에 넣어 탁송
- 무게 및 규격은 일반 위탁수하물과 동일
- 이를 AVIH(Animal In Hold)라고 한다.

▲ AVIH(일본항공)

기내 운송

- 기내 휴대수하물(Hand-Carry Baggage)과 동일하게 승객이 직접 기내 운송
- 무게 및 규격은 일반 기내 휴대수하물과 동일
- 이를 PETC(Pet In Cabin)라고 한다.
- Bulk Head Seat, 비상구 좌석은 배정 불가

▲ PETC(유나이티드항공)

④ 반려동물 운송 절차

운송 기능 여부 확인	탑승수속, 요금 징수	탑재 정보 제공
• 연령, 크기, 무게 제한 • 기종 별 마리 수 • 목적지 검역 규정 • 관련 서류	• 서약서 /Checklist • E/B 징수 • 좌석 배정 • Special Care	• SHR 반영 • NOTOC 조치 • TELEX 타전

운송요금

AVIH나 PETC나 공히 반려동물 운송에 따른 추가 수하물 요금을 징수하며, 이때 위탁수하물 및 휴대수하물 무료 허용량과 별도로 징수한다.

운송용기

무게와 크기는 반려동물을 Cage에 넣은 상태에서 계량한다.

- AVIH
  - 일반 위탁수하물과 동일한 규격
  - 시건장치가 있는 견고한 재질의 Cage만 가능

- PETC
  - 일반 휴대수하물과 동일한 규격
  - Cage를 좌석 밑에 보관
  - 플라스틱, 튼튼하고 질긴 천 등 유연성 있는 재질의 Cage도 가능
  - 비행 중 Cage에서 꺼낼 수 없다.

목적지 국가의 동물 반입 허용 확인

- 국가별로 반려동물에 대한 반입 허용규정이 조금씩 차이가 있다.
- 목적지 국가 관계기관과 TIM을 통해 반입절차에 필요한 검역증명서, 광견병 예방접종보고서 등의 서류를 확인한다.

5 장애인 보조견

장애인 보조견이란 정신이나 육체에 장애를 가진 승객을 도울 수 있도록 훈련된 동물을 말하는데, '훈련된 동물'이란 점에서 일반적 반려동물과 차이가 있다.

장애인 보조견은 별도의 운송용기에 보관할 필요가 없이 기내에 동반할 수 있지만 기내에서 추가로 좌석을 점유할 수는 없다.

장애인 보조견(Service Animal) 종류

시각장애인 안내견(Seeing Eye Dog, Guide Dog)

시각장애인의 시각을 보조하는 개로 별도의 훈련을 받고, 표식이 된 조끼를 착용한다.

청각장애인 안내견(Hearing Dog)

청각장애인을 보조하여 소리를 듣고 청각장애인에게 주의를 환기시켜주는 역할을 하는 반려견으로서 별도의 훈련과 표식이 된 조끼를 착용한다.

기타

드물지만 운동장애인을 보조하는 안내견도 있다.(Wheelchair 를 끄는 역할을 하는 개)

▲ 서비스 애니멀(servicedogcertifications.org)

운송 조건

- 국가별로 검역증명서 등의 서류 소지
- 공인된 기관의 인증서 소지
- 하네스(Harness, 몸통벨트 또는 가슴벨트) 착용
- 목적지 국가 또는 경유지 국가의 검역절차 기준에 부합
- 장거리 여행의 경우 연결지에서만 음식 공급(비행 중 음식 공급 불가)
- 비행 중에는 손님의 발 아래에 위치

▲ Hearing Dog(wikimedia commons by Blowing Puffer Fish)

감성적, 정서적 장애고객의 보조견(Emotional Support Animal)

- 신체적 장애는 없으나 감성, 정서의 안전을 위해 필요하다고 인정된 보조견
- 정서장애 보조견은 미국 출·도착편의 경우에만 허용
- 일반 장애인 보조견과 동일하게 무료로 기내에서 운송 가능
- 정서장애 보조견의 경우 기내에서 Cage에 넣지 않아도 운송 가능
- 출발 예정일 1년 이내에 발급된 전공 의료인의 소견서 지참

실무 worksheet

1. 반려동물과 여행하려는 승객들이 꾸준히 증가하고 있다. 우리나라 주요 항공사들의 반려동물 운송 규정을 알아보자. 또 반려동물의 기내탑승을 꺼리는 승객들과의 마찰 우려도 높아지고 있는데 반려동물의 기내 동반 탑승에 대한 문제점을 토론해보자.

주요 항공사들의 반려동물의 규정	
반려동물 기내 동반 시의 문제와 대책	

2. 우리나라 항공사 및 우리나라에 취항하는 주요 항공사들의 수하물 규정을 FSC와 LCC로 구분하여 정리해보자. (조 별 과제)

델타항공	일본항공	에어아시아 엑스	티웨이 항공

QUIZ

01 Pet 관련 내용 중 올바르지 않은 것은?

① Pet의 경우 탁송 수하물로도 접수할 수 있다.

② Cabin Pet으로 운송 가능한 동물은 개, 고양이, 새만 가능하다.

③ Dog 중 맹견이나 Bird의 경우 맹금류는 특수 강화 우리(Cage)에 넣어야 Pet 처리 가능하다.

④ Checked Baggage로 처리되는 Pet을 AVIH라고 표기한다.

⑤ Cabin Pet으로 처리되는 Pet을 PETC라고 표기한다.

02 Cabin Pet 관련 내용 중 올바른 것은?

① Cabin Pet 동반한 승객은 비상구 좌석, Bulkhead seat에 배정되지 않는다.

② Cabin Pet은 편당 최대 개 1마리, 고양이 1마리, 새 1마리까지 운송 가능하다.

③ Cabin Pet이 휴대수하물 허용량 안에 있을 경우 별도 Excess Baggage Charge를 하지 않아도 된다.

④ Cabin Pet은 이 · 착륙 시 반드시 Cage 안에, 비행 중에는 반드시 주인이 품에 안고 있어야 한다.

⑤ Cabin Pet의 경우 타 승객의 불편 방지를 위해 비행 중 지속적으로 물, 먹이를 공급해야 한다.

03 다음 수하물 관련 내용 중 올바르지 않은 것은?

① 무료 위탁수하물 허용량은 승객의 탑승 클래스, 노선에 따라 상이하다.

② 귀중품, 고가품은 위탁수하물로 송부하는 것이 금지되어 있다.

③ 여정이 동일한 단체 승객은 수하물 Pooling이 가능하다.

④ 비동반 수하물은 엄격히 금지된다.

⑤ 첼로, 콘트라베이스 등 대형 악기도 별도 요금을 내면 기내 휴대 가능하다.

Memo

8

셀프체크인
Fast Travel

Fast Travel

공항에 도착한 한올이는 탑승수속 카운터 앞에 끝없이 길게
늘어선 대기 줄을 보고 놀라지 않을 수 없었다. 안내하는
직원에게 물어보니 최소 50분은 걸릴 것 같다고 하며
키오스크 이용을 권한다. 이번 기회에 키오스크를 이용해서
셀프체크인을 시도하기로 마음먹고 가족들과 함께
셀프체크인 구역을 찾아갔다.

셀프체크인(Self Check-in)이란 승객이 탑승수속 카운터에 가지 않고 탑승수속직원의 도움 없이 키오스크(Kiosk) 또는 인터넷을 이용하여 스스로 좌석 배정을 하고 수하물을 탁송하며 탑승권과 수하물 표를 발급하는 일련의 수속행위를 말한다.

▲ 김포공항 국내선의 키오스크

▲ 인천공항 2터미널의 Smart Bag-Drop 카운터

▲ 미국 미네소타 공항/Minneapolis-St Paul Airport에 설치되어 있는 ICM Technics 사의 생체인식 Auto(Self) Bag Drop
(출처 : airport-technology.com/)

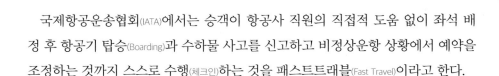

1. 셀프체크인의 개념

국제항공운송협회(IATA)에서는 승객이 항공사 직원의 직접적 도움 없이 좌석 배정 후 항공기 탑승(Boarding)과 수하물 사고를 신고하고 비정상운항 상황에서 예약을 조정하는 것까지 스스로 수행(체크인)하는 것을 패스트트래블(Fast Travel)이라고 한다.

셀프체크인은 승객이 무인기계나 인터넷 등을 이용하여 스스로 좌석을 배정하고 수하물을 탁송하며 여행서류를 확인하는 과정으로 패스트트래블의 한 부문이라 할 수 있다.

 '셀프체크인 정의

승객이 탑승수속 카운터에 가지 않고 탑승수속직원의 도움 없이 키오스크 또는 인터넷을 이용하여 스스로 좌석 배정을 하고 수하물을 탁송하며 탑승권과 수하물 표를 발급하는 일련의 수속 행위이다. 즉, 항공 여행 시의 예약, 발권, 탑승수속, 수하물 위탁 등을 고객 스스로 하는 내용이다. 항공사에서는 KIOSK, Web, Mobile을 통해 Self Service Check-In을 제공하고 있다.

셀프체크인 이용 조건(대한항공의 경우)

구분	국제선	국내선
KIOSK	출발 12시간 ~ 출발 1시간 전	출발 당일 ~ 출발 20분 전
Web	출발 48시간 전 ~ 1시간 전	출발 48시간 전 ~ 40 분 전
Mobile	출발 48시간 전 ~ 1시간 전	출발 48시간 전 ~ 40 분 전

 '셀프체크인 불가한 경우

- 특별한 도움이 필요한 몸이 불편한 승객
- E-Ticket 관련 직원에 의한 확인이 필요한 승객
- 항공권 변경 (재발권 등) 이 필요한 경우
- 할인항공권 소지 승객으로 증빙서류 확인 필요시

1 IATA의 Fast Travel

IATA는 Fast Travel을 다음과 같이 6개의 항목으로 분류한다.

✈ 표시는 우선 추진 분야

FAST TRAVEL ➔ Check-in	FAST TRAVEL ➔ Document scanning	FAST TRAVEL ➔ Bags ready-to-go
좌석배정(모바일, 키오스크)	여권, 비자 유효확인	수하물 탁송
FAST TRAVEL ➔ Flight re-booking	FAST TRAVEL ➔ Self-boarding	FAST TRAVEL ➔ Bag recovery
예약 스케줄 조정	무인 탑승(여권, 생체정보)	수하물사고 신고

IATA Fast Travel 이미지 편집

Check in

인터넷, 키오스크(Kiosk), 모바일기기 등을 이용하여 체크인 라인에 줄을 서지 않고 좌석 배정과 탑승권 발급을 승객 스스로 수행한다. Fast Travel의 핵심이며 많은 공항에서 일반석 위주로 보편화되고 있는 추세다. 단거리 노선과 단체 승객이 많은 관광노선보다 개별 승객이 많은 비즈니스 노선에서 이용률이 상대적으로 높다.

▲ Air France-KLM 항공의 Check-in KIOSK 탑승권
(출처 : https://www.futuretravelexperience.com/)

▲ 스페인 Vueling 항공사의 스마트워치

▲ 인천공항의 Self Check-in Zone(T2)

▲ 인천공항의 Self Bag Drop(T2)

Bags Ready-to-go(Self Bag Drop)

- 셀프체크인을 마친 승객이 Baggage Kiosk를 이용하여 스스로 수하물 꼬리표(Baggage Tag)를 발급하고 수하물에 부착한 다음 무인 Bag Drop 카운터에서 수하물을 탁송한다. 종전에 키오스크를 이용해 셀프체크인을 마친 승객이 위탁할 가방을 가지고 오면 직원이 접수하는 단순 Bag Drop 카운터는 사라지고 있다.

- 인천공항에 Self Bag Drop 키오스크는 1터미널에 14대, 2터미널에 34대가 있다. 이용승객 수 대비 2터미널의 처리능력이 백만 명당 1.89대로 1터미널에 비해 7배 이상이다. [국토교통부 2018.1]

- Self Bag Drop 키오스크에 전자 태그를 이용하는 공항도 늘고 있다. 전자 태그는 RFID(Radio Frequency Identification) 기술로 수하물의 위치를 실시간으로 확인할 수 있어 분실되어도 쉽게 위치를 파악할 수 있고 승객의 스마트기기와 연동되어 승객이 자신의 수하물이 자신과 함께 여행하는지 확인할 수 있다. 또 전자 태그는 반영구적으로 사용할 수 있어 종이 수하물표 발급 유지비용을 줄일 수 있을 것으로 항공사들은 기대하고 있다.

Document Scanning

- 해외여행을 하기 위한 필수 요건 중 하나가 출입국심사에 유효한 여행서류이다. Document Scanning은 승객이 여권, 비자, 신분증 등 여행서류와 신원확인 서류를 스스로 스캔할 수 있고 TIMATIC과 연결되어 서류의 유효성을 확인할 수 있는 설비와 시스템을 제공하는 것이다.

- 항공사에서 볼 때 셀프체크인의 가장 큰 위험은 여권과 비자와 같은 여행서류의 유효성을 확인하기 어렵다는 점이다. 부적합한 여행서류를 지닌 승객은 목적지 국가에 입국이 거부될 수도 있고 운송항공사에 페널티를 물리는 국가가 많기 때문에 여전히 많은 항공사들이 비자가 필요한 국가로 여행하는 승객에 대해서 셀프체크인을 하지 못하도록 프로그램을 적용해놓고 있다.

- 그렇지만 승객의 책임을 명시하고 승객 스스로 입국국가의 비자 유효성을 확인하도록 안내하면서 셀프체크인을 허용하는 항공사가 점차 늘어나고 있다.

- 국내선 공항에서는 비행기를 타려면 신분증이 필요하지만 신분증 대신 생체정보를 이용한 신원확인시스템이 도입되었다. 2018년 2월부터 김포와 제주 공항에서 사전에 손바닥정맥과 지문을 등록한 승객은 신분증 없이 정맥이나 지문만으로 공항의 Air side(보안구역)로 들어갈 수 있다.

▲ 여권의 유효성 확인에는 문제가 없다. 우리나라의 경우 중국 등 몇 개 국을 제외한 대부분의 국가가 무비자 협정이 되어 있어 키오스크를 이용한 여행서류 셀프심사가 증가할 것이다.

생체인식 게이트 이용절차와 방법 – 한국공항공사

사전등록 절차					생체인식 게이트 이용가능
신분증 제시하여 본인 여부 확인	이름, 생년월일, 핸드폰번호 입력	얼굴사진촬영 (본인확인용)	개인정보 활용 동의서류 서명	생체정보 스캔 등록 (손바닥정맥 또는 지문)	

생체인증 신분확인 게이트 이용방법

모바일/홈 탑승권 이용객

스마트폰 탑승권

인터넷 예매 및 프린트

일반탑승권 이용객

체크인카운터/셀프체크인 탑승권 발권

❶ 탑승권의 바코드를 인식시키고
❷ 출력되는 탑승안내용지를 받으면 첫 번째 문이 열립니다.

← 안내용지 출력구
← 탑승권 바코드 인식

탑승 정보 안내

탑승구 GATE **10**	홍길동 K78965/19JAN 좌석번호 : 001A 출발시간 : 10:00 김포 ▶ 제주

*탑승구는 변경될 수 있으니, 공항 내 운항정보를 모니터로 확인하시기 바랍니다.
*항공기 출발 5분 전에 탑승이 마감됩니다.
*TIME : 2018-01-19 09:52:27
*이용자는 탑승구 용도로 사용할 수 없습니다. 탑승시 웹/모바일 탑승권을 직원에게 제시하여 주시기 바랍니다.

탑승안내용지 ▲

❶ 탑승권의 바코드를 인식시키고
❷ 키패드에 핸드폰번호를 입력하면 첫 번째 문이 열립니다.

← 핸드폰번호 입력 키패드
← 탑승권 바코드 인식

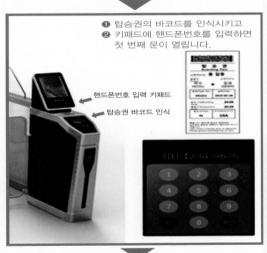

❸ 손바닥정맥 또는 지문을 인식시키면 신분확인 완료! 두 번째 문이 열리고 보안검색장에 진입합니다.

❹ 일반탑승권의 경우 보안요원이 탑승권의 유효성을 확인한 후 두 번째 문이 열립니다.

Flight Re-booking

비정상운항(IROPS) 상황에서 여정이 바뀌게 되는 경우 항공사 직원의 도움을 받지 않고 키오스크, 웹사이트 또는 모바일 앱 등을 통해 승객이 스스로 예약을 조정할 수 있는 환경을 제공한다.

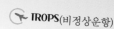 IROPS(비정상운항)

Irregular Operations를 줄여서 IROPS라고 표기한다. 기상악화, 정비문제, 초과예약 등으로 계획스케줄보다 지연되거나 결항되는 항공편 또는 그런 상황을 뜻한다. 간단히 IRRE 또는 IRR이라고 표현한다.

Self-Boarding

- 지하철을 탈 때처럼 스캐너에 탑승권(또는 모바일 탑승권)을 인식시키면 문이 열리는 오토게이트(Auto Gate)는 초기 Self-boarding 방식이다. 좌석이 변경된 승객에게 새 좌석번호를 프린트해주는 기능이 개발되었고, 탑승권 대신 얼굴을 대조하면 Auto Gate가 열리는 바이오 기술로 보안성이 강화된 Self-boarding 시스템도 개발되어 운용되고 있다.
- 탑승구 직원은 탑승에 도움이 필요하거나 문제가 있는 승객들에 보다 더 집중할 수 있게 된다.

▲ 좌석이 바뀐 승객이 탑승권을 대면 변경된 좌석번호가 출력된다.(http://www.kaba.com)

▲ 암스테르담 SCHIPHOL 공항의 안면인식 셀프게이트 (http://www.airport-world.com/news)

Bag Recovery

비행기에서 내린 승객이 자신의 수하물이 도착하지 않았을 때 항공사 Lost Found Desk를 찾아가서 기다리고 수하물 분실로 인한 사고신고서를 작성해야 하는 복잡한 과정을 온라인이나 모바일, 또는 공항의 키오스크를 통해 간략히 접수시키는 절차이다. 홈페이지를 통해 신고서를 접수하는 항공사는 이미 여러 곳이 있다.

Baggage claim tag

Fill in the number on your baggage claim tag. If you checked in multiple pieces of baggage, please er tag number.

Bag tag number   ℹ   * [   ]

I lost my baggage claim tag number   ℹ

Upon arrival you may have received a personal access code.

Did you receive an access code ?   ○ Yes   ● No

If yes, please enter it   ℹ   [   ]

What was the last flight you travelled on ?

☐ Tick here if your flight was cancelled and your checked baggage was not given back to you.

Departure airport   * [   ]

Arrival airport   ℹ   * [   ]

Flight number   * [   ]

Departure date   * [   ] ▦

▲ KLM 항공 홈페이지의 수하물사고 신고 화면 일부(출처 : KLM항공 웹사이트)

▲ Self Baggage Recovery 예시

Green	Gold	Platinum
Check-in, Bags-Ready-to-Go, Flight Rebooking 3개 항목과 나머지 3개 항목 중 1개를 같은 공항에서 적용하는 항공사	6개 항목 모두를 같은 공항에서 적용하는 항공사	4개 이상 항목을 전체 승객의 80% 이상에 적용할 수 있는 항공사

2020년 1월 기준 IATA Fast Travel Platinum 등급 항공사(IATA)

항공사코드	항공사	Fast Travel 적용 비율	지역
TF	Braathens Regional Aviation AB	98.88%	유럽
AS	Alaska Airlines Inc.	95.95%	북미
LH	Deutsche Lufthansa AG	95.15%	유럽
LX	Swiss International Air Lines	94.99%	유럽
AA	American Airlines Inc.	93.76%	북미
JJ	LATAM Airlines Brasil	92.58%	남미
HA	Hawaiian Airlines Inc.	92.36%	북미
NZ	Air New Zealand	91.67%	오세아니아
SK	Scandinavian Airlines Systems	90.68%	유럽
AC	Air Canada	90.21%	북미
G3	Gol Transportes Areos Ltda.	88.38%	남미
QR	Qatar Airways Co.	85.64%	아시아
SV	Saudi Arabian Airlines Corporation	83.74%	아시아
OS	Austrian Airlines AG	82.73%	유럽
MS	Egyptair	82.35%	아프리카
LA	LATAM Airlines Group S.A.	80.78%	남미

② 셀프체크인 기본 용어

CUTE

- 인천공항과 같이 많은 항공사들이 사용하는 대형공항에서 체크인카운터와 게이트에 항공사마다 자사의 시스템만을 설치하여 사용하는 것은 매우 비효율적이다. 공항에 취항하는 항공사들이 어느 카운터나 게이트에서든지 필요할 때 자사의 시스템에 연결할 수 있도록 만든 시스템 환경을 CUTE(Common User Terminal Equipment) 또는 CUS(Common User System)라고도 한다.

- 항공사들은 CUTE에 가입하고 사용량(체크인 수와 수하물 위탁개수 등)에 비례하여 CUTE 운영회사와 공항당국에 사용료를 낸다. 즉, 컴퓨터와 시스템을 직접 구매하여 운영하는 대신 CUTE 운영회사로부터 임차하여 사용하고 임차료를 지불하는 것이다.

- 우리나라의 경우 인천공항은 개항 때부터 CUTE를 적용하였고 김포, 김해, 제주공항이 현재 CUTE 환경의 시스템이다. 모두 ARINC 사의 iMUSE를 CUTE로 채택하여 사용하고 있다.

CUSS

- CUTE 공항에서 사용하는 Self Check-in 시스템이 CUSS(Common User Self System)이다. 셀프체크인 시스템 기능을 가지고 있는 항공사는 공항 내 어디든지 키오스크를 이용하여 탑승수속을 할 수 있다.

▲ 인천공항 CUTE(I-MUSE) 초기화면

▲ 인천공항과 김포공항(오른쪽)의 CUSS 키오스크

- CUSS는 CUTE의 한 기능이지만 CUTE 환경 공항에서 일반수속 카운터를 사용하려면 CUTE에 의무적으로 가입하여야 하나 CUSS 가입은 항공사의 의무사항은 아니며, 셀프체크인 기능을 개발하지 않은 항공사는 참여할 수 없다.

Bag Drop

- 키오스크로 탑승권을 발급한 후 수하물을 위탁하는 것 또는 장소를 말한다.
- Bag Drop은 직원이 수하물을 접수하는 일반카운터와 Self Bag Drop 데스크 두 종류가 있다. 직원이 있는 카운터는 일반 탑승수속 카운터와 분리하여 키오스크 셀프체크인을 마친 승객의 수하물만을 접수한다.

▲ 함부르크 공항 Self Bag Drop. 체크인과 수하물 위탁 모두 Self 처리 (passengerselfservice.com)

▲ 키오스크, 웹 체크인 수하물 전용

기타 셀프체크인 용어

- Flight Number - 항공편 이름
- Destination - 목적지
- Check-in - 탑승수속
- Seat Assignment/Selection - 좌석 배정/선택
- Seat Map - 좌석배치도
- Emergency Exit Seat - 비상구 좌석

- Window Seat - 창가 좌석
- Aisle Seat - 복도(통로) 좌석
- Travel Document - 여권(Passport), 비자(VISA) 등

2. 키오스크를 이용한 탑승수속(Kiosk Check-in)

1 이용대상 승객

비행기를 타려는 모든 승객이 키오스크를 이용할 수 있는 것은 아니다. 항공사마다 조금씩 차이는 있지만 키오스크를 이용할 수 있는 승객은 대체로 다음과 같다.

예약승객

해당 항공편에 예약이 확약된 승객만 이용이 가능하고 고쇼(GOSH) 승객은 이용할 수 없다. GOSH란 항공권 구매 여부와 상관없이 예약 없이 공항에 바로 나와 좌석 여유가 있을 경우 탑승하는 승객을 말한다. GOSH라도 공항에서 예약을 한 다음 키오스크를 이용할 수 있을 것이다.

전자항공권(e-Ticket) 승객

종이항공권은 거의 사라졌기에 예약승객은 모두 e-Ticket 소지자로 봐도 된다.

무비자 여행이 가능한 국가로 여행하는 승객

원칙적으로 비자가 필요한 국가로 여행하는 경우 키오스크 셀프체크인을 할 수 없도록 해놓고 있지만(예 미국여권 승객이 중국으로 여행) 우리나라 국적 승객은 중국, 인도 등 몇 개 국가를 제외한 대부분 국가가 무비자 여행이 가능함에 따라 비자로

인한 키오스크 사용이 제한되는 경우는 거의 없다.

최근에는 중국행 승객도 키오스크 수속이 가능하도록 대부분의 항공사들이 프로그램을 개방해놓고 있다.(이 경우에 탑승구에서 키오스크 셀프체크인 승객에 대해 비자를 확인하는 절차를 운영하기도 한다)

미국비자면제프로그램(VWP) 대상 승객

한국, 일본 등 VWP에 가입된 국가 여권을 소지한 승객이 미국행 비행기에 키오스크를 이용하여 수속할 수 있다.

전자여권 소지 승객

키오스크는 Bar Code나 전자칩의 정보를 스캔하므로 당연히 전자여권 또는 MRP(Machine Readable Passport)여야 한다.

여권의 종류와 전자여권 표식

▲ 일반여권 - 관용여권 - 외교관여권　　　▲ 전자여권 표식 로고(세계 공통)

② 이용제한 승객

일반 카운터에서 다음과 같이 직원의 도움이나 확인이 필요한 승객은 키오스크 이용이 제한될 수 있다.

- 유아를 동반한 승객과 항공사의 도움이나 안내를 신청한 승객
- 휠체어서비스 등 특별한 도움이 필요한(요청한) 승객
- 공동운항편(Code share Flight)으로 예약한 승객

③ 키오스크 수속 마감

일반 카운터의 탑승수속 마감시간은 보통 항공기 출발 40분 전에서 60분 전인데, 키오스크에서 수속 마감시간은 모든 항공사가 출발 60분 전으로 정해놓고 있다. 이는 키오스크에서 탑승권을 발급하고 별도의 Bag Drop 카운터에서 수하물을 위탁하는 시간을 감안한 것이다.

④ 체크인 절차(CUSS) - 인천공항의 대한항공 CUSS를 중심으로

키오스크를 찾아간다.

인천공항처럼 CUSS 이용공항에서는 어떤 키오스크를 사용해도 무방하지만 수하물을 승객 스스로 탁송하려면 Self Bag Drop 설비가 가까이 있는 키오스크를 찾는다.

▲ 인천공항 2터미널의 CUSS 키오스크

▲ 인천공항 2터미널의 Self Bag Drop

항공사를 선택하고 기내반입 휴대수하물 제한물품을 확인한다.

- CUSS 이용 항공사 로고와 이름에서 해당 항공사를 선택(터치)한다.
- 기내반입 휴대 제한품목을 확인한다. 일반카운터에서 수속하면 체크인 직원이 승객에게 반드시 질문하고 안내문을 보여주며 확인하는 사항이다. 위험품, 폭발물, 액체류 제한 규정 등에 대한 안내를 숙지하였다는 것을 확인하고 **다음(NEXT) ➡** 버튼을 터치하여야 진행이 된다.
- 공항에 따라 휴대품안내문과 항공사 선택 순서가 다를 수도 있다.

▲ 항공사를 선택하고,

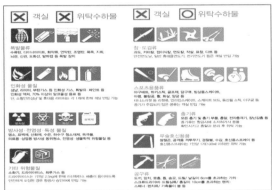

▲ 기내 휴대반입 제한규정을 확인한다.

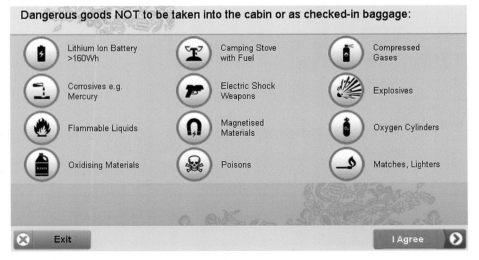

▲ 싱가포르 항공 사례(Singapore Changi 공항의 키오스크 체크인 화면의 위험품 반입 제한 화면)

e-Ticket 및 비자 필요 여부를 확인한다.

- e-Ticket 여부를 묻는 질문은 거의 모든 승객이 e-Ticket임에 따라 사실상 큰 의미가 없는 항목이다.
- Visa 안내문은 승객으로 하여금 여행서류에 대한 중요성을 재확인시키는 목적이 강하다. Visa가 필요한 국가라도 중국으로 가는 한국(일본) 국적 승객은 키오스크 체크인이 가능하다.
- 대부분 항공사는 직원이 직접 확인하고자 하는 비자 필요 국가인 경우 키오스크에서 수속이 되지 않도록 제한해 놓고 있다.

항공편(예약)을 확인한다.

- 예약을 확인하는 방법은 여권, 항공권 구매할 때 사용했던 신용카드, 예약번호, 마일리지 카드, 홈프린팅 탑승권이나 모바일 탑승권의 바코드, e-Ticket 확인서 등을 사용한다.
- 여권을 사용하면 여권정보가 스캔되며, 예약을 확인하면 자동적으로 예약된 항공편이 나타난다.

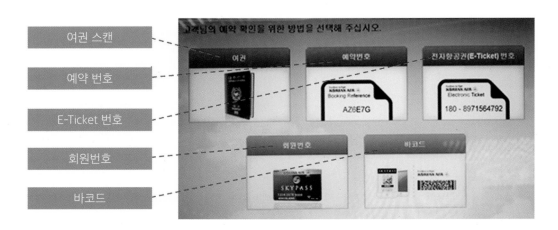

- 여행서류가 유효한지 확인하라는 안내문이 나온다.
- 여행서류의 유효성과 여행서류 미비로 인한 입국거절, 벌과금, 항공료 등의 비용은 원칙적으로 승객 본인의 책임이다.

- 특히 여권의 유효기간은 입국일로부터 6개월 이상(또는 2개월 이상)의 잔여기간을 요구하는 국가(대만, 인도네시아, 중국, 필리핀 등)도 있음에 따라 불확실한 경우 항공사 직원에게 확인하는 것이 바람직하다.

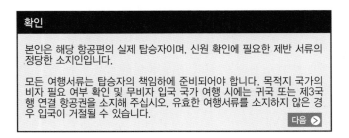

수속대상 승객을 확인하고 선택한다.

- 같이 수속하고자 하는 일행이 나타나면 선택한다.
- 선택한 승객 이름과 아래에 나타나는 항공편명, 출발과 도착지, 출발날짜 등을 확인한다. 마일리지 회원이면 회원정보를 넣을 수도 있지만 대부분 예약할 때 입력이 되어 있다.

승객 이름을 확인하고 예 를 선택하면,

⬇

탑승객 명단과 회원정보, 항공편 정보가 나타난다. 미리 예약해둔 좌석번호 또는 시스템이 배정하는 좌석번호가 함께 표출된다.

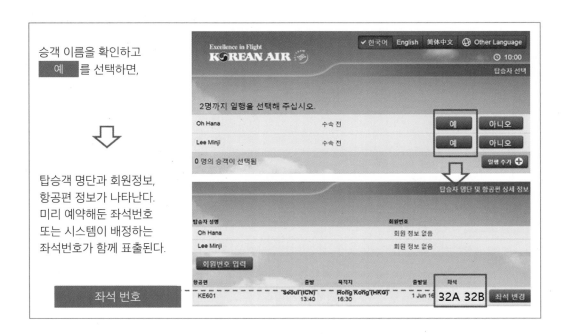

좌석번호를 선택하거나 변경한다.

예약할 때 사전좌석 배정제도(ASP. Advanced Seat Selection)를 이용하여 지정한 좌석이 있거나 키오스크에서 배정한 좌석을 그대로 사용하려면 계속 진행하고, 좌석을 변경하거나 좌석배치도를 확인하고 싶으면 화면의 스크롤바(Bar)를 이용하여 검색한다.

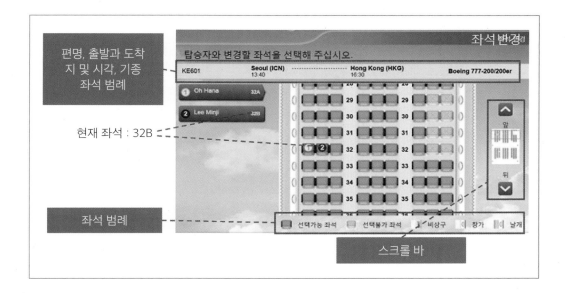

여권을 스캔(Scanning)한다.

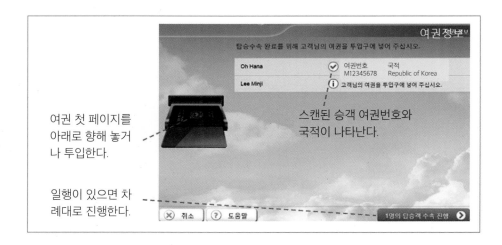

- 여권 첫 페이지(전자여권의 첫 장에 소지자의 생체정보가 담겨 있다고 해서 바이오 페이지라고 한다)를 펴서 여권 투입구에 올린다. 예약할 때 이미 기록된 항공사 CRS의 여권번호, 승객의 이름과 생년월일 등의 기본정보와 대조되어 정보가 다르면 자동적으로 변경된다.
- 여권정보는 출국심사와 목적지 국가(미국 등)에도 전송되어 사전 입국심사 자료로 쓰이게 된다.

탑승권 발급

이상 없이 수속이 완료되면 탑승권이 발급되고 화면에 출발 항공편에 대한 정보(탑승구 번호, 탑승 마감시각 등)가 다시 표출된다. 이 역시 일반카운터에서 수속하면 직원이 탑승권에 동그라미(Circling)하며 강조하여 안내하는 사항이다.

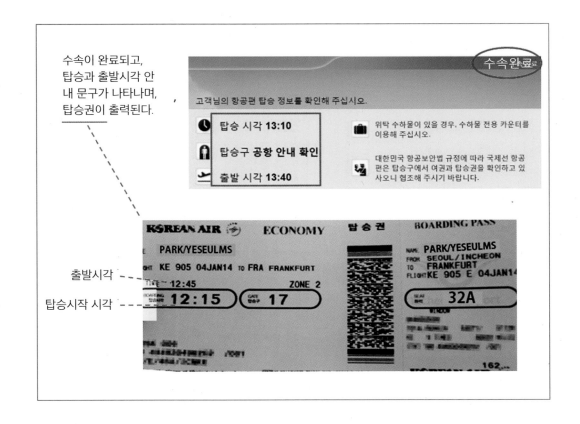

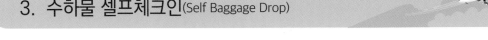

3. 수하물 셀프체크인(Self Baggage Drop)

1 대상승객

키오스크, 웹·모바일을 이용하여 수속을 마치고 탑승권을 소지한 승객

2 Self Bag Drop 기기(인천공항)

❶ 초과요금 지불을 위해 신용카드 투입 및 전자서명
❷ 수하물 위탁 확인증(Baggage Claim Tag) 나오는 곳
❸ Bag Tag 나오는 곳
❹ 탑승권, 여권 스캔

❺ 안내 화면
❻ 수하물 투입구, 투입 후 유리문이 닫힐 때 손이 다치지 않도록 주의한다.
❼ 이름표(Name Tag)를 비롯한 보조 Tag

3 수하물 셀프체크인(Self Bag Drop) 절차

구분		
셀프백드롭 가능한 FBA(Free Baggage Allowance) 규정을 확인한다.	대한항공	수하물 1개(23kg) 추가 수하물 혜택 적용 불가
	아시아나	
	제주항공	수하물 1개(15kg) 추가 수하물 혜택 적용 불가
인천공항 셀프백드롭 운영항공공사 사례→	에어 프랑스	Economy Class : 수하물 1개(23kg) Premium Economy Class : 수하물 2개(23kg) Business & Eligible Customer : 수하물 2개(32kg) 23kg 초과되는 수하물은 'Heavy Tag'을 반드시 붙여야 함 추가 수하물 혜택 적용 불가

구분	
탑승권(모바일, 홈프린팅 탑승권)을 스캔(Scan)한다. 탑승권 바코드부문 스캔	 ▲ 탑승권 스캔
여권을 스캔한다. 바이오 페이지 하단의 여권 정보로 승객 본인임을 확인한다. P<USATRAVELER<<HAPPY<<<<<<<<<<<<<<<<<<< 3400088797USA6707046F1609075910003012<215770	 ▲ 여권 스캔
유리문이 열리면 수하물을 벨트 위에 올린다. (바퀴 달린 가방은 바퀴가 옆으로 향하게 한다)	 바퀴는 바깥쪽이나 안쪽으로 향한다.

구분	
수하물 보안 규정을 읽고 확인 후 **예** 를 누른다. 위험품 반입제한 규정을 읽고 확인 후 **아니오** 를 누른다.	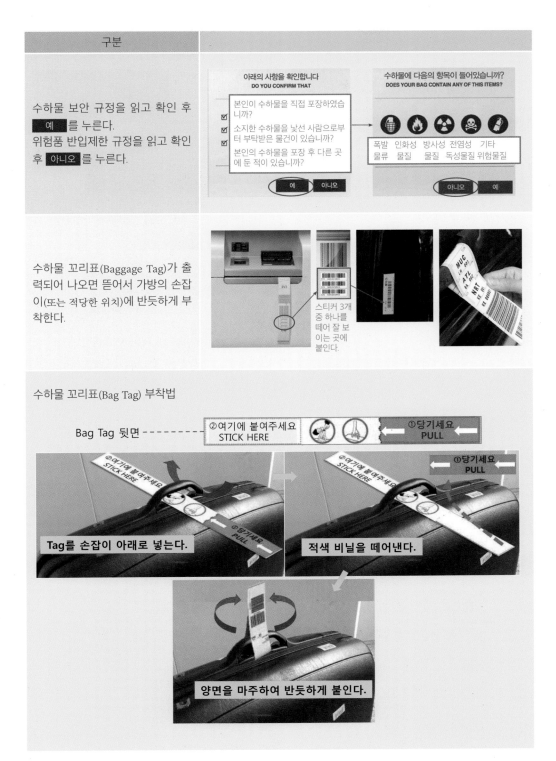

수하물 꼬리표(Baggage Tag)가 출력되어 나오면 뜯어서 가방의 손잡이(또는 적당한 위치)에 반듯하게 부착한다.

스티커 3개 중 하나를 떼어 잘 보이는 곳에 붙인다.

수하물 꼬리표(Bag Tag) 부착법

Bag Tag 뒷면 --------- ②여기에 붙여주세요 STICK HERE ①당기세요 PULL

Tag를 손잡이 아래로 넣는다.

적색 비닐을 떼어낸다.

양면을 마주하여 반듯하게 붙인다.

구분	
안내화면에 Bag Tag 부착과 수하물을 제대로 올려놓았는지 확인하는 질문에 예 를 선택하면 투입구 유리문이 닫히고 불이 들어오면서 Bag Tag 정보가 자동으로 스캔된다. 수하물위탁 확인증(Baggage Claim Tag과 같다)이 출력된다.	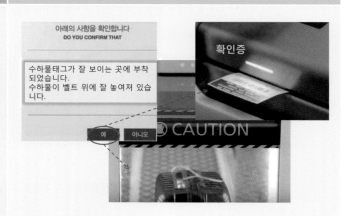

- 수하물이 벨트를 타고 들어가는 것을 확인한 다음 X-ray 보안검색을 마칠 때까지 5분 정도를 대기하였다가 호출방송이 없으면 출국장으로 들어간다. 가방 안에 본인이 미처 알지 못하는 보안위해물품이 있을 경우 수하물 개장검색실에서 직접 확인해야 하기 때문이다.
- 인천공항 2터미널의 경우는 보안위해물품이 발견되면 탑승구에서 확인하도록 되어 있어 이런 과정이 필요 없다.

이미지출처 : 인천공항 홈페이지, SITA Drop&Fly. 갈무리 편집.

4. Web & Mobile Check-in

1 Web/Mobile Check-in 적용 범위 및 기능

❶ 정의 : 홈페이지 및 모바일 접속 가능한 곳에서 고객이 직접 좌석배정 및 탑승권을 발급할 수 있는 서비스

❷ 이용 및 취소 가능 시간
- 출발시각 48시간 ~ 1시간전

❸ 이용 조건

- 정기편 전 노선
- 출발편 또는 연결편의 예약 확약 및 E-ticket 구매 완료
- 인천공항 출발 전 노선 웹/모바일 체크인 후 탑승권 발급

(미국의 경우 한국국적 ESTA 취득 승객 또는 비자 필요없는 국적은 탑승권 발급 가능)

2 웹 체크인 적용대상

키오스크 체크인을 하기 위해서는 CUSS에 가입하든지 자체 장비를 설치해야 하는 데 비해, 웹 체크인은 항공사 시스템 개발만으로 가능함에 따라 키오스크 보다 폭넓게 적용할 수 있다.

공항에서 실물 탑승권과 교환이 필요한 경우는 크게 다음 3가지 종류이다.

- 공항 보안 규정이 홈프린팅 탑승권이나 모바일 탑승권을 인정하지 않는 경우
- 유아동반 승객 또는 공항에서 특수 서비스를 신청한 승객 등
- 목적지 국가의 비자가 필요한 승객

웹 체크인이 제한되는 승객은 키오스크 체크인 제한 승객과 거의 유사하며, 위탁수하물이 있는 승객은 공항에서 Self Bag Drop 절차와 동일한 탁송 절차를 밟는다.

3 웹 체크인 절차 (대한항공)

홈페이지 하단의 '체크인'을 클릭한다.

예약번호(또는 항공권번호)와 출발날짜, 성과 이름을 각각 입력한다.

화면에 표출된 항공편 정보를 확인하고 맞으면 체크인을 클릭한다.

가는 여정

| 일요일, 1월 24일
대한항공
항공편 KE603
B777-200ER | 출발 서울/인천(ICN)
시각
08:25
1월 24일 | 터미널 | 도착 홍콩[香港](HKG)
시각
11:20
1월 24일 | 터미널
1 | 체크인 |

탑승객 정보

탑승객 성명	회원번호	항공편명	좌석번호
성인 KIM DAEHAN	입력하기	KE603	
성인 KIM HANGGONG	입력하기	KE603	

체크인할 승객의 이름 옆의 네모 칸을 체크하고 계속 을 클릭한다.

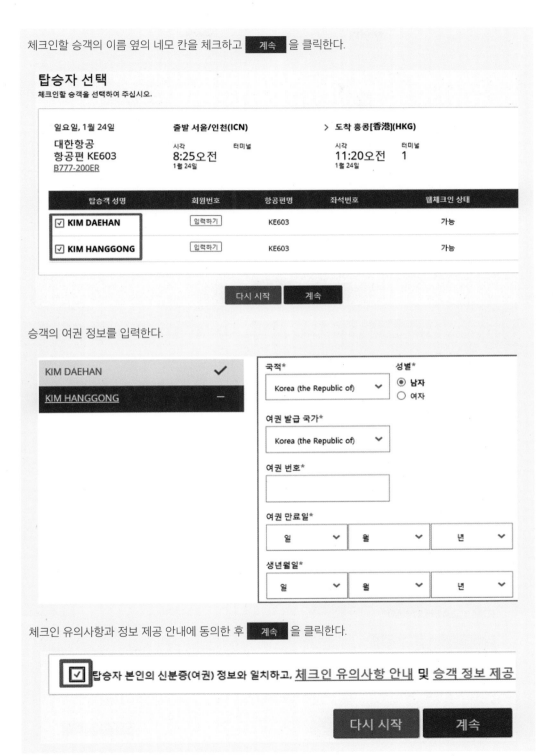

승객의 여권 정보를 입력한다.

체크인 유의사항과 정보 제공 안내에 동의한 후 계속 을 클릭한다.

수속 시점에 선택 가능한 좌석을 선택한다.

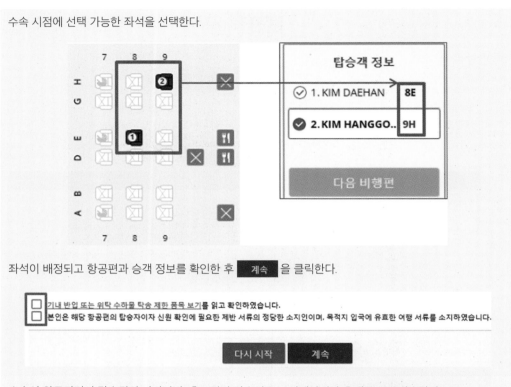

좌석이 배정되고 항공편과 승객 정보를 확인한 후 　계속　 을 클릭한다.

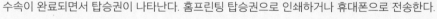

수속이 완료되면서 탑승권이 나타난다. 홈프린팅 탑승권으로 인쇄하거나 휴대폰으로 전송한다.

④ 주요 항공사의 모바일 앱·화면과 탑승권 예시

홈페이지의 웹 체크인과 더불어 대부분 항공사들이 모바일 기기를 이용한 체
크인 프로그램을 적용하고 있고 체크인 절차도 거의 유사하다. 모바일을 통한
예약과 판매 채널이 증가함에 따라 항공사들은 승객들이 보다 쉽고 편리하게 모
바일 체크인을 이용할 수 있도록 사용자 편의와 경험 환경을 구축하려는 노력을
끊임없이 하고 있다.

보편적 모바일 체크인 절차

항공사 모바일 app. 다운로드 → 체크인 메뉴 선택 → 회원번호(예약번호, 항공권번호) 입력 → 좌석선택(변경) → 탑승권 전송(저장)

American Airlines(AA) 모바일 탑승권

탑승시각까지 남은 시간(6시간 21분)과 운항 예정 상태(On time)를 보여준다.

British Airways(BA) 애플워치 탑승권

운항(On time) 및 Gate 현황(Boarding)을 나타낸다.

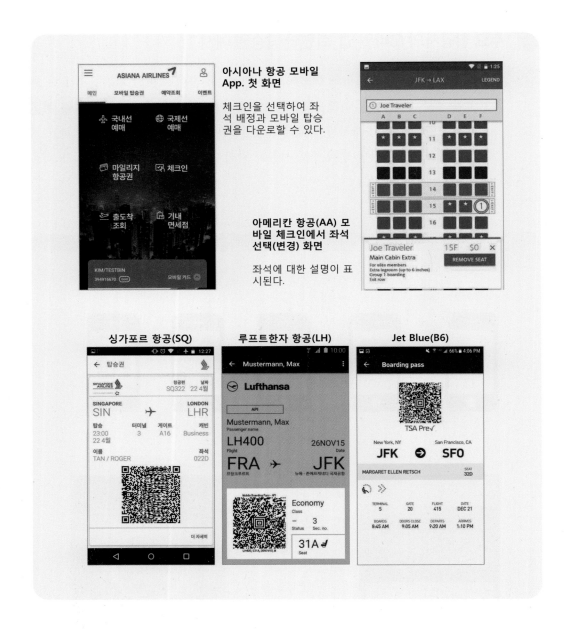

아시아나 항공 모바일
App. 첫 화면

체크인을 선택하여 좌
석 배정과 모바일 탑승
권을 다운로할 수 있다.

아메리칸 항공(AA) 모
바일 체크인에서 좌석
선택(변경) 화면

좌석에 대한 설명이 표
시된다.

싱가포르 항공(SQ)   루프트한자 항공(LH)   Jet Blue(B6)

5 공항에서의 웹 체크인 활용

홈프린팅 탑승권 또는 모바일 탑승권으로 실물 탑승권과 동일하게 사용할 수

있다.(인천, 김포 등 셀프체크인 탑승권을 허용하는 공항)

탑승권 예시

▲ 국내선 홈프린팅 탑승권(왼쪽)과 모바일 탑승권 샘플

보안검색 진입과 탑승

　　보안요원에게 홈프린팅 탑승권 또는 모바일 탑승권을 보여주고 여권을 스캔하면 실물 탑승권과 동일하게 인정된다.

　　탑승구에서는 QR코드 부분을 탑승구의 BGR(Boarding Gate Reader) 기기에 스캔한다.

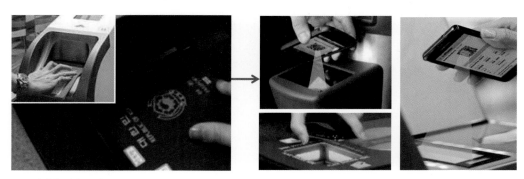

▲ 보안검색 여권 스캔　　　　　　　　▲ 탑승구(Boarding Gate)

항공운송실무

미국 호놀룰루 공항의 셀프 체크인 서비스

QUIZ

01 IATA에서 추진하고 있는 Fast Travel의 6개 분야가 아닌 것은?

① 셀프체크인(Self Check-in)
② 자동출입국심사(Smart Entry Service)
③ 셀프보딩(Self Boarding)
④ 셀프예약조정(Flight Re-booking)
⑤ 수하물사고 셀프신고(Bag Recovery)

02 셀프체크인에 대한 아래 설명 중 올바른 것은?

① 셀프체크인이란 공항에서 승객이 키오스크를 이용하여 직원의 도움 없이 좌석 배정을 스스로 수행하는 것만을 말한다.
② 비자가 필요한 국가로 여행하는 승객은 셀프체크인을 할 수 없다.
③ 미국 ESTA도 일종의 전자비자이므로 셀프체크인을 할 수 없으며, 직원 카운터로 가서 수속하게 된다.
④ 전자여권이 아닌 여권은 키오스크에서 셀프체크인을 할 수 없다.
⑤ 예약대기 승객은 키오스크에서 수속을 한 후 탑승구에서 대기할 수 있다.

03 키오스크 수속을 위해 예약을 확인하는 방법에 대한 설명이다. 괄호 안을 적절한 단어로 채우시오.

키오스크 수속을 위해 예약을 확인하는 방법으로 (   ), (항공권 구매할 때 사용했던 신용카드), (   ), (마일리지 카드), 홈프린팅 탑승권이나 모바일 탑승권의 바코드, (   ) 등을 사용한다.

9

출국
Departure

Departure

탑승권을 받고, 수하물을 모두 부친 한올과 가족들이
비행기를 타기 위해 출국장 안으로 들어간다. 혼잡한
보안검색을 거치고 출국심사를 무사히 마친 다음
출발대합실로 들어가니 승객들이 비행기에 탑승하기 위해
길게 늘어선 탑승구와 한 층 위로는 First Class Lounge가
보인다.

출발업무는 승객이 탑승수속 후에 출국(국내선의 경우 출발)함에 있어 보안검색과 세관신고, 그리고 출국심사를 거쳐 항공기에 탑승하는 과정에서 발생하는 일련의 절차와 대고객서비스 업무를 의미한다.

여기에는 라운지 서비스 및 항공기 출발 전후 공항당국에 제출되어야 하는 각종 출항신고 절차와 사후 조치업무가 포함된다.

1. 세관 신고(Customs)

우리나라 국제공항에는 보안검색대 전방에 세관 신고 카운터가 있다. 대부분의 승객은 세관 신고를 할 필요가 없어 출국 세관 신고 카운터가 있는지조차 모르지만 이곳을 반드시 거쳐야 하는 승객도 존재한다.

1 휴대물품 반출 신고

일시 출국하는 여행자가 휴대하여 반출하였다가 입국 시 재반입할 보석, 고가의 시계 등 귀중품 및 관계 법령에 따라 국외로 반출이 제한되는 물품 등은 미리 출국지 세관장에게 관세청 홈페이지를 통해 사전 신고하거나 출국 시 신고하여 휴대물품 반출신고(확인)서를 발급받아야 한다.

입국할 때 동 휴대물품 반출신고(확인)서를 세관에 제출해야만 해당 물품의 관세를 면세받을 수 있다.

> 근거
> 여행자 및 승무원 휴대품 통관에 관한 고시 제 53조, 제 54조 등

재반입물품 신고대상

- 일시 출국하는 여행자가 출국 시 휴대하여 반출하였다가 입국 시 재반입할 귀중품 및 고가의 물품
- 관계 법령에 따라 국외로 반출을 제한하는 물품
- 해외 수출 전담 및 전시 등을 위하여 여행자가 휴대하여 반출하는 견본품으로 세관장이 타당하다고 인정하는 물품

세관 신고 절차

- 여권과 탑승권으로 신원확인을 마치고 보안검색장 입구의 세관출국신고대에서 세관직원에게 여권과 신고할 물품을 보여주고 확인증(휴대물품 반출신고서)을 받는다. 차후 귀국 시 이 확인증을 입국 시 입국세관 직원에게 물품과 함께 제출하면 된다.

- 휴대물품 반출 신고 절차 : 기내로 가지고 가지 않고 수하물로 탁송하는 경우 기탁물품으로 처리한다. 기탁 물품은 승객이 체크인 카운터에서 탑승수속 시 기탁물품(수하물)에 Baggage Tag을 부착한 후 신고 장소(인천공항의 경우 대형 수하물 부치는 곳-OOG counter)으로 가지고 가서 기탁물품을 제시하며 휴대물품 반출신고서를 작성한 후 제출한다. 한 번 신고한 동일한 물품은 재 출국 시 세관 신고 절차가 생략된다.

휴대물품반출신고(확인)서
Declaration(Confirmation) Form of Carried-out Personal Effects

[유의사항]
1. 미화 400불 이상의 가치가 있는 물품을 출국시 휴대였다가 재반입할 경우에는 본 신고서를 작성하여 세관장에게 제출하여야 하며, 휴대반출신고한 물품의 제조번호가 세관에 전산등록된 경우에는 2차부터 세관신고절차를 생략할 수 있습니다.
2. 세관에 기 신고된 물품이 아닌 새로운 물품을 휴대반출할 경우에는 반드시 세관장에게 신고하여야 합니다.
3. 제조번호가 등록되지 않은 물품에 대해서는 출국시마다 본 신고서를 작성하여 세관장에게 신고하여야 하며, 재반입하는 때에 관세를 면제받을 수 있는 근거가 되는 것이므로 소중히 보관하시기 바랍니다.
4. 본 신고서를 허위로 작성하여 신고하면 조사를 받게 되며, 조사결과에 따라 처벌 받을 수 있습니다.

[Attention]
1. If you intend to carry out of the nation personal effects whose value exceeds US$400 and bring them back in after traveling, you should submit the declaration(confirmation) form to the Customs. In the case that the manufacture number (product serial no.) of the personal effects has been already registered with the Customs or the personal effects with a Customs tag attached are repeatedly carried out of and back into the nation, you do not have to make a repeated declaration for the same item after the initial declaration.
2. In the case of new personal effects which have not been declared to the Customs, make sure to declare the items to the Customs.
3. In the case of an item whose manufacture number(product serial no.)has not been registered with the customs or which does not have a Customs tag on it, you should fill in this declaration form and submit it to the Customs. This declaration form provides and important ground for duty exemption when you bring the items back into the nation, so make sure to keep this form carefully.
4. Any falsification in the declaration is subject to an investigation, and you may be punished according to its result.

No :

품 명 Item	규 격 Description	수량 또는 중량 Quantity or Weight
남자은 손목시계 (롤렉스)	Serial no. 12345678	1개
반지	Dia.,백금 1c/c (5.945g)	1개

위와 같이 반출함을 신고(확인)합니다.
I hereby submit a declaration(confirmation) form of the above listed goods.

2017년 5월 20 일
Date : Day Month Year

신고자 성명 : 홍길동 (서명) 국 적 : 대한민국
Declarant's Name (Signature) Nationality :

주민등록번호 : 801010 - 1000000 (주민등록번호가 없는 경우 여권번호)
Residence Registration No. M12345467 (Passport No. If Registration No is not available)

세관기재사항(For Customs Use Only)
반출확인자 : 세관
Confirmed by : Customs house
Rank Signature
ALL GOODS EXAMINED
반출 확인

▲ 관세청

2 일시 반입물품 재반출 신고

일시 입국하는 여객 중에 고가 귀중품 등 휴대 반입물품을 재반출하는 경우, 입국 시 세관에서 발급한 '재반출조건 일시 반입 물품확인서'와 반입물품을 세관에 제시하여야 한다.

신고한 물품을 분실하였거나, 휴대하여 출국하지 않으면 해당 세금을 납부하거나 세액의 120/100에 해당하는 담보금을 예치해야 출국이 가능하다.

3 외환 신고

- 외환 신고 대상 : 미화 1만불 이상의 현금 등의 지급수단을 소지하고 출국하는 경우 외환소지 신고를 한다.
- 한화 및 각종 외환이 포함되며 현금 및 수표, 유가증권 등 각종 지급수단을 모두 포함하여 환산한다.
- 신고 등을 하지 않고 외화 등을 수출입하는 경우, 처벌 받을 수 있으며 금액에 따라 처벌 수위가 가중된다.
- 인천세관 사이트 참조 : https://www.customs.go.kr/incheon/cm/cntnts/cntntsView.do?mi=10785&cntntsId=5481#

2. 보안검색(Security)

공항의 보안검색은 승객, 항공기, 시설물의 안전을 저해하는 행위에 사용될 수 있는 무기, 폭발물, 위험물을 탐지하기 위한 일련의 활동을 의미한다. 항공보안법 제15조 규정에 따라 항공기에 탑승하는 모든 승객과 항공기에 탑재되는 모든 물품에 대해 보안검색이 실시된다.

 항공보안법 제15조(승객 등의 검색 등)

공항운영자(인천공항공사, 한국공항공사)는 항공기에 탑승하는 사람, 휴대물품 및 위탁수하물에 대한 보안검색을 하고, 항공운송사업자(항공사)는 화물에 대한 보안검색을 하여야 한다. 다만, 관할 국가경찰관서의 장은 범죄의 수사 및 공공의 위험예방을 위하여 필요한 경우 보안검색에 대하여 필요한 조치를 요구할 수 있고, 공항운영자나 항공운송사업자는 정당한 사유 없이 그 요구를 거절할 수 없다.

1 보안검색 수행의 주체

- 인천공항의 경우 공항운영자인 인천공항공사에서 수행하며, 인천국제공항경찰대의 지휘, 감독을 받는다.
- 김포공항 및 국내 각 공항은 공항을 운용하는 한국공항공사에서 수행하며, 김포공항경찰대를 포함한 각 공항경찰대의 지휘, 감독을 받는다.

2 보안검색 업무의 내용

인원에 대한 검색

- 항공기에 탑승하는 모든 승객에 대해 해당 항공사는 보안검색기관에 승객의 성명, 국적, 여권번호 등의 보안 정보를 제공해야 한다.
- 보안검색기관은 승객이 보안지역(출국장, 국내선의 경우 출발장) 진입 시 승객의 신체 및 휴대품에 대해 보안검색을 실시한다.

휴대품에 대한 검색

항공기 위탁 금지 품목(휴대수하물 및 위탁수하물 운송 금지)

- 페인트, 라이터용 연료와 같은 발화성·인화성 물질
- 산소캔, 부탄가스캔 등 고압가스 용기
- 총기, 폭죽 등 무기 및 폭발물류
- 리튬배터리 장착 전동휠(외발 전동휠, 두 발 전동휠, 전동 보드, 전동 킥보드 등과 같은 전동휠은 장착된 리튬배터리의 화재 위험성으로 인해 위탁 또는 휴대수하물로의 운송 금지)
- 기타 탑승객 및 항공기에 위험을 줄 가능성이 있는 품목

기내 휴대 가능 품목

정해진 규격에 따라 소량에 한해 기내로 반입할 수 있는 제한적 기내 반입 가능 품목으로 다음과 같은 것들이 있다.

- 소량의 개인용 화장품 : 개별 용기당 100mL 이하로 1인당 총 1L 용량의 비닐 지퍼백 1개에 넣어야 한다.
- 여행 중 필요한 개인용 의약품, 어린이용 이유식 : 의사의 처방전 등 관련 증명서를 제시하고(의약품) 보안검색요원이 적정하다고 판단하는 경우 비행 중 필요한 용량에 한해 기내 반입 가능하다.
- 1개 이하의 라이터 및 성냥 : 출발지 국가 규정에 따라 상이할 수 있으며, 중국 출발편의 경우 운송이 허용되지 않는다.
- 항공사의 승인을 받은 의료 용품
- 1인당 2.5kg 이내의 드라이아이스

기내 휴대 제한(반입 금지) 품목

- 기내 반입 금지 품목(SRI, Security Removed Items)은 항공기 안전운항 및 여객의 생명과 재산을 보호하기 위하여 비행기에 탑승하는 모든 승객이 휴대하는 물품 중 휴대 또는 탑재가 금지되는 물품을 말한다.
- 기내 반입 금지 품목의 검색을 위해 보안검색기관은 금속탐지기, X-Ray, 폭발

물 탐지기 및 검색원에 의한 육안, 촉수검색을 실시한다.

• 기내 반입 금지 품목의 실례

 - 가위, 면도날, 얼음송곳, 드라이버 등 무기로 사용 가능한 물품, 모형무기 또
   는 폭발물 포함(단, 라이타는 1개만 소지 가능하나 위탁수하물로는 불가함)

 - 폭발성·연소성이 높은 물품 : 가스, 유류, 페인트, 스프레이, 라커 등 인화성
   물질

 - 총포류·도검류 등 위험물품 : 총기 및 실탄류(사냥 및 레저용, 장난감 모형 총기 포함), 활,
   화살, 도검, 도끼 및 흉기로 사용될 수 있는 연장, 도구 등 물품

 - 국제선의 경우 추가 반입 금지 사항
   용기당 100mL 이하의 액체류 반입 가
   능하다. 단, 100mL를 초과하는 용기는
   액체류가 소량만 담겨 있는 경우라도
   반입이 불가하다.
   승객은 용기당 100mL이하 액체류를
   1L 이하의 투명한 플라스틱제 지퍼락(Zipper Lock) 봉투(사이즈 약 20cm×약20cm)에 지

퍼가 완전히 잠길 수 있어야 반입이 가능하며, 승객 1인당 지퍼락 봉투 1개로 제한된다.

- 공항 면세점에서 구매한 술, 향수 등의 액체 면세품의 경우, Security Tamper-Evident Bag에 밀봉된 경우에 한하여 기내에 휴대 가능하다.

그러나 다른 나라로 환승하는 경우, 밀봉되어 있다 하더라도 해당 국가 규정에 따라 압수될 수 있으므로, 환승국가의 규정을 반드시 확인하여야 한다.

▲ Security Tamper-Evident Bag

3. 출국 심사(Immigration)

출국하려는 국민에 대하여 여권 등의 유효 여부를 확인하여 국민의 무사한 여행을 지원하며, 위·변조여권 소지자 등 불법출국 시도자와 출국금지자의 출국을 저지한다.

1 출국 심사

출입국관리업무

한국을 출국하거나 외국에서 입국하는 사람에 대한 출·입국심사, 비자 등에 관한 업무를 담당하며, 대한민국에서는 법무부의 출입국·외국인정책본부 산하 출입국관리사무소에서 내·외국인의 출입국 업무를 총괄한다.

출입국 자격 심사의 목적

출국하려는 대한민국 국민에 대해 여권의 유효, 본인 명의, 위·변조 여권 여부, 출국금지 여부 등을 심사하여 국민의 원만한 해외여행을 지원하는 업무를 한다.

대한민국 국민의 일반적 출국요건

- 유효한 여권의 소지
- 방문국 입국에 필요한 비자 등 서류의 소지
- 법률에 의해 출국이 금지되지 않은 사람
- 병역법규에 의한 출국의 제한이 없는 사람

> 병역의무자로서 허가대상자가 국외여행을 하고자 할 때에는 지방병무청장의 국외여행허가를 받아야 하며, 국외여행허가를 받은 사람이 허가기간 내에 귀국하기 어려운 때에는 허가기간만료 15일 전까지, 24세 이전에 출국한 사람은 25세가 되는 해의 1월 15일까지 국외여행(기간연장) 허가를 받아야 한다.

② 자동출입국심사서비스

개요

사전에 지문과 얼굴 정보를 등록한 후 본인이 직접 여권과 지문을 자동출입국심사대에 인식시켜 본인 여부를 확인하는 첨단 출입국심사시스템으로, 2008년 6월 인천공항에서 처음 시작되었다. 출입국 전 과정에서 출입국 심사관과의 대면 인터뷰 없이 무인 Kiosk에서 출입국 심사를 받을 수 있으며, 현재는 주민등록이 되어 있는 만 19세 이상의 대한민국 국민이면 사전등록 없이도 이용할 수 있다.

이용대상

대한민국 국민

주민등록이 된 7세 이상의 국민_(단, 7세 이상 14세 미만 아동은 법정대리인의 동의를 받아 등록 가능하다)

외국인

- 17세 이상 모든 등록외국인
- 한국방문우대카드소지자
- 복수상륙허가를 받은 외국인승무원
- 우리나라와 상호 자동출입국심사 협정을 맺은 국가의 국민(미국, 홍콩, 마카오 등)

이용절차

01	02	03	04	05
사전등록	자동심사대	지문 인식	안면 인식	입국·출국
지문 및 얼굴정보	여권판독			심사완료

여권판독
여권의 인적사항면을
판독기에 올려놓으세요.

자동문이 열리면
게이트 안으로
들어가세요.

지문 인식
등록한 손가락을
지문 인식에 올려놓으세요.
등록된 손가락이
화면에 표출

안면 인식
안면 인식을 위해
카메라를 봐주세요.
게이트 기종에 따라
이 절차는 생략

입국·출국
자동문이 열리면
게이트 밖으로 나가세요.

4. 검역(Quarantine)

출국 전에 해당하는 승객들에 대해 예방접종카드 여부에 대한 확인 및 동식물의 검역 절차이다.

1 여행자 검역

아프리카 및 중남미의 황열 감염 위험지역으로 여행하고자 하는 경우에는 출국 10일

출처 : 질병관리본부

전에 황열예방접종을 받고 국제공인예방접종 증명서를 휴대한다.

아프리카, 중남미, 동남아 등 콜레라 위험지역의 경우 고위험지역 여행자들이나 장기 체류자들에게는 경구용 콜레라 백신이 권유된다.

2 동식물 검역

애완동물과 함께 출국할 경우 도착지 국가에서 요구하는 검역 증명서(건강진단서, 광견병 예방접종 증명서 등)를 사전에 확인한 후, 공항 내 동식물 수출 검역실로 검역 신청을 하면, 검사 후 증명서를 발급받을 수 있다.

모든 식물류는 도착지 국가의 수입 가능 여부와 식물 검역 증명서 요구를 사전 확인 후, 출발 당일 검사대상물품을 가지고 공항 내 동식물 수출 검역실에서 증명서를 발급받을 수 있다.

5. 라운지(Lounge)

　대형 항공사(FSC : Full Service Carrier) 자사를 이용하는 퍼스트, 비즈니스 탑승 승객 및 자사의 우수회원을 위한 라운지를 운용한다. 항공사 라운지는 통상 출국장 내부(Air side)에 있으나, 사정에 따라 출국장 이전(Land side)에 두기도 한다. 항공사가 아닌 회사(신용카드 회사, 라운지 서비스 전문회사 등)가 운영하는 라운지도 있는데 사용료를 받거나 신용카드 일정 등급 이상의 고객들에게만 개방한다.

　항공사 라운지는 상위 클래스 고객을 유인하는 주요한 판매수단이자 공항 서비스를 측정하는 척도가 됨에 따라 항공사 자체 라운지를 운영하기도 하고 항공 동맹체와 연합하여 공동으로 운영하기도 한다.

　대한항공의 경우 전 세계 15개 공항에서 자체 라운지를 가지고 있고 대한항공이 소속된 항공동맹체인 스카이팀은 전 세계적으로 600여 개의 라운지를 운영하고 있다. 아시아나항공이 소속된 스타얼라이언스는 전 세계적으로 1,000개 정도의 라운지를 운용하고 있다.

▲ 영국 런던 히드로 공항의 SkyTeam 라운지

1 이용 대상 승객

일등석 라운지(First Class Lounge)

항공사 일등석 탑승객이 입장 가능하며, 항공사동맹체의 최상위급 우수회원에게도 개방된다.

▲ 인천공항 대한항공의 일등석 라운지

비즈니스석 라운지(Business Class Lounge)

항공사 비즈니스석 탑승객, 동맹체 우수회원, 항공사 우수회원이 입장 가능하다.

2 항공사 라운지의 서비스

▲ 인천공항 대한항공의 비즈니스석 라운지

- 음료, Snack, 간단한 식사류
- 일부 항공사의 경우 라운지에 조리사를 상주, 즉석 요리 서비스
- 바텐더가 직접 칵테일 제조
- 무료 인터넷, 무료 시내전화, Work Space
- 다양한 잡지 및 신문, 독서물
- 샤워실, 마사지실, 미용실 등
- 장시간 대기 승객을 위한 수면실

▲ 홍콩공항 케세이퍼시픽 라운지

▲ 영국 런던 히드로 공항 SkyTeam 라운지 Spa

6. 항공기 탑승(Boarding)

1 출국장

　　세관신고-보안검색-출입국심사를 마친 승객은 출국장에 입장을 하게 된다. 출국장은 면세지역으로 이곳에서 거래되는 물품은 한국 내에서 적용되는 관세나 부가가치세(소비세)가 부과되지 않는다. 승객은 한국에서 출국은 하였지만 목적지 국가에 입국은 하지 않은 상황으로, 만약 개인적인 사유나 항공기 운항 등의 문제로 여행을 취소하게 되면 출국심사 취소 또는 재입국절차를 거쳐야 한다.

　　출국장 내부에는 항공기 탑승을 위한 탑승구(Boarding Gate)와 여객의 편의를 도모하기 위한 면세점, 식당, 휴게시설, 통과여객을 위한 호텔, 관광안내 등의 문화시설과 항공사 라운지가 있다.

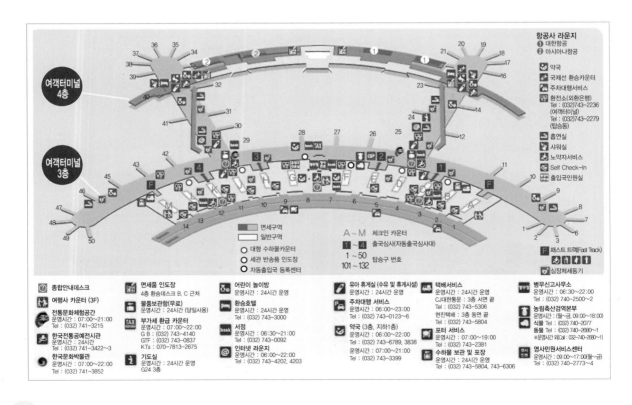

항공사 라운지
❶ 대한항공
❷ 아시아나항공

✚ 약국
🔄 국제선 환승카운터
🅿 주차대행서비스
💱 환전소(외환은행)
　Tel : (032)743-2236 (여객터미널)
　Tel : (032)743-2279 (탑승동)
🚬 흡연실
🚿 샤워실
♿ 노약자서비스
✅ Self Check-In
🏛 출입국민원실

여객터미널 4층

여객터미널 3층

■ 면세구역
□ 일반구역

○ 대형 수하물카운터
● 세관 반송품 인도장
○ 자동입국 등록센터

A ~ M　체크인 카운터
1 ~ 4　출국심사(자동출국심사대)
1 ~ 50　탑승구 번호
101 ~ 132

F 패스트 트랙(Fast Track)
심장제세동기

🛈 종합안내데스크
여행사 카운터 (3F)

전통문화체험공간
운영시간 : 07:00~21:00
Tel : (032) 741-3215

한국전통예전시관
운영시간 : 24시간
Tel : (032) 741-3422~3

한국문화박물관
운영시간 : 07:00~22:00
Tel : (032) 741-3852

면세품 인도장
4층 환승데스크 B, C 근처

물품보관함(무료)
운영시간 : 24시간 (당일사용)

부가세 환급 카운터
운영시간 : 07:00~22:00
G B : (032) 743-4140
GTF : (032) 743-0837
KTs : 070-7813-2675

기도실
운영시간 : 24시간 운영
G24 3층

어린이 놀이방
운영시간 : 24시간 운영

환승호텔
운영시간 : 24시간 운영
Tel : (032) 743-3000

서점
운영시간 : 06:30~21:00
Tel : (032) 743-0092

인터넷 라운지
운영시간 : 06:00~22:00
Tel : (032) 743-4202, 4203

유아 휴게실 (수유 및 휴게시설)
운영시간 : 24시간 운영

주차대행 서비스
운영시간 : 06:00~23:00
Tel : (032) 743-0123~6

약국 (3층, 지하1층)
운영시간 : 06:00~22:00
운영시간 : 07:00~21:00
Tel : (032) 743-3399

택배서비스
운영시간 : 24시간 운영
CJ대한통운 : 3층 서면 끝
Tel : (032) 743-5306
현진택배 : 3층 동면 끝
Tel : (032) 743-5804

포터 서비스
운영시간 : 07:00~19:00
Tel : (032) 743-2381

수하물 보관 및 포장
운영시간 : 24시간 운영
Tel : (032) 743-5804, 743-6306

병무신고사무소
운영시간 : 06:30~22:00
Tel : (032) 740-2500~2

농림축산검역본부
운영시간 : (월~금, 09:00~18:00)
식물 Tel : (032) 740-2077
동물 Tel : (032) 740-2680~1
※운영시간 외Cal : 032-740-2680~1

영사민원서비스센터
운영시간 : 09:00~17:00(월~금)
Tel : (032) 740-2773~4

② 탑승 절차

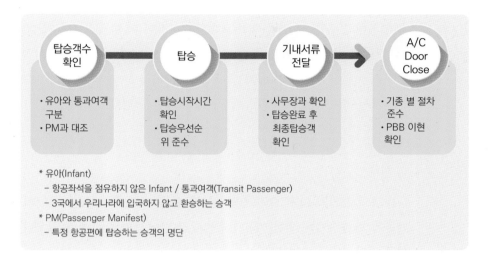

* 유아(Infant)
  – 항공좌석을 점유하지 않은 Infant / 통과여객(Transit Passenger)
  – 3국에서 우리나라에 입국하지 않고 환승하는 승객
* PM(Passenger Manifest)
  – 특정 항공편에 탑승하는 승객의 명단

탑승 시작시간

- 항공기 탑승시간은 목적지, 항공기 기종, 항공사마다 서로 다르다.
- 탑승시간은 탑승구 번호와 함께 탑승권에 가장 잘 보이도록 표시되어 있다.

- 우리나라 항공사들은 대체로 국내선은 항공기 출발 20분 전 시작, 출발 5분 전 마감되며, 국제선은 항공기 출발 30분 전 시작, 출발 10분 전 마감된다. 그 러나 미국 등 노선에 따라 항공기 탑승시간이 더 빨라질 수도 있다.
- 대한민국 항공보안법 규정에 따라 국제선 전 노선 탑승구 앞에서 여권과 탑승 권을 이용한 신원확인 절차를 받게 되며, 미국 등 일부 국가 노선의 경우 탑승 구에서 별도의 보안검색이 이루어지는 경우도 있다.

탑승 우선순위(Boarding Priority)

승객의 편의와 안전, 항공기의 정시운항을 위해 항공사는 자체적으로 승객의 항공기 탑승 우선순위를 가지고 있다. 각 항공사별로 차이가 있으나 대체로 다 음과 같은 순서를 따른다.

- Stretcher를 이용하는 환자 또는 호송이 필요한 범죄자 등 일반 승객에 앞 서 기내 탑승이 필요한 승객
- 휠체어 이용 승객, 비동반 소아(UM, Unaccompanied Minor) 등 항공사 직원의 도움 이 필요한 승객
- 유소아 동반 승객 및 연로한 승객
- 일등석, 비즈니스석, 마일리지 우수회원 등 항공사에서 정하는 우선 승객(2, 3, 4순위 승객은 탑승 진행 중 승객이 원하는 때에 우선 탑승할 수 있다)
- 일반석 승객 중 뒤쪽 좌석을 배정받은 승객
- 일반석 승객 중 앞쪽 좌석을 배정받은 승객
- 비즈니스 및 일등석 승객은 탑승 시작 후에는 언제나 탑승할 수 있다.

🔄 코로나 팬데믹으로 인한 탑승 순서 변화

많은 항공사들이 코로나19 상황에 따른 거리두기 일환으로 일반석의 경우 항공기 후방 좌석부터 일정 구간 별로 Zone을 나누고 Zone 별로 탑승을 유도한다. 대한항공의 경우 Zone 1부터 순차적으로 탑승을 안내하고 있으며, 승객이 자신의 Zone을 알아보기 쉽게 탑승권에 표기하고 있다.

이러한 탑승 우선순위는 절대적이지 않고 승객 상황, 지점/탑승구 상황에 맞게 가변적으로 조정 운영된다.

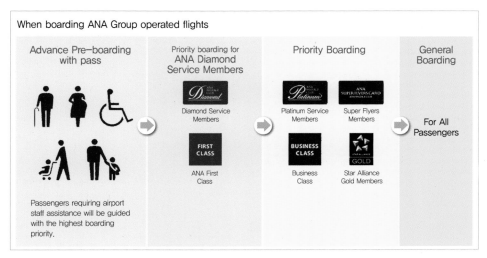

▲ 탑승 우선순위 안내 예시(출처 : ANA 항공)

탑승구 수하물(Gate Baggage) 처리

승객이 사용한 유모차, 휠체어 및 승객의 휴대수하물 중 기내 반입 규격을 초과하는 수하물을 탑승구에서 수거하여 별도의 수하물 꼬리표(Baggage Tag)를 부착한 다음 항공기에 탑재될 수 있도록 한다.

탑승 마감시간

- 국내선은 항공기 출발 30~20분 전 시작, 출발 5분 전 마감한다.
- 국제선은 항공기 출발 50~30분 전 시작, 출발 5~15분 전 마감한다.
- 마감시간 이후에 탑승구에 도착한 승객은 탑승이 거절될 수 있다.

탑승 시 보안 재검색

각 국가의 항공보안 규정에 따라 탑승구 앞에서 여권과 탑승권을 이용한 신원확인 절차를 시행한다. 승객은 국제선 항공편 탑승 시, 신원확인을 위한 탑승권과 여권을 제시하여 확인을 받고, 항공기 탑승 시 승무원에게 좌석 확인 및 안내를 받는다.

7. 항공기 출국(출항) 신고

① 항공기 출발을 위한 제반 서류

항공기 출항 전후 신고 및 탑재되어야 할 기내 전달서류를 확인하고 준비한다.

GD(General Declaration)

항공편의 일반적인 사항을 기록하는 서류로 국제적으로 통일된 양식을 사용한다. GD에 기록되어야 하는 항목은 다음과 같다.

- 운항 항공사 명칭
- 운항 항공사 국적
- 항공편 번호
- 운항 날짜
- 출발지, 도착지
- 운항승무원, 객실승무원 전체 명단(이름, 직책, 국적 등)
- 총 승객 숫자
- 총 화물 탑재량
- 기장의 서명 등

☞ 11장 입국업무
GD 사진 참조

PM(Passenger Manifest)

최종 탑승객 명단으로 승객의 성명, 국적, 좌석번호 등이 기록되어 GD에 첨부된다.

CM(Cargo Manifest)

항공기 화물적재목록으로 탑재된 화물의 AWB Number(AirWay Bill 번호 - 화물의 항공권 역할을 하는 번호), 목적지, 내용물, 무게 등이 기록되어 GD에 첨부된다.

그 이외 기내 탑재서류

SHR(Special Handling Request)

예약, 탑승수속 과정에서 확인된 승객의 특별한 요구, 특이사항을 기재한 서류로서 DCS에서 수속마감 후 자동 생산된다. 기내에서 승무원이 서비스하는 데 활용한다. 항공기 탑승수속 마감 후 GD 등과 함께 사무장에게 전달한다.

PM과 CM 표준 샘플 ▶

탑재 확인서(Load Sheet)

항공기에 탑재된 승객, 화물, 연료 등의 총 무게를 구분하여 항공기의 무게중심에 적합하도록 탑재되었는지를 기장에게 확인하도록 하는 서류이다.

LS를 조종사에게 전달하는 방법은 세 가지가 있다.

- 탑재관리담당직원이 인쇄하여 직접 운항승무원에게 전달
- 탑재관리센터에서 조종실 내부 계기로 시스템을 통해 전송
- 탑재관리센터나 담당직원이 게이트 프린터로 전송 후 게이트 직원이 대신 전달

대형 항공사들은 대체로 본사에 있는 Load Control Center에서 탑재 확인서를 출발공항지점과 조종실로 시스템을 이용 직접 전송하고, 공항직원은 전송 여부를 확인한다.

2 출국(출항) 신고 절차

담당기관

항공편의 출항 허가는 법무부 출입국관리사무소와 세관 승기실 관할로 각각에 신고하고 허가를 얻어야 한다. 현재는 전산(항공사 DCS 및 FOIS와 C-TradeWorld System을 통해)으로 처리되고 있다.

신고 대상 정보 확보

DCS 및 서류를 통해 아래 정보를 확인하여 입력한다.

- 승무원 수(한국인, 외국인 구분)
- 승객 인원 수(총 승객, 환승승객, 내국인과 외국인 승객 수 구분)
- 화물중량과 메일(Mail) 중량/수하물 개수와 중량
- 총기 유무 및 개수
- Stamp GD 탑재 유무

Stamp GD

GD는 전산으로 처리되고 있지만 일부 국가에서는 인쇄된 종이에 출발국가의 기관에서 날인한 종이로 된 GD를 요구하고 있는데, 이를 Stamp GD라고 한다.

출항보고 전송 및 확인

- 입력 사항을 재확인하고 난 후 항공사 DCS를 이용하여 출항보고 전송
- 전송 후 결과 확인(기관에서 출항신고를 수신 및 승인 여부)
- FOIS 접속하여 자료 입력 [11장 입국업무 참조]

정보 확인 ➡ 출항보고 (출발 전) ➡ 출항보고 접수 확인 ➡ 정정 또는 재보고 ➡ FOIS 입력 (출항 후) ➡ 마무리

▲ 출항보고 전송 및 승인 확인 절차도

실무 worksheet

1. 아래 항공사들이 운영하는 라운지의 입장 규정을 조사한 후 발표해보자

    a. FQTV(Frequent Traveller) 마일리지 제도의 Tier에 따른 라운지 사용 포함

    b. 항공사가 직접 운영하는 라운지

대한항공	
아시아나항공	
( )항공	

실무 worksheet

2. 최근 대한항공은 김포공항 출발 국내선 항공편을 대상으로 손바닥 정맥 생체 정보만으로 항공기 탑승이 가능한 '바이오 셀프 보딩 서비스'를 시작하였다. 대한항공의 뒤를 이어 다른 항공사들도 유사한 제도를 도입할 것으로 예상되는 데 셀프체크인과 셀프보딩 시스템이 직원과 승객에게 미칠 수 있는 영향에 대해 토론하고 발표해보자.

직원의 업무에 미치는 영향	
승객 서비스에 비치는 영향	

QUIZ

01 출국 시 필요한 여행서류 관련 내용 중 올바르지 않은 것은?

① 여권은 반드시 유효기간 이내이어야 한다.
② 출국 시 제시된 여권도 입국 시 재차 제시하여야 한다.
③ 탑승수속 시 항공사 직원의 여권 제시 요구는 불응하여도 된다.
④ 자동출입국 심사 시 지문을 날인하여야 한다.
⑤ 외국 국적자가 체류기간이 초과되는 경우 출국이 불가하다.

02 출입국수속 시 세관 신고 관련 내용 중 옳은 것은?

① 출입국 시 세관 신고는 출입국관리사무소에 신고한다.
② 출국 시 세관 신고는 해당 승객만 하면 되며, 모든 승객의 의무는 아니다.
③ 입국 시 세관 신고는 해당 승객만 하면 되며, 모든 승객의 의무는 아니다.
④ 출국 시 미화 10,000불 이상 현찰 소지하면 반드시 신고해야 한다. 동 신고는 현찰에만 해당되므로 수표나 유가증권은 해당 사항이 없다.
⑤ 출국 시 국내에서 구매하여 이미 사용 중인 고가의 귀금속 반지, 목걸이, 시계는 신고하지 않아도 좋다.

03 항공사의 라운지 서비스 관련 내용 중 잘못된 것은?

① 공항 내 라운지는 항공사만 운용할 수 있다.
② 라운지는 항공사의 상위 클래스 탑승 고객이 주로 입장한다.
③ 동맹항공사끼리는 라운지를 공동으로 운용하기도 한다.
④ 반드시 해당 클래스에 탑승을 하지 않더라도 라운지를 이용할 수 있다.
⑤ 공항 라운지는 항공사 공항 서비스의 커다란 척도로 평가되기도 한다.

QUIZ

04 출국장 입장 및 항공기 탑승 관련 내용 중 적당한 것은?

① 출국장 입장 시는 세관 신고를 하는 기능이 없다.

② 법무부 출국사열 시 여권을 반드시 소지할 필요는 없다.

③ 항공기 탑승시간은 노선, 기종, 공항사정에 따라 상이하다.

④ 항공기 탑승 마감시간은 출발 20분 전이다.

⑤ 일반석 승객은 앞쪽 좌석번호 승객부터 항공기에 탑승한다.

10

기내서비스
In-Flight Service

In-Flight Service

인천공항에서 입국수속과 보안검색을 마치고 비행기에
탑승한 한올이는 갖고 온 가방을 지정된 곳에 보관한
후 좌석에 앉았다. 코로나19로 인해 3년 만에 떠나는
해외여행이라 처음 탔던 기억이 가물가물하다. 승무원들도
방역복을 입고 마스크를 쓰고 있는 등 예전과는 다르지만
오랜만에 하늘에서의 식사와 영화감상을 할 생각에 설렌다.
분주히 움직이던 승무원들과 모든 승객이 착석한 후 드디어
비행기가 이륙한다는 방송이 나온다. 한올이는 식사를
끝내고 비행기 안을 둘러봐야겠다고 생각했다.

승객이 출발지에서 항공기에 탑
승하여 목적지에 도착해서 하기할
때까지 일련의 모든 과정에서 이루
어지는 서비스가 기내서비스이다.
기내서비스는 기내에 장착 혹은 탑
재되어 승객에게 제공되는 각종 시
설물과 소모품 등의 물적 서비스와

장착된 설비와 물품을 이용하여 승객의 안전과 편안한 여행을 위해 객실승무원
이 수행하는 인적 서비스로 나눌 수 있다. 이 장에서는 기내서비스 중 물적 서비
스에 해당하는 기내 구조 및 시설, 기내 장비, 기내식 서비스, 기타 승객편의서
비스에 대해 알아보고 객실승무원에 의해 이루어지는 기내서비스 절차에 대해
비행 전·중·후로 나누어 살펴보고자 한다.

1. 기내 구조 및 시설

1 항공기 구분

대형기

- 탑승인원 : 300~500명
- 운항시간 : 10시간 이상의 장거리 비행
- 대표적 기종 : Airbus사의 A380, Boeing사의 B747, B787, B777 등
- Zone 구분 : 일반적으로 Main Deck은 A, B, C, D, E Zone으로 구분되고, A380과 B747 기종은 Upper Deck(2층)도 있다.
- 비상구(Emergency Exit Door) : 총 8~10개의 비상구가 장착되어 있는데 2층(Upper Deck) 까지 있는 B747은 총 12개, A380은 총 16개의 비상구가 장착되어 있다.
- 예 대한항공 A380 기종의 좌석배치도

중형기

- 탑승인원 : 200~300명
- 운항시간 : 5시간 이상 ~ 10시간 미만의 중거리 비행
- 대표적 기종 : Airbus사의 A300, A330, Boeing사의 B767 등
- 비상구(Emergency Exit Door) : 총 8~10개의 비상구
  예 일본항공 B767 기종의 좌석배치도

소형기

- 탑승인원 : 100~200명
- 운항시간 : 5시간 미만의 단거리 비행
- 대표적 기종 : Airbus사의 A320, Boeing사의 B737 등
  전 세계 항공사의 국내선, 단거리 노선에 많이 활용되고 특히 저비용항공사(LCC)의 활약으로 점유율이 높아지고 있다.
  예 대한항공 B737 기종의 좌석배치도

② 기내 클래스 구분

기내에는 승객 탑승 및 하기, 기내식 탑재, 비상시에는 탈출을 위한 비상구가 장착되어 있다. 일반적으로 각각의 Door를 경계로 전방부터 A, B, C, D, E Zone으로 구분되며 항공사마다 차이는 있지만 대형기의 경우 A Zone은 일등석, B Zone은 비즈니스석, C ~ E Zone은 일반석으로 운영되며 2층(Upper Deck)이 있는 경우 일반적으로 비즈니스석으로 운영된다. 각 등급(Class)별 좌석과 시설은 다음과 같다.

일등석(First Class)

일반적으로 일등석(First Class)은 기내 전방부(A zone)에 위치하고 있다. 좌석 너비와 좌석 사이의 간격이 다른 등급에 비해 넓고 180° 수평으로 펼쳐지는 아늑한

침대형 좌석으로 개인용 LCD모니터, 위성전화, 완벽한 프라이버시를 위한 슬라이딩 도어(Sliding Door), 항공기 외부 조망이 가능한 프리미엄 화장실, 샤워시설 등을 갖추고 고객별 맞춤형 서비스로 편안한 여행을 제공하고 있다.

비즈니스석(Prestige Class, Business Class 등)

일등석과 일반석의 중간 Class로 일등석의 바로 후방(B zone)에 위치하거나 2층이 있는 경우 Upper Deck에 위치하고 있다. 주로 비즈니스 업무를 목적으로 하는 여행객들이 이용하고 있어 꾸준한 수요를 가져오기 때문에 항공사 마케팅 전략의 초점이 되고 있다. 이에 각 항공사는 비즈니스 클래스의 좌석수를 늘리고 개인용 LCD모니터, 위성전화뿐만 아니라 일등석 같은 180° 수평으로 펼쳐지는 아늑한 침대형 좌석을 설치하여 편안한 여행을 제공하고자 노력한다.

일반석(Economy Class, Travel Class 등)

　일반석은 각 항공사마다 명칭을 다르게 사용하고 있는데 대한항공, 싱가포르 항공 등은 Economy Class, 아시아나항공은 Travel Class 등으로 호칭하고 있다. 저비용항공사(LCC)의 경우에는 좌석등급(Class)의 차이 없이 전 좌석을 일반석으로 운영하고 있으며, 대형 항공사의 경우에는 기종에 따라 한 항공기에 일등석과 비즈니스석을 제외하고 100석에서 300석 정도의 일반석으로 운영하고 있다. 일반석도 항공사의 경쟁력 제고를 위해 좌석 너비와 좌석 간 간격을 넓히고 있는 추세이며 장거리를 운항하는 대부분의 기종에서는 개인용 LCD 모니터와 AVOD(Audio & Video On Demand; 주문형 오디오·비디오) 시스템을 장착하여 운영하고 있다.

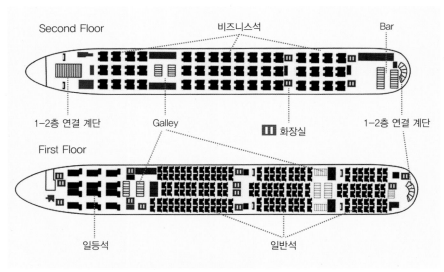

▲ 대한항공 A380 좌석배치도 [출처: 대한항공 홈페이지 참조]

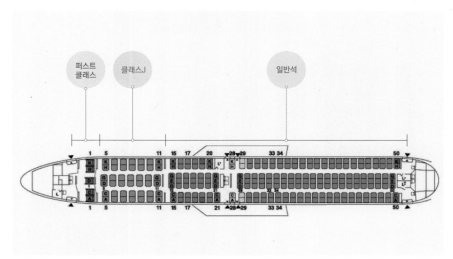

▲ 일본항공의 B767 기종의 좌석배치도 [출처 : 일본항공 홈페이지]

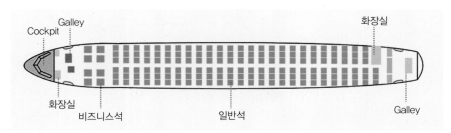

▲ 대한항공 B737 기종의 좌석배치도 [출처: 대한항공 홈페이지 참조]

3 기내 시설

갤리(Galley)

항공기의 갤리(Galley)는 객실승무원들이 비행 중 승객에게 서비스할 용품을 탑재 및 준비하는 곳으로 주방을 의미한다. 일반적으로 갤리는 객실 승무원의 서비스 동선을 고려해 Class별로 운영되며 해당 구역(Zone)의 앞과 뒤, 중간에 각각 위치한다. 갤리 내에는 전기, 배수 시스템이 갖추어져 식음료 조리가 가능한 데 식사제공이 없는 국내선 등의 단거리 노선에 투입되는 기종은 음료 제공에 필요한 커피메이커, Water Boiler 정도만 설치되어 있기도 하다. 중장거리 노선을 기준으로 설치되어 있는 장비는 다음과 같다.

오븐(Oven), Warmer 및 전자레인지(Microwave)

승객의 식사는 기내식 사업소(Catering)에서 제조되어 출발 1시간 전에 항공기에 탑재된다. 탑재된 기내식은 일반적으로 이륙 후 1시간에서 5시간 후에 승객에게 제공되기 때문에 신선도 유지가 가장 중요하다. 냉장고가 없는 상황에서 장시간 신선도 유지를 해야 하기 때문에 주 요리(Main Entree)는 급속 냉동된 상태로 탑재된다. 따라서 객실승무원들은 식사서비스 시간을 감안하여 해동하고 가열하는

등의 준비하는 절차를 수행하는데, 이때 사용하는 장비들이 오븐, Warmer 및 전자레인지이다.

냉장고 및 Chiller System

냉장고는 승객에게 제공되는 음료를 보관하는 장비로 최신 기종에는 모든 갤리(Galley)에 장착되어 있다. 맥주, 와인, 주스 등은 적절한 온도로 서비스될 때 최상의 맛을 느낄 수 있기 때문에 객실승무원들은 서비스 제공시점을 감안하여 냉장고에 음료를 Chilling한다. Chiller System은 식사 제공 시점까지 음식이 상하지 않도록 낮은 온도를 유지하도록 하는 시스템으로, 갤리 내에 주류나 식사 카트(Meal Cart)를 보관하는 곳에 장착된 설비이다.

커피메이커(Coffee Maker) 및 Water Boiler

기내 커피는 원두커피와 카페인이 없는 Decaffeinated Coffee가 있으며 First Class 서비스를 위해 에스프레소 기기가 장착되어 있는 기종도 있다. 그리고 녹차, 홍차 등의 차 서비스와 컵라면 등에 필요한 뜨거운 물 제공을 위한 Water Boiler가 장착되어 있다.

각종 수납공간(Compartment)

수납공간(Compartment)은 서비스 용품을 보관하기 위한 갤리 내 공간을 지칭한다. 주스, 타월, 땅콩, 냅킨, Seal(주류나 서비스 용품 Compartment 잠금용 플라스틱 도구), 볼펜, 방향제 등 각종 서비스 용품이 탑재 및 보관된다. 각각의 Compartment에는 이러한 용품들을 사용하기 편리하도록 분류되어 탑재되며, 이착륙 시나 기체동요 시에도 안전하게 보관될 수 있도록 잠금장치가 설치되어 있다.

Cart 운반용 엘리베이터

B747과 A380과 같이 1, 2층으로 구성된 항공기에는 1층과 2층을 연결하는 엘리베이터가 장착되어 있다. 무거운 Serving Cart, Meal Cart 등을 운반할 때 사용하며 사람은 이용할 수 없다.

▲ B747-400 Galley 내 Cart 운반용 Elevator

화장실(Lavatory)

항공기의 화장실은 각 구역(Zone)별로 설치되어 있으며 클래스별로 운영된다. 유아동반 승객의 편의를 위해 유아용 기저귀 교환대, 휠체어 이용 승객을 위한 공간이 확보된 화장실 등이 있으며 그 외에 항공사 마케팅의 일환으로 여성전용 화장실, 샤워시설, 외부를 볼 수 있는 창문 등이 설치되어 있는 항공기도 있다.

▲ 제주항공 화장실

▲ 유아용 기저귀 교환대

▲ 여성용 화장실(승객 편의용 칫솔과 로션)

객실 내 짐 보관공간

코트룸(Coatroom)

승객 또는 객실승무원의 의류나 짐 등을 보관할 수 있는 설비로 일등석과 비즈니스석에 장착되어 있고 일반석에는 기종에 따라 코트룸이 없는 경우도 있다. 일반적으로 일등석과 비즈니스석은 승객의 모든 의류를 보관하기 때문에 비교적 넉넉한 크기의 코트룸이 장착되어 있으나 일반석은 의류보관 서비스가 없기 때문에 코트룸이 장착되어 있는 경우에도 필수적인 경우에만 사용하는 협소한 코트룸이 장착되어 있다.

수하물 선반(Overhead Bin)

승객 좌석 위, 항공기 동체 윗부분에 부착되어 있으며 승객의 휴대수하물이나 베개, 담요 등을 넣을 수 있는 공간을 말한다. 부착되어 있는 위치에 따라 위쪽으로 열리는 선반과 아래쪽으로 열리는 선반 2종류가 있다.

▲ 위로 열리는 수하물 선반

▲ 아래로 열리는 수하물 선반

장애인용 장비 및 시설

기내탑재용 휠체어(On-Board Wheelchair)

중·대형기에 1개씩 탑재되어 있으며 장애 승객의 기내 이동수단으로 사용한다. 담당 객실승무원은 장비점검 시 탑재 및 이상 유무를 확인하여 객실사무장

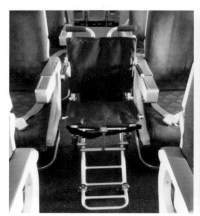
▲ 펼친 상태

▲ 펼친 상태

▲ 보관 시 접은 상태

에게 보고하는데 장애인 차별금지법을 시행하고 있는 미주행 항공편의 경우는 반드시 탑재되어야 하고, 사용한 On-Board Wheelchair는 탑재장소에 다시 보관한다.

장애인용 화장실

장애인용 화장실은 장애승객들의 편의를 위해 B777, A330, B747-400, A380 등 중·대형기에 운영되고 있다. 장애승객을 위한 보조핸들, 객실승무원 호출용 Call Button이 설치되어 있고 Wheelchair Access가 가능한 곳도 있다.

Movable Aisle Armrest

좌석의 팔걸이(Armrest)가 위로 들어 올려지도록 설비해서 장애승객이 휠체어에서 좌석으로 쉽게 옮겨 앉을 수 있는 좌석을 말한다. 이러한 설비는 일반적으로 앞쪽 복도 측 좌석(Aisle Seat)에 설치되어 있는데 객실승무원은 휠체어를 이용하는 장애승객 탑승 시 해당 좌석이 Movable Armrest인지 사전에 확인하여 불편함이 없도록 한다.

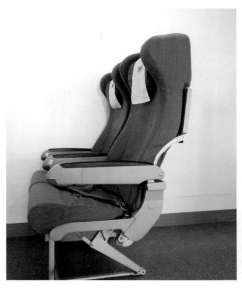
▲ Armrest 원위치

▲ Armrest 올려진 상태

2. 기내 장비

기내 장비는 항공기 운항 중 비정상(Irregular) 상황 발생 시 대처하기 위한 장비를 말하며 안전보안장비, 비상탈출장비, 화재진압장비, 의료지원장비로 구분된다. 기내 장비는 기종별 정해진 위치에 객실정비사에 의해 탑재되어 운항하게 되는데, 객실승무원은 비행 전·중·후 담당 기내 장비의 이상 유무를 확인해야 할 의무가 있다.

1 안전보안장비

항공기에는 일상적인 안전뿐만 아니라 대테러에 대비한 안전보안장비들이 구비되어 있다. 객실승무원들은 이러한 장비들의 사용 및 관리방법에 대한 사전교육을 받고 있으며, 비행 전·중·후 안전보안장비의 이상 유무 확인을 한다.

안전장비

▲ Safety Information Card가 비치된 티웨이항공의 승객 Seat Pocket

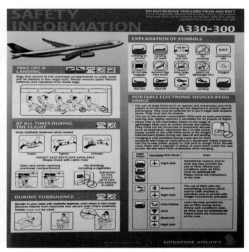

▲ Safety Information Card

Safety Information Card

승객에게 필수적인 안전정보를 제공하기 위해서 모든 좌석에는 승객의 시야에 잘 노출되도록 Safety Information Card가 비치되어 있다. Safety Information Card에는 '좌석벨트 착용, Emergency Exits, 구명복 착용법, 승객용 산소마스크(Passenger Oxygen Mask), 흡연 제한, 연기대응절차' 등에 대한 안내 및 사용법 등이 수록되어 있다.

Seatbelt Extension

모든 항공기 좌석에는 좌석벨트가 장착되어 있으나 승객의 신체조건에 의해 승객 좌석벨트만으로 신체의 고정이 불가능할 경우 좌석벨트의 길이를 연장시키기 위하여 사용한다. 각 항공기에 1~2개의 Seatbelt Extension이 일반적으로 승무원 Jumpseat 하단에 구비되어 있으며 사용방법은 승객 좌석의 Seatbelt와 연결해서 사용한다.

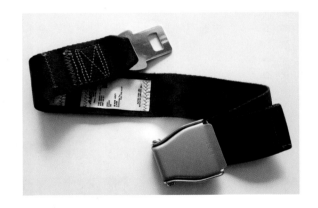

보안장비(Security Equipment)

타이랩·포승줄·비상벨

항공기 안전운항에 위해가 되는 난폭 승객 처리 및 항공기 Hijacking에 대응하기 위하여 기내에 탑재되고 있다. 이러한 보안장비의 종류에는 난동 승객 등을 결박할 필요가 있을 때 사용 가능한 타이랩(Tie-Wrap)과 포승줄이 있으며, 보관위치는 기종별로 상이하기 때문에 항공기 탑승 전 객실사무장은 확인을 담당할 객실승무원을 지정하여 관리하고 있다. 또한 항공기 Hijacking 발생 시 조종실(Cockpit)에 신속히 알리기 위해 승객이 잘 볼 수 없는 위치에 비상벨이 장착되어 있다.

전자충격기(Taser)

　　미국의 Axon(과거 테이저 인터네셔널)사에서 개발된 비살상형 전자무기로 전극 침을 발사하여 전류를 흘려보내 상대의 신경계를 일시적으로 교란시켜 움직이지 못하게 한다.

▲ Taser gun

　　테이저(본체), 카트리지로 구성되어 있으며 방아쇠를 당기면 카트리지안의 압축공기가 방출되면서 내장된 두 개의 전극 침이 위 아래로 발사된다. 카트리지가 없는 상태에서 전기충격기로도 사용할 수 있다.

　　테이저 건은 카트리지 없이는 최대 전압 5만 볼트를 낼 수 있지만 카트리지에서 전극이 발사되어 침을 통해 흐르는 전압은 최대 1200볼트, 평균 400볼트(X26 모델 기준)이다.

폭발물 피해 최소화 장비

　　항공기 내에 폭발물 발견 시 폭발물에 의한 피해를 최대한 줄이기 위하여 기내에 탑재되고 있다. 방폭 Mat 및 방폭 Jacket이 있으며 일반적으로 상위 클래스 마지막 좌석 하단에 구비되어 있고 비행 전 객실사무장은 보안담당 객실승무원을 지정하여 이를 관리하도록 한다. 보안담당 객실승무원은 비행 전·중·후 이상 유무를 확인할 책임이 있다.

2 비상탈출장비

　　항공기에서의 비상탈출은 흔히 있는 상황은 아니지만 발생하게 될 경우 대형참사를 가져올 수 있기 때문에 이에 대한 객실승무원 교육 및 기내 장비 구비는 매우 중요하다. 항공기가 추락한 뒤 화염에 휩싸이거나 폭발 등 대형화재로 이어지는 데 걸리는 시간은 보통 2~3분 내외이다. 따라서 신속한 탈출이 생사를 좌우하게 되는데 이러한 골든타임이 90초이며 승무원들은 이 시간 안에 모든 승객을 탈출시켜야 하는 임무를 수행한다. 항공기의 비상탈출장비는 신속한 탈

출을 위한 장비에서부터 탈출 후 구조가 될 때까지 필요한 생존장비, 구조신호를 보내는 장비 등이 있다.

구명복(Life Vest)

　모든 항공기의 승객 및 객실승무원 좌석 하단에는 구명복이 비치되어 있으며 항공기가 바다, 호수 등으로 비상착수 시 착용하게 된다. 성인용과 유아용 2종류가 있으며 좌석 비치 외에도 여분의 구명복(Spare Life Vest)과 유아용이 별도의 공간에 탑재되어 있다. 위치는 각 기종별로 상이하기 때문에 탑승 전 확인해야 한다. 또한 구명복에는 어두운 바다 위에서 빛을 발사하여 위치파악을 용이하게 하기 위해 Locator Light가 장착되어 있다.

Slide/Raft

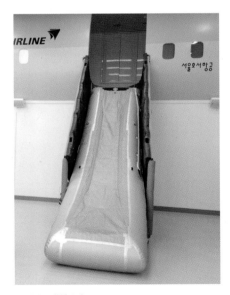

　슬라이드(Slide)는 비상착륙 시 신속한 탈출을 위해 사용하는 미끄럼틀 형태의 탈출장비로 각 비상구(Emergency Exit)에 장착되어 있으며 Door에 부착되어 있는 Mode 변경을 통해 자동 팽창시킬 수 있다. 래프트(Raft)는 비상착수 시 항공기에서 탈출 후에 사용하는 부양장비이다. 일반적으로 비상착륙 시 사용하는 Slide를, 비상착수 시에는 항공기에서 분리시켜 Raft로 사용하기 때문에 Slide/Raft 라고 호칭한다.

▲ Slide 팽창모습

손전등(Flash Light)

비상사태 시 승객을 탈출방향으로 유도하는 신호 및 야간에 시야 확보를 위한 용도로 사용한다.

메가폰(Megaphone)

비상 상황에서는 항공기 전원공급이 차단되기 때문에 PA(Public Announcement) 시스템이 작동되지 않을 수 있다. 메가폰은 Battery로 작동되며 승객에게 정보를 제공하거나 탈출 지휘를 위해 사용한다.

▲ 수하물 선반 안에 장착된 Megaphone

ELT(Emergency Locator Transmitter)

비상탈출 후 구조요청을 위한 전파를 발신하는 장비로서 조난 위치를 알려주기 위해 사용한다. 탑재 위치는 기종별로 상이하며 발신되는 전파 신호는 비상주파수로 조절된다.

▲ 수하물 선반 안에 장착된 ELT

Survival Kit

비상상황 발생 시 육지나 해상에서 생존을 위해 그리고 정부가 지정한 수색구조가 특별히 어려운 지역을 운항 시 탑재되며, Slide/Raft에 부착되어 있다. 비상탈출 후 사용 가능한 이 장비는 물 위에서 뜰 수 있도록 제작되어 있으며 내용품은 Canopy, Hand Pump, Survival Manual, Repair Clamp, Packaged Drinking Water, Water Purification Tablet, 응급처치약품, Smoke/Flare Kit, Sea Dye Marker 등이 있다.

③ 화재진압장비

항공기는 많은 양의 연료를 탑재하고 있을 뿐만 아니라 밀폐된 공간이기 때문에 작은 화재라도 유독가스 발생, 엔진으로의 화재 전이 등 대형 참사로 이어질 수 있다. 기내 화재는 갤리(Galley) 혹은 객실(Cabin) 내 전기누전이나 기내 흡연 등이 원인이 되어 발생되는데 이러한 기내 화재 발생 시의 대처법에 대해 객실승무원은 지속적인 훈련을 받고 있다. 또한 비행 전 화재진압장비 이상 유무 확인, 비행 중 수시 점검 등의 임무를 수행하고 있다. 기내에 탑재되는 화재진압장비는 다음과 같다.

H_2O 소화기

- A Class 화재(종이, 의류, 짐 등 고형물질) 진압용
- 기름, 전기류 화재진압에 사용할 경우, 불길 확산 및 감전에 따른 쇼크나 사망의 위험이 있으므로 사용 금지
- 약 40초간 분사

▸사용법
  ① 손잡이를 시계 방향으로 돌리면 손잡이 내에 있는 CO_2 Cartridge에 "쉭~"하는 소리와 함께 구멍이 난다.
  ② 화재의 근원을 향해 Lever를 누른다.

Halon 소화기

- B/C Class 화재(유류, 전기) 및 A Class 화재 진압용
- 필요 시 신체에 분사할 수 있으나 안면 부위 사용 금지
- 약 10~20초간 분사

▸ 사용법

① 화재 발생 지점으로부터 2~3cm의 거리를 유지한다.

② 소화기를 수직으로 세우고 화재의 근원으로 향한다.

③ 좌우로 빠르게 움직이며 지속적으로 분사한다.

PBE(Protective Breathing Equipment)

- 기내 화재 진압 시 연기 및 유독성 가스로부터 호흡 및 안면을 보호하고 시야를 확보하기 위해 사용한다.
- Puritan PBE와 Scott PBE의 두 종류가 있다.
- 사용 가능 시간은 15분 정도이다.

▸ 주의사항

① Neck Seal과 목 사이에 머리카락이나 옷 등이 끼지 않도록 주의한다.

② PBE 사용 중 온도가 상승하면 사용을 중지하고 즉시 벗는다.

③ 산소가 남아 있을 경우를 대비하여 화기를 멀리하고 PBE를 벗는다.

열감지형 소화기(Heat Activated Halon Extinguisher)

승객의 기내 흡연으로 인한 담배꽁초, 인화물질 등이 화장실 휴지통에 들어가 화장실 화재를 발생시킬 가능성이 있다. 이를 대비해 모든 항공기 화장실 내 각 휴지통 하단에는 열 감지형 소화기가 설치되어 있으며 열 감지 Sensor가 섭씨 80도를 감지하면 열 감지형 소화기가 자동으로 Halon을 분사함으로써 화재를 진압한다.

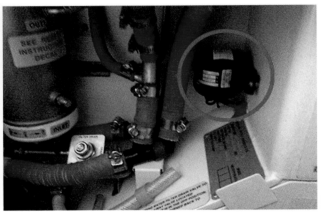

▲ 화장실 내부에 장착된 열감지형 소화기

Smoke Detector

화장실에서 발생하는 연기를 감지하여 경보 신호를 발신함으로써 화재 발생 사실을 조기에 감지하게 하는 장치이며, 항공기 모든 화장실에 장착되어 있다. 경보 신호는 높은 볼륨의 경고음으로 객실(Cabin)에 울리며 조종실(Cockpit)에서도 즉각적으로 감지할 수 있도록 시스템이 연결되어 있다.

▲ 화장실 ceiling에 장착된 Smoke Detector

4 의료지원장비

운항 중에 응급환자가 발생할 경우, 의료진과 기장의 판단하에 임시착륙을 할 수도 있지만 태평양 상공을 비행하는 등의 경우에는 빠른 시간 내에 착륙하는 것이 불가능한 경우도 많다. 이러한 이유로 응급처치가 다급한 환자를 안전하게 착륙하여 병원에 이송할 때까지 객실승무원의 역할은 매우 중요하다. 객실승무원은 신입안전훈련 시 응급처치에 대한 교육을 시작으로 매년 실시하는 정기 훈련을 통해 재교육을 이수함으로써 이러한 상황에 대비하고 있다. 또한 기내에는 소화제, 멀미약 등의 상비약을 비롯해 간단한 수술을 할 수 있는 각종 의료장비가 탑재되어 있다.

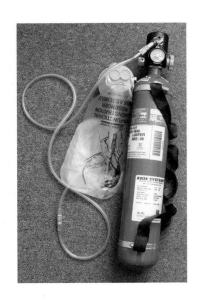

PO₂(Portable Oxygen Bottle) : 휴대용 산소통

비상사태 및 응급처치를 목적으로 승객에게 산소를 공급하기 위해 탑재한다.

- 공급량에 따라 77~154분까지 사용 가능하다.
- PO_2가 완전히 소진될 때까지 사용해서는 안 되고 500psi 정도는 남겨두어야 하는데, 이는 감압사태 등의 비상사태가 발생할 경우 사용해야 하기 때문이기도 하고, 산소가 완전히 소진될 경우 산소통이 감염될 수 있기 때문이다.
- 사용 중인 PO_2 근처에서 화기 사용은 금지되어야 한다.

FAK(First Aid Kit)

FAK는 비행 중 응급 상황에 처한 승객의 사고 및 질병을 응급처치하기 위하여 기내에 탑재하는 Kit로 의사의 처방 없이 사용이 가능하며, 항공안전법에 의하여 기내에 반드시 탑재되도록 규정되어 있다. 내용품은 거즈(롤)붕대, 일회용 밴드, 멸균 면봉, 반창고, 상처봉합용 테이프, 안대, 암모니아 흡입제, 페니라민, 전자체온계, 가위, 핀셋 등이다.

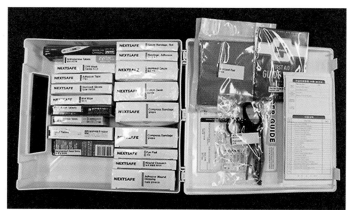

▲ FIRST AID KIT

EMK(Emergency Medical Kit)

EMK는 비행 중 응급환자 발생 시 전문적인 치료를 하기 위한 의약품 및 의료기구를 보관해 놓은 Kit이다. 의사나 기타 의료인이 사용할 수 있으며 사용 전 기장에게 반드시 보고해야 한다.

Resuscitator Bag

CPR 및 구조 호흡 실시 시 사용하는 보조기구로서 환자의 호흡을 유도하고 산소를 공급하기 위한 인공호흡용 Bag Valve 마스크, 활력징후를 측정하기 위해 사용하는 체온계, 혈압계 등이 포함되어 있다.

UPK(Universal Precaution Kit)

환자의 체액(혈액 포함)을 직접 접촉함으로써 발생할 수 있는 오염가능성을 줄이고 오염된 곳을 위생적으로 닦기 위하여 사용하며, 환자의 체액(혈액 포함)에 의해서 오염된 의료용품을 안전하게 폐기하기 위하여 사용한다. 내용품은 안면·눈 보호마스크, 보호용 가운, 액체 응고제, 폐기물처리 봉투 등이 있다.

AED(Automated External Defibrillator)

심실세동 환자 발생 시 심장 박동을 복구하는 데 사용되며 전 기종에 탑재된다. 의사 및 응급구조사가 사용하며 의사 및 응급구조사가 기내에 없을 경우, 기타 의료인 또는 AED 교육을 이수한 객실승무원이 사용할 수 있다.

✈ **의료인의 법적 범위**
의사, 치과의사, 한의사,
간호사, 조산사

3. 기내식 서비스

1 기내식의 특성

- 제한된 좁은 공간이라는 항공 기의 조건 때문에, 승객의 운동 부족으로 인한 소화장애나 고 칼로리식으로 인한 비만 등을 방지하기 위하여, 소화가 잘되 고 흡수되기 쉬운 저칼로리 식 품으로 구성

- 좁은 공간에서 무리 없는 서비 스가 가능하도록 알맞게 고안 및 제작된 식기류나 운반구 사용

- 일반적으로 서양식을 기본으로 구성되어 서비스되고 있으나 최근에는 고급화, 차별화, 다양화를 추구하는 항공사별 마케팅 전략에 맞추어 한국 전통 음식뿐 만 아니라 해당 노선의 전통 음식 및 탑승 노선의 승객 선호도에 따라 기내식 제공

▲ 아시아나항공 비즈니스석 기내식 '쌈밥'

▲ 아시아나항공 비즈니스석 디저트 '치즈'

② 기내식의 구성

　기내식은 서양식을 기본으로 하고 있으나 최근에는 전통 요리 및 계절별 지역별 특산물을 이용한 다양한 종류의 음식들을 제공하고 있는 추세이다.

　일반석의 경우 한상차림(Tray Base)으로 제공되고 있으나 일등석은 한상차림과는 다르게 전채요리, 수프, 빵, 샐러드, 주요리, 치즈, 디저트, 티·커피의 순으로 서양식의 Full Course에 준하는 음식을 서비스하고 있다.

❶ 전채요리
❷ 메인요리
❸ 디저트
❹ 커피컵과 와인컵
❺ Cutlery
❻ 빵

③ 특별기내식(Special Meal)

　특별기내식(Special Meal)이란 종교, 기호, 연령적 제한, 건강상의 이유로 인해 일반적인 기내식 제공이 제한을 받는 승객의 요구에 적극적으로 대처하기 위해 특수 Menu로 개발 제공된 기내식을 뜻한다. 특별기내식은 항공기 출발 전 미리 사전에 기내식의 종류를 선택하여 항공사에 주문하여 탑재되며, 종류가 수십 종에 이르고 생일이나 기념일을 기념하는 Cake를 제공하는 항공사도 있다.

특별기내식 종류는 '3장 항공예약 04. 서비스 요청 사항 - 특별 기내식(Special Meal) 신청' 참조

4. 기타 승객편의서비스

① 기내 엔터테인먼트 시스템(Entertainment System)

승객의 편안하고 즐거운 기내여행을 위해 보딩 뮤직, 에어쇼, 영화, 음악, 게임 등의 엔터테인먼트 시스템이 제공되며, 이러한 서비스는 대부분 대형 항공사에서만 제공되기 때문에 차별화된 마케팅 요소로 부각되고 있다.

Airshow

대고객 서비스 측면의 객실 전자시스템으로서 항공기의 항법 장비와 연계되어 현재 운항 지역에 대한 고도, 항속, 외부 온도, 지도상의 위치, 도착 예정시각 등의 정보를 화면과 함께 승객에 제공하는 시스템을 의미한다.

Airshow의 상영내용은 비행속도, 고도, 현재위치 등의 비행 정보 World Map 과 Flight Information 등이며 도착지 공항 및 입국 안내, 항공사 상품 안내 및 이미지 홍보 등으로 구성되어 있다.

개인용 비디오(IVS, Individual Video System)

좌석에 장착된 모니터와 리모컨 또는 터치스크린을 이용하여 Video, Audio, Airshow 및 도착지 정보 등의 다양한 채널을 선택 후 감상 또는 조회할 수 있는 시스템을 말한다.

다양한 영화와 다큐멘터리, 드라마, 스포츠, 게임 등 다채로운 영상물과 음악
이 제공된다.

2 좌석 전원공급장치(ISPS, In-Seat Power Supply)

ISPS는 비행 중 승객의 휴대용 전자기기에 전원을 공급하기 위해 승객 좌석
에 장착된 전원공급장치를 의미한다. 기내에서 전자기기 사용이 증가한 추세
에 맞춰 최근 제작된 항공기에는 전 클래스의 모든 좌석에 장착되어 있는 경우
가 많다. 제공되는 전원은 110V(Volt) AC 전원이며 각 좌석당 공급 가능한 전력
은 100VA(Volt-Ampere)로 제한되며 다양한 형태의 전원 Plug도 사용이 가능하도록
Multi Access Connector로 되어 있다.

3 위성전화(기내전화)

인공위성을 통한 기내전화 서비
스는 싱가포르 항공에서 1991년
최초로 제공하였으며 현재는 대부
분의 항공사에서 위성전화 서비스
를 제공하고 있다. 위성전화가 장
착된 기종은 B777, A330, B747-

400, A380 등 중·대형기이며 좌석용 위성전화와 객실 벽면에 장착되어 있는
Wall Mount 위성전화 2종류가 있다. 사용 가능 시간은 이륙 30분 후부터 착륙
30분 전까지이다.

5. 기내서비스 절차

 기내서비스의 절차는 객실승무원이 비행을 위해 준비하는 업무에서부터 항공기가 목적지에 도착한 후 업무까지를 말한다. 또한 2019년부터 발생된 코로나19로 인해 특히 기내검역의 중요성은 강조되고 있으며 그에 따른 절차를 추가하였다.

 대부분의 항공사에서 탑승권은 객실승무원들에 의해 육안으로 확인되고 있으나 국내 K항공사의 경우, 승객의 오탑승을 방지하기 위해 스캐너를 사용하고 있다.

  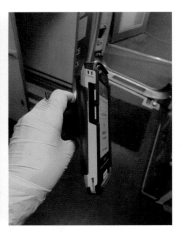

코로나19 이후 추가된 기내절차

▶ **탑승객 마스크 착용 의무화**
- 마스크 착용관련 기내방송실시
- 기내 마스크 탑재
  - 제공대상: 감염의심환자, 의심환자 주변 1미터 이내 착석 승객, 담당승무원

▶ **보호구 세트 탑재 및 운영**
- 전신보호복, 고글, 위생장갑 등
- 제공대상: 환자 담당승무원
- 탈의한 보호구 세트는 UPK 내 Biohazard Bag에 폐기

▶ 감염 의심승객 발견 시 기내처리절차

① 주요 증상: 발열, 호흡기 증상(기침, 호흡곤란) 등

② 의심승객은 이동하지 않는 것이 원칙

③ 의심승객 주변 승객 좌석 재배치: 의심승객 기준 주변 대각선/전후좌우 방향 2개 좌석 공석 유지

④ 의심승객 및 주변 대각선/전후좌우 방향 2개 좌석 승객, 담당승무원, 동행객 대상 체온 측정

⑤ 담당승무원을 지정하여 개인보호장비 착용하고 감염 의심승객 응대
   - 개인보호장비(마스크, 장갑, 고글, 전신보호복, 덧신)

⑥ 사전 검역기관 통보를 위해 기장 보고 및 도착 후 운송직원에게 인계

▲ 객실승무원 착용 - 전신보호복   ▲ 객실승무원 착용-고글

1 비행 전 업무

비행준비 업무

객실승무원은 Make-up 및 Hair-do, 유니폼 등 비행 근무를 위한 용모와 복장으로 정해진 Briefing 시간에 맞춰 회사에 출근한다. Show-up을 마치면 해당 비행편 관련 정보 및 최근 공지사항 등을 확인하고 정해진 시간 및 장소에 따른 Briefing에 참가한다.

비행 전 숙지사항

- 해당 항공기 기종 및 특성
- Door 작동법 및 비상사태 처리절차

- 기내서비스 절차
- 최신 업무 및 공지사항(불만/칭송 등)

Cabin Briefing 주요 내용

- 승무원 명단 확인
- Appearance 지도(건강 상태 및 용모·복장 등)
- Duty Assignment 재확인
- 비행정보(승객 예약 상황, 목적지 정보 등)
- VIP, CIP 및 Special Care 승객 탑승 사항
- 최근 업무지시 및 안전 관련 사항

운항승무원과의 합동 브리핑(Joint Briefing) 주요 내용

- 계획된 비행시간 및 고도
- 항로 및 항로상의 기상상태
- 목적지 기상상태
- 승객 예약 상황 및 VIP·CIP, 환자 등의 승객정보
- 화물 탑재 상황
- 안전 및 보안 관련 유의사항
- 승무원 상호 간의 협조사항

이륙 전 지상준비업무

안전보안 및 시스템 점검

객실승무원은 항공기에 탑승 후 승객의 안전과 항공기 안전운항을 위해 비행 전 점검(Pre-Flight Check)을 실시한다.

- 비상보안장비, 항공기 설비 및 시스템 점검
- 좌석 및 Aisle의 기내청소 작업 상태
- 좌석 앞주머니 속 기내지, Safety Information Card, 구토용 위생봉투 등
- 승객 좌석의 Monitor와 Screen의 작동 여부와 이상 유무
- 화장실의 청결 상태 및 설비의 작동여부
- 각 갤리(Galley)에 설치되어 있는 장비의 작동 여부

서비스용품 탑재 확인

객실승무원은 안전 및 시스템 점검 후 서비스 관련 물품 탑재 확인을 실시한다.
- 기내식, 음료, 서비스 기물, 헤드폰, 독서물 및 기타 용품
- 승객수와 탑재 내역이 동일하지 않을 경우 상황에 따라 추가 탑재하여 비행 중 객실서비스에 지장을 초래하지 않도록 한다.

② 비행 중 업무

항공기가 이륙한 후 안전고도에 진입하면 해당 노선별 서비스 절차에 따라 승객들에게 비행 중 서비스(In-Flight Service)를 제공한다. 항공사, 노선과 시간에 따라 다소 차이가 있으며 서비스 절차와 내용은 다음과 같다.

갤리 브리핑(Galley Briefing)

서비스를 시작하기 전 담당 클래스의 선임승무원을 주축으로 갤리 브리핑을 실시한다. 비행 중 원활한 서비스를 제공하기 위한 갤리브리핑 내용은 다음과 같다.

- 탑승객 정보 공유
- 기내식 내용 및 수량
- 특별기내식(Special Meal) 내용 및 수량
- 서비스 방법 및 유의사항
- 기타 특이사항

식전음료 서비스(Aperitif Service)

기내식 서비스를 제공하기 전에 식욕을 돋우기 위해 식전음료를 서비스한다. 일반적으로 카트(Cart)나 Tray를 이용하여 서비스한다. 서비스 시 제공되는 음료는 Juice, Soft Drink, 생수, 맥주 등 이외에도 알코올음료를 이용한 다양한 칵테일도 서비스한다.

* 코로나19 이후 달라진 점: 음료수 종류 간소화, 칵테일 제조 서비스 중지

기내식 서비스(Meal Service)

기내식은 노선별, 좌석등급별, 출발시간별 제공되는 종류에 차이가 있다. 일등석은 Course별로 제공하고 비즈니스석은 Semi Course, 일반석은 Pre-set Tray 방식으로 제공된다.

* 코로나19 이후 달라진 점: Presentation서비스 생략, 구두 안내 후 Galley에서 준비하여 제공

입국서류 배포

객실승무원은 승객의 편의를 위해 도착국가 입국에 필요한 서류를 승객에게 안내하고 작성을 돕는다. 입국서류의 종류는 일반적으로 입국카드와 세관신고서가 있으며, 승객 개별 여행 조건에 따라 추가적인 서류가 필요할 수 있다.

기내면세품 판매서비스

승객들의 편의와 항공사 수익 제고를 위해 각 항공사에서는 세계 유명 브랜드 상품을 기내에서 판매하고 있다. 기내면세품을 판매하기 전 안내방송을 실시하며, 기내면세품 판매담당 객실승무원은 기내판매 카트에 면세품을 준비하여 객실을 순회하며 구입을 희망하는 승객에게 면세품을 판매한다. 경우에 따라서는 개별 주문판매를 하기도 한다.

③ 착륙 전 업무

도착안내 및 착륙준비

국제선의 경우 착륙 40분 전, 국내선의 경우 약 15분전 착륙준비를 시작하는데 이륙 전과 동일하게 기내 및 갤리(Galley)의 안전점검을 실시한다.

휠체어 승객 및 UM, 유·소아 동반승객, 노약자, 제한승객 등 Special Care 대상 승객에게 하기 및 도움 제공안내

착륙(Landing)

항공기 착륙 약 10분 전 Landing Signal이 'ON'되면 착륙을 위해 모두 착석한다.

- 방송 담당 객실승무원은 착륙안내방송 실시
- 객실승무원들은 담당구역의 객실, 갤리, 화장실을 최종적으로 확인
- 객실조명을 Dim 상태로 조절
- 객실승무원도 지정된 점프시트(Jumpseat)에 앉아 좌석벨트와 어깨끈(Shoulder Harness)을 착용 후, 비상사태 발생에 대비하여 '30 Seconds Review' 실시

④ 착륙 후 업무

항공기가 착륙한 후 Taxing 중에는 승객의 안전을 위해 항공기가 완전히 정지할 때까지 착석하고 있어야 한다. 항공기 Door Open은 객실사무장이 Fasten

Seat Belt Sign이 Off되었는지 확인한 후 운송직원에게 Door Open 허가 Sign
을 주고 기종에 따라서 사무장이 직접 열든가 운송직원이 항공기 Door를 외부
에서 열 때까지 기다린다. [입국업무 파악하기 참조]

승객 하기 순서

일반적으로 시행되는 승객의 하기 순서는 다음과 같다.

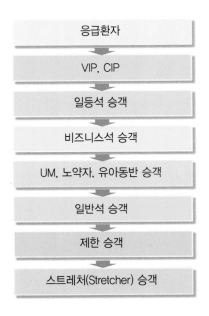

응급환자

↓

VIP, CIP

↓

일등석 승객

↓

비즈니스석 승객

↓

UM, 노약자, 유아동반 승객

↓

일반석 승객

↓

제한 승객

↓

스트레처(Stretcher) 승객

승객 하기 후 객실 점검

모든 승객이 하기한 후에는 담당구역별로 잔류 승객 여부와 유실물 점검을 실
시한다. 승객 좌석 주변, 좌석 주머니, 수하물 선반을 확인하여 승객의 유실물이
나 이상한 물건이 없는지 확인한다. 유실물 발견 시에는 유실물은 운송직원에게
인계하고 운송직원과 연결이 불가한 경우에는 출·도착 안내데스크 또는 분실물
창구에 인계한다.

Q 비행기의 Door는 여러 개 있던데요. 승객이 타고 내릴 때 왜 앞쪽 문만 여나요?
그리고 Door가 여러 개면 어떻게 구분해서 읽는지 궁금해요~

A 항공기에는 비상시 탈출을 위한 비상구(Emergency Exit Eoor)가 장착되어 있습니다. 소형기는 8개, 중·대형기는 10~16개까지 비상구가 있는데요. 혹시라도 비상사태가 발생하면 빠른 탈출이 중요하기 때문에 승객 수 대비 필요한 비상구가 장착되어 있습니다. 승객이 안타는 화물기에는 당연히 Door가 많지 않겠죠?

B737과 같은 소형기에는 평상 시 승객 탑승과 하기, 기내식 탑재 등에 이용 가능한 4개의 비상구와 비상사태 시에만 이용 가능한 Overwing Window Exit이 양쪽 날개 위에 각각 2개씩 총 8개의 비상구가 설치되어 있습니다. 또한 A380을 제외한 모든 항공기의 비상구는 수동으로 열고 닫으며 각 비상구의 하단에는 비상시 탈출 미끄럼틀과 구명보트로 사용 가능한 Slide/Raft가 장착되어 있습니다. A380은 최신 항공기로 버튼을 누르면 자동으로 열고 닫을 수가 있습니다.

각각의 비상구에도 이름이 있는데요. 비상구의 명칭은 왼쪽에 위치한 Door는 L(Left Side), 오른쪽에 위치한 Door는 R(Right Side)의 기호로 구분합니다. 그래서 전방부터 Left Side는 L1, L2, L3, L4, L5, Right Side는 R1, R2, R3, R4, R5 등으로 표기하고 호칭할 때는 '엘 원 도어(L1 Door), 알 원 도어(R1 Door)'라고 합니다. 2층(Upper Deck)이 있는 B747과 A380의 경우에는 UL1, UL2, ……, UR1, UR2, …… 등으로 표기합니다.

Q 지난번 뉴욕에서 오는데 저녁출발이라 기내식을 먹은 후 나도 모르게 잠들었었어요. 승무원이 깨워서 다음 식사를 먹으라고 하기 전까지요. 승무원들은 기내에서 잠을 안자나요?

A 안전운항을 위해 비행 소요 예정시간(Scheduled Flight Time)이 8시간 이상인 노선에는 객실승무원에게 휴식시간(Crew Rest)이 부여됩니다. 장거리비행에 투입되는 중·대형기에는 승무원들이 쉴 수 있도록 Bed Type의 휴식 공간인 Bunk가 설치되어 있는데요. 내부에는 6~8개의 침대가 장착되어 있습니다. Crew Bunk의 위치는 기종별로 상이하나 일반적으로 항공기 후방의 위층이나 중간부분의 하단에 위치하고 있고 보안상의 이유로 일반승객의 출입을 제한하기 위해 잠금장치가 장착되어 있습니다. 또한 화재, 감압 등에 대비한 Smoke Detector, 산소마스크, 휴대용 산소통, 소화기, 손전등, 인터폰 등이 구비되어 있으며 편안한 휴식을 위한 개별 독서등(Reading Light), 오디오 시스템 등이 장착되어 있습니다. 약 2시간의 휴식이지만 침대에 누워서 쉴 수 있으니 피로도 그만큼 빨리 풀리겠죠? 휴식 후에는 다시 메이크업을 수정하고 서비스를 시작한답니다.

실무 worksheet

UTC(GMT)와 Local Time - 출도착시간 안내

UTC 또는 GMT는 세계표준시를 구하여 현지시간과 비교할 수 있는 능력은 비행계획, 국제선 운항을 위한 타국 간의 영공통과 등 항공업무 수행을 위해서는 반드시 알고 있어야 한다.

● 아래 2개의 항공 스케줄을 보고 비행시간을 각각 구해보자.

가는날 출발시간 2022년 7월 1일 (금)   모든 시간은 현지 시간

KOREAN AIR   오후 9:05   8시간 50분   ✈   [   ]   ∧
                   ICN   직항   HNL

🌀 대한항공 (KAL) KE53

        오후 9:05   ICN 인천국제공항
8시간 50분
        [   ]   HNL 호놀룰루 (하와이)

도착: 2022년 7월 1일 (금) | 여행 기간: 8시간 50분

가는날 출발시간 2022년 7월 1일 (금)   모든 시간은 현지 시간

🔺 DELTA   오후 7:20   14시간 54분 ✈   [   ]   ∧
                   ICN   •   LAS
                               1회 경유 SEA

🔺 델타항공 DL196

        오후 7:20   ICN 인천국제공항
10시간 30분
        [   ]   SEA 시애틀 / 타코마 국제

1시간 48분   공항 내 연결

🔺 델타항공 DL1290

        오후 3:38   SEA 시애틀 / 타코마 국제
2시간 36분
        [   ]   LAS 라스베가스맥캐런

도착: 2022년 7월 1일 (금) | 여행 기간: 14시간 54분

QUIZ

01 승객의 모든 좌석에는 Safety Information Card가 비치되어 있다. Card에 수록된 내용이 아닌 것은?

① 흡연제한
② 구명복 착용방법
③ 좌석벨트 착용방법
④ 테러 발생 시 진압방법
⑤ 비상구 위치 및 탈출방법

02 객실승무원은 서비스를 시작하기 전 각 구역(zone)별 갤리 브리핑(galley briefing)을 실시한다. 해당되는 내용이 아닌 것은?

① 탑승객 정보 공유
② 기내식 내용 및 수량
③ 서비스 방법 및 유의사항
④ 특별기내식 내용 및 수량
⑤ 도착지 입국방법 및 호텔정보

03 기내 화장실에서 발생하는 연기를 감지하여 경보 신호를 발신함으로써 화재 발생 사실을 조기에 감지하게 하는 장치는?

① PBE
② ELT
③ AED
④ 열감지형 소화기
⑤ Smoke Detector

04 유대정교 신봉자의 식사로 율법에 따라 조리하고 기도를 올린 것으로 돼지고기는 사용하지 않으며 쇠고기, 양고기 등도 기도를 올린 것에 한하여 사용하는 특별기내식의 약어는?

05 비행 중 승객에게 서비스할 용품이 탑재되고 객실승무원들이 기내식을 준비하는 곳으로 주방을 의미하는 용어는?

항공운송실무

11

입국
Arrival

Arrival

인천공항에 도착한 비행기가 활주로를 벗어나 미끄러지듯
터미널 주기장으로 들어간다. 짧아서 아쉽지만 그만큼
즐거운 여행이었고 가족 모두 행복한 추억을 가지고 한국에
돌아오게 되어 기쁘다. 굉음의 비행기 엔진 소리가 멈추고
승무원이 비행기 도어의 조그만 창밖으로 뭔가를 한참
쳐다보고 있는데 문이 열린다. 비행기 문은 승무원이 열고
닫는 줄 알았는데 반드시 그렇지 않는가 보다.
한올이는 비행기가 도착한 후 어떤 일들이 이루어지는지도
궁금해졌다.

1. 기본개념 이해

GD(General Declaration)

- GD는 국제선 항공기가 출·입항할 때 항공편명과 기종, 출발지와 도착지 등의 항공편 기본정보와 승무원의 이름, 성별, 직책, 생년월일 등의 신상정보가 기재되어 있는 항공편 승무원 명단으로 항공기의 여권이라고 할 수 있겠다.

- 비행 도중 승무원이나 승객 중 기내에서 발생하거나 발견된 환자가 있으면 기록하여 신고하여야 한다.

- GD는 항공편 출·입항 신고의 기본자료로서 출발과 도착 전에 Immigration 당국에 미리 제출되어야 하고 정확하게 작성되어야 한다.

- GD는 ICAO의 표준 GD 양식을 토대로 작성하여 비행정보시스템인 FOIS를 이용하여 출입국관리소를 비롯한 관련기관에 제출한다.

- Paper GD를 요구하는 나라로 출항할 경우 종이에 인쇄한 GD를 탑재하는 경우도 아직 있다.

- 승무원 명단(Crew List)은 개인별로 타이틀-성-이름-국적이 표시된다.(CPT-기장, FOR-부기장, PUR-객실사무장, CAB-객실승무원 등)

▲ 승객 입국절차(국제선 기준)

ICAO Annex 9, Appendix 1

GENERAL DECLARATION
(Outward/Inward)

Owner or Operator.....

Marks of Nationality
and Registration................

Flight
No.......................................Date...........................……...

Departure from...

.Arrival at...

(Place)

(Place)

FLIGHT ROUTING
("Place"Column always to list origin, every en-route stop and destination)

PLACE	TOTAL NUMBER OF CREW	NUMBER OF PASSENGERS ON THIS STAGE
		Departure Place:
		Embarking...
		Through on same flight............................
		Arrival Place:
		Disembarking..
		Through on same flight............................

DECLARATION OF HEALTH

Persons on board with illnesses other than airsickness or the effects of accidents (including persons with symptoms or signs of illness such as rash, fever, chills, diarrhoea) as well as those cases of illness disembarked during the flight:

_____

_____

Any other condition on board which may lead to the spread of the disease:

_____

_____

Details of each disinsecting or sanitary treatment (place, date time, method) during the flight. If no disinsecting has been carried out during the flight give details of most recent disinsecting:

_____

_____

Signed, if required.....................…..........

Crew member Concerned

FOR OFFICIAL USE ONLY

I declare that all statements and particulars contained in this General Declaration and in any supplementary forms required to be presented with this General Declaration are complete and true to the best of my knowledge and that all through passengers will continue/have continued on the flight.

Signature...

Authorized Agent or Pilot-in Command

항공사 CRS를 이용하여 작성한 GD 예시

EDI(Electronic Data Interchange)

- EDI란 기업이나 조직, 행정기관 사이에서 이루어지는 거래서식과 자료를 표준문자와 문서로 정형화하여 컴퓨터로 교환하는 방식이다. 공항에서는 주로 항공기의 입항신고와 출항신고를 전자적으로 수행하는 업무를 뜻한다.
- 국제선을 운항하는 모든 항공기는 출발과 도착시각 기준, 일정시간 이전까지 세관을 비롯한 출입국행정기관에 항공기 기본정보와 승객명단, 항공기 내 사용품목과 적하목록 등을 EDI에 신고하도록 법률로 정해져 있다.

LDM(Load Distribution Message)

- 항공기에 실린 여객과 화물의 수량, 무게, 위치에 대한 요약정보가 담긴 전산 메시지로 DCS(Departure Control System) 내에 등록된 데이터가 항공기가 출발하면 미리 설정된 시간에 도착지와 경유지에 자동으로 전송된다.

• 항공기의 화물칸에 탑재된 화물 및 화물용기에 대한 상세 정보가 담긴 CPM(Cargo and Pallet Message)과 함께 경유지 및 도착지 공항에서의 지상지원업무에 필수적 정보이다.

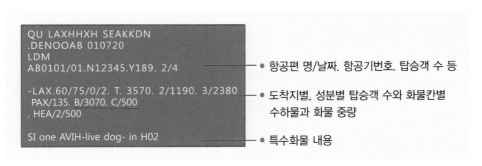

```
QU LAXHHXH SEAKKDN
.DENOOAB 010720
LDM
AB0101/01.N12345.Y189. 2/4          ──── • 항공편 명/날짜. 항공기번호. 탑승객 수 등

-LAX.60/75/0/2. T. 3570. 2/1190. 3/2380  ──── • 도착지별, 성분별 탑승객 수와 화물칸별
 PAX/135. B/3070. C/500                         수하물과 화물 중량
. HEA/2/500

SI one AVIH-live dog- in H02          ──── • 특수화물 내용
```

▲ LDM 예시

위 LDM상으로 Hold 2 컴파트먼트에 특수화물(수하물)인 AVIH(생동물)인 강아지한 마리가 실려 있음을 알 수 있다.(AVIH-Live Dog in H02)

PM(Passenger Manifest)

• 항공편에 탑승한 모든 승객의 명단으로 이름, 좌석번호, 탑승수속 순서(Sequence) 등이 목적지, 구간, 탑승클래스, 성인, 어린이, 유아 등으로 구분되어 기록되어 있다. 총 탑승객 수가 별도로 요약되어 있다.

• 항공기 화물칸에 탑재된 화물(Cargo)에 대한 목록은 Cargo Manifest(CM)라고 한다.

```
                              NavitaireTE_ReportOutput_20141228_093916_0531314004
                                          AirAsia Indonesia
28Dec14 09:39                               Flight Close                    By:3789

             Flight:  8501 SUBSIN  Date:  28Dec14/0520
=================================================================================
Totals:
Manifested          -    177         Checked-in/Boarded         -    154
Unconfirmed         -      0         No Shows                   -     23
Stand-by Pax        -      0         Cleared Stand-by Pax       -      0
Thru Manifested     -      0         Thru Checked-in/Boarded    -      0
Thru No - shows     -      0
Total Manifested    -    177         Total Checked-in           -    154

Inf. Manifested     -      4         Inf. Checked-in/Boarded    -      1
Child Manifested    -     20         Child Checked-in/Boarded   -     16
Female Manifested   -     76         Female Checked-in/Boarded  -     68
Male Manifested     -     81         Male Checked-in/Boarded    -     70

Flt Cpns Possible   -      0         Flt Cpns Required          -      0

Total Bag Checked   -    106         Total Bag Weight           -   1305

Pax Checked-In by Zone

                    M   F   C  TTL   I
  Zone 1   1-10 :  22  20   6   48   1
  Zone 2  11-21 :  26  22   4   52   0
  Zone 3  22-31 :  22  26   6   54   0
                  ---  --  --  ---  --
  Totals:         70  68  16  154   1

                                      Fare  Seq         Seat
Cnt Name                    LVL PNR   Class No  Date    No   CDst Flt
    Checked-in/Boarded:
1   CHOI,Zoe Man Suen           QG33SA Y     151 26Dec14  1B OSIN 8501
2   Choi,Chi Man                QG33SA Y     150 26Dec14  1C OSIN 8501
3   SIA,SOETIKNO                HYJL2J A      45 03Jun14  3A OSIN 8501
4   YUANITA,JOU CHRISTINE       HYJL2J A      46 03Jun14  3B OSIN 8501
```

▲ PM 예시

좌석구역(Zone) 별, 승객구성 별로 구분되어 있는 탑승객 수

항공운송실무

2. 출입국카드(Arrival & Departure Card)

　출입국카드에는 출입국심사용의 E/D Card(Embarkation and Disembarkation Card), 관세용의 Custom Card(세관신고서), 그리고 검역용의 Quarantine Card(검역신고서, Yellow Card)가 있다.

　MRP(Machine Readable Passport)와 전자여권의 보급, 출입국심사의 전산화 확대로 종이 E/D Card는 점차 사라지는 추세이고 키오스크 터치스크린으로 작성하는 나라도 늘고 있으나 물리적으로 확인이 필요한 검역과 세관심사에서는 많은 국가들이 종이로 된 신고서를 사용하고 있다.

　항공사들은 취항하는 국가(도시)의 각종 출입국카드를 국가별로 공급받거나 구매하여 홈베이스(우리나라 항공사들은 인천/김포공항)에서 분류한 다음, 출발하는 비행기에 목적지에서 사용될 신고서들과 한국으로 돌아오는 비행기에서 사용될 신고서들을 함께 싣는다. 해외 공항지점에서도 한국 또는 운항노선 국가의 출입국카드들을 일정량 보관하며 승객들이 기내에서 준비할 수 있도록 승객 수에 맞게 탑재량과 재고량을 조절한다.

1 우리나라의 입국카드

우리나라 입국카드 : 검역설문서, 입국신고서, 세관신고서

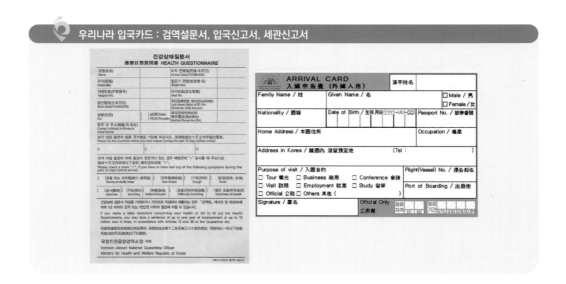

여행자 휴대품 신고서

- 모든 입국자는 관세법에 따라 신고서를 작성·제출하여야 하며, 세관공무원이 지정하는 경우에는 휴대품 검사를 받아야 합니다.
- 가족여행인 경우에는 1명이 대표로 신고할 수 있습니다.
- 신고서 작성 전에 반드시 뒷면의 유의사항을 읽어보시기 바랍니다.

성 명	
생년월일	여 권 번 호
직 업	여 행 기 간 일
여행목적	□여행 □사업 □친지방문 □공무 □기타
항공편명	동반가족수 명

대한민국에 입국하기 전에 방문했던 국가 (총 개국)
1. 2. 3.

| 국내 주소 | |
| 전화번호 (휴대폰) | ( ) |

세 관 신 고 사 항
- 아래 질문의 해당 □에 "✓"표시 하시기 바랍니다 -

	있음	없음
1. 해외(국내외 면세점 포함)에서 취득(구입, 기증, 선물 포함)한 면세범위 초과 물품(뒷면 1 참조) [총금액 : 약]	□	□
2. FTA 협정국가의 원산지 물품으로 특혜관세를 적용받으려는 물품	□	□
3. 미화로 환산하여 $10,000를 초과하는 지급수단(원화·달러화 등 법정통화, 자기앞수표, 여행자수표 및 그 밖의 유가증권) [총금액 : 약]	□	□
4. 총포류, 도검류, 마약류 또는 헌법질서·공공의 안녕질서·풍속을 해치는 물품 등 반입이 금지되거나 제한되는 물품(뒷면 2 참조)	□	□
5. 동물, 식물, 육가공품 등 검역대상물품 또는 가축전염병발생국의 축산농가 방문 ※축산농가 방문자는 검역본부에 신고하시기 바랍니다.	□	□
6. 판매용 물품, 업무용 물품(샘플 등), 다른 사람의 부탁으로 반입한 물품, 예치 또는 일시수출입물품	□	□

본인은 이 신고서를 사실대로 성실하게 작성하였습니다.
년 월 일
신고인 : (서명)

85mm×210mm (백상지 120g/m²)

[신고물품 기재란]

- 주류·향수·담배 (면세범위가 초과하는 경우에는 전체 반입량을 적습니다)

| 주류 | 병, 총 | ℓ, 금액 US $ |
| 담배 | 갑(20개비 기준) | 향수 ml |

- 그 밖의 면세범위 (US $600) 초과 물품

품 명	수(중)량	금 액

1. 휴대품 면세범위
- 주류·향수·담배

	주 류	향 수	담 배
1병 (2ℓ이하로서 US $400이하)		60㎖	200개비

* 만19세 미만인 사람에게는 주류 및 담배를 면세하지 않습니다.

- 기타 물품
US $600이하
(자가 사용, 선물용, 신변용품 등으로 한정합니다.)
- 다만, 농림축산물, 한약재 등은 10만원 이하로 한정하며, 품목별로 수량 또는 중량에 제한이 있습니다.

2. 반입이 금지되거나 제한되는 물품
- 총류(모의총포)·도검 등 무기류, 실탄 및 화약류, 방사성물질, 감청설비 등
- 메타암페타민·아편·헤로인·대마 등 마약류 및 오·남용 우려 의약품
- 헌법질서·공공의 안녕질서·풍속을 해치는 물품 및 정부의 기밀을 누설하거나 첩보활동에 사용되는 물품
- 위조(변조)품 및 지식재산권 침해물품, 위조지폐 및 위·변조된 유가증권
- 웅담, 사향, 녹용, 악어 가죽, 상아 등 멸종위기에 처한 야생 동식물 및 관련 제품

3. 검역대상물품
- 살아있는 동물(반려견 등) 및 수산동물(물고기 등) 고기, 육포, 소시지, 햄 치즈 등 육가공품
- 흙, 호두, 망고, 오렌지, 체리 등 생과일, 견과류 및 채소류

※ 유의사항
- 성명은 여권의 한글 또는 영문명으로 적으시기 바랍니다.
- 신고 대상 물품을 신고하지 않거나 허위신고 또는 대리반입하는 경우 「관세법」에 따라 5년 이하의 징역 또는 해당물품 유치, 가산세 부과 (납부세액의 40%, 2년이내 2회 초과할 경우에는 60%), 통고처분 및 해당물품 몰수 등의 불이익을 받게 됩니다.
- FTA 협정 등에 따라 입장 요건을 갖춘 물품은 특혜 관세를 적용받을 수 있으며, 다만 사후에 특혜관세를 신청하려는 경우에는 일반 수입신고가 필요합니다.
- 그 밖의 궁금하신 사항은 세관공무원 또는 ☎125로 문의하시기 바랍니다.

보건복지부
질병관리본부

검역감염병 오염지역 2020년 1월 1일 기준

'검역감염병 오염지역 또는 오염인근지역'을 감시 기간 내 방문(체류 또는 경유) 한 사람은 입국 시 반드시 「건강상태질문서」 를 작성하여 검역관에게 제출해야합니다.
이를 위반할 경우, 검역법 제12조 및 제39조에 따라 1년 이하의 징역 또는 1천만원 이하의 벌금에 처해질 수 있습니다.

검역감염병 (감시기간)
- C 콜레라(5일)
- M 페스트(6일)
- Y 황열(6일)
- A 동물(조류)인플루엔자인체감염증(10일)
- P 폴리오(21일)
- E 중동호흡기증후군(MERS)(14일)
- E 에볼라바이러스병(21일)

 검역감염병 오염지역

해외감염병 NOW
www.해외감염병NOW.kr

아프리카 (35개국)							
가나	Y	가봉	Y	감비아	Y	기니	Y
기니비사우	Y	나이지리아	Y	남수단	Y	니제르	Y
라이베리아	Y	마다가스카르	M	말리	Y	부르키나파소	Y
모잠비크	C	베냉	Y	부룬디	Y	시에라리온	Y
세네갈	Y	소말리아	P	수단	Y	시에라리온	Y
잠비아	C	앙골라	Y	에티오피아	Y	우간다	Y
적도기니	Y	중앙아프리카공화국	Y	짐바브웨	C	차드	Y
카메룬	Y	케냐	Y	코트디부아르	Y	콩고	Y
콩고민주공화국	Y	탄자니아	C	토고	Y		

아시아·중동·오세아니아 (16개국)			
레바논*	M	바레인*	M
사우디아라비아	M	아랍에미리트	M
아프가니스탄	P	예멘*	M
오만	M	요르단*	M
이란*	M	인도	Y
중국** (4개 성시)	M	카타르*	M
쿠웨이트*	M	파키스탄	P
파푸아뉴기니	Y	필리핀	Y

* 메르스 오염인근지역 선정
** 중국 4개 성(시) - 시(市): 광둥성, 윈난성, 장쑤성, 후난성

아메리카 (14개국)			
가이아나	Y	베네수엘라	Y
볼리비아	Y	브라질	Y
수리남	Y	아르헨티나	Y
아이티	C	에콰도르	Y
콜롬비아	Y	트리니다드토바고	Y
파나마	Y	파라과이	Y
페루	Y	프랑스령 기아나	Y

▲ 2020년 1월 1일 시행되는 '검역감염병 오염지역 및 '오염인근지역'(2020년 1월 기준)

② COVID-19 특별검역

우리나라는 '20년 4월 이후 COVID-19에 따른 특별 입국절차를 반영하였으나 잦은 변동이 있어 적용 가능한 유효한 절차는 수시로 질병관리청 지침을 참고하여야 함

- 질병관리청 국립검역소 홈페이지 : https://nqs.kdca.go.kr/nqs/quaStation/incheonAirport.do?gubun=step
- 해외입국자 방역지침 일반(2022년 3월 기준)
- 해외공항 출발 시 PCR 음성 확인서 제출 : 미소지 또는 부적합 확인서를 소지한 내·외국인은 항공기 탑승제한

우리나라 공항(인천공항) 도착 후 PCR 음성 확인서의 부적합 등이 확인된 경우, 내국인은 입국 후 격리 조치(시설격리 5일-비용 자부담 + 자가격리 2일), 외국인은 입국불허

▲ 출처 : 질병관리청 해외입국자 방역관리 흐름도

③ 주요 국가별 E/D Card 운영 유형

유형	국가	비고
출국/입국 모두 필요	러시아, 미얀마, 중국, 카자흐스탄, 캄보디아, 태국, 호주 등	입국할 때 출국신고서도 함께 작성하여 제출
입국만 작성	대만, 영국, 인도, 일본, 필리핀, 한국, 홍콩, 싱가포르 등	한국 : 한국국적, 등록외국인은 생략 싱가포르 : 입국카드 제출 시 출국카드(화이트카드)를 받아 여권에 부착한다.
출국/입국 모두 없음	미국(본토), 베트남, 인도네시아, 우즈베키스탄, 프랑스, 독일, (캐나다) 등	미국령인 괌, 사이판 등은 필요 캐나다는 밴쿠버, 토론토 등 일부 공항에서 전자신고로 대체

④ E/D Card 작성 기본 요령

- 영문 알파벳 대문자로 기입한다.
- 검정색이나 파란색 볼펜을 사용한다.
- 칸이 나뉘어져 있는 형태는 한 칸에 한 글자씩 쓴다.
- 날짜는 Day, Month, Year 표식이 없으면 일, 월, 연도 순으로 적는다.
- 이름 란에 Middle Name은 쓰지 않아도 된다.
- 한국출발 비행기에는 보통 한국어로 된 카드도 제공된다.

⑤ 주요 유형 별 E/D 카드 작성

호주

호주는 입국심사가 까다로운 국가의 하나로 검역심사는 특히 엄격하다. 입국카드(Incoming passenger card), 출국카드(Outgoing passenger card) 따로 작성하며, 두 종류 모두 앞뒤 2면으로 되어 있고 기록할 항목이 많지만 입국카드 하나로 세관과 검역 모두 심사받는다.

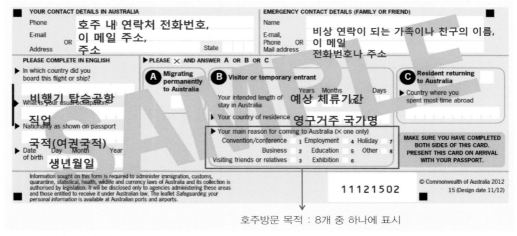

| Incoming passenger card • Australia | YOU MUST ANSWER EVERY QUESTION – IF UNSURE, Yes ✗ |

Incoming passenger card • Australia

PLEASE COMPLETE IN ENGLISH WITH A BLUE OR BLACK PEN

▶ Family/surname   성

▶ Given names   이름

▶ Passport number   여권번호

▶ Flight number or name of ship   항공편 명

▶ Intended address in Australia   호주 내 체류지 주소

State

▶ Do you intend to live in Australia for the next 12 months?   Yes   No

▶ If you are NOT an Australian citizen:

Do you have tuberculosis?   Yes   No

Do you have any criminal conviction/s?   Yes   No

YOU MUST ANSWER EVERY QUESTION – IF UNSURE, Yes ✗

▶ Are you bringing into Australia:

1. Goods that may be prohibited or subject to restrictions, such as medicines, steroids, illegal pornography, firearms, weapons or illicit drugs?   Yes   No
2. More than 2250mL of alcohol or 50 cigarettes or 50g of tobacco products?   Yes   No
3. Goods obtained overseas or purchased duty and/or tax free in Australia with a combined total price of more than AUD$900, including gifts?   Yes   No
4. Goods/samples for business/commercial use?   Yes   No
5. AUD$10,000 or more in Australian or foreign currency equivalent?   Yes   No

Note: If a customs or police officer asks, you must report travellers cheques, cheques, money orders or other bearer negotiable instruments of any amount.

6. Meat, poultry, fish, seafood, eggs, dairy, fruit, vegetables?   Yes   No
7. Grains, seeds, bulbs, straw, nuts, plants, parts of plants, traditional medicines or herbs, wooden articles?   Yes   No
8. Animals, parts of animals, animal products including equipment, pet food, eggs, biologicals, specimens, birds, fish, insects, shells, bee products?   Yes   No
9. Soil, items with soil attached or used in freshwater areas e.g. sports/recreational equipment, shoes?   Yes   No
10. Have you been in contact with farms, farm animals, wilderness areas or freshwater streams/lakes etc in the past 30 days?   Yes   No
11. Were you in Africa, South/Central America or the Caribbean in the last 6 days?   Yes   No

DECLARATION
The information I have given is true, correct and complete. I understand failure to answer any questions may have serious consequences.

YOUR SIGNATURE   서명   Day Month Year

TURN OVER THE CARD   English

다음 12개월 동안 호주에 머물 계획이십니까?
당신이 호주 시민이 아니라면 ;
결핵을 앓고 있습니까?
범죄 전과가 있습니까?

휴대품(수하물) 중에 해당하는 물품이 있거나 확실치 않으면 Yes에 표시하고, 없으면 No에 표시한다. Yes가 하나라도 있으면 정밀심사 대상이 되며, Yes가 없더라도 심사대상이 될 수 있다.

▲ 호주 입국카드 앞면 (영문)
Incoming passenger card라고 하며, 뒷면도 작성한다. 영어 대문자로 한 칸에 한 글자씩 쓴다.

YOUR CONTACT DETAILS IN AUSTRALIA

Phone   호주 내 연락처 전화번호,
E-mail   OR   이 메일 주소,
Address   주소   State

EMERGENCY CONTACT DETAILS (FAMILY OR FRIEND)

Name   비상 연락이 되는 가족이나 친구의 이름,
E-mail, Phone   OR   이 메일
Mail address   전화번호나 주소

PLEASE COMPLETE IN ENGLISH

▶ In which country did you board this flight or ship?   비행기 탑승공항

▶ What's your usual occupation?   직업

▶ Nationality as shown on passport   국적(여권국적)

▶ Date of birth   Day Month Year   생년월일

▶ PLEASE ✗ AND ANSWER A OR B OR C

A Migrating permanently to Australia

B Visitor or temporary entrant

▶ Your intended length of stay in Australia   Years Months Days   예상 체류기간

▶ Your country of residence   영구거주 국가명

▶ Your main reason for coming to Australia (✗ one only)

Convention/conference 1   Employment 4   Holiday 7
Business 2   Education 5   Other 8
Visiting friends or relatives 3   Exhibition 6

C Resident returning to Australia

▶ Country where you spent most time abroad

MAKE SURE YOU HAVE COMPLETED BOTH SIDES OF THIS CARD. PRESENT THIS CARD ON ARRIVAL WITH YOUR PASSPORT.

Information sought on this form is required to administer immigration, customs, quarantine, statistical, health, wildlife and currency laws of Australia and its collection is authorised by legislation. It will be disclosed only to agencies administering these areas and those entitled to receive it under Australian law. The leaflet Safeguarding your personal information is available at Australian ports and airports.

11121502

© Commonwealth of Australia 2012
15 (Design date 11/12)

호주방문 목적 : 8개 중 하나에 표시

▲ 호주 입국카드 뒷면 (영문)

싱가포르

싱가포르는 면세국가로 별도 작성해야 하는 세관카드와 일반승객에 대한 검역카드는 없다. 출입국카드는 한 장으로 되어 있어 입국할 때 작성하여 제출하

면 출국카드에 스탬프를 찍고 절취하여 여권에 붙여주는데 출국심사 시에 이를 제출하여야 한다.

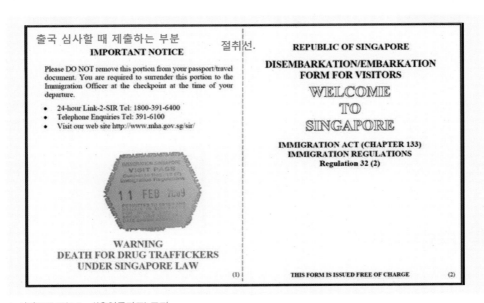

최근 6일 이내에 아프리카 또는 남미지역을 방문했는가?
과거에 다른 이름으로 싱가포르에 입국한 적이 있는가?
싱가포르에 입국을 금지당한 적이 있는가?

입국 심사관이 이 부분을 절취하여 여권과
함께 돌려주며, 출국카드로 쓰이므로 보관
하였다가 출국 심사할 때 제출하여야 한다.

▲ 싱가포르 출입국카드 (영문)
Disembarkation/Embarkation Card(D/E Card)라고 부른다. 영어 대문자로 한 칸에 한 글자씩 쓴다.

출국 심사할 때 제출하는 부분
IMPORTANT NOTICE

절취선.

REPUBLIC OF SINGAPORE

DISEMBARKATION/EMBARKATION FORM FOR VISITORS

Please DO NOT remove this portion from your passport/travel document. You are required to surrender this portion to the Immigration Officer at the checkpoint at the time of your departure.

WELCOME
TO
SINGAPORE

- 24-hour Link-2-SIR Tel: 1800-391-6400
- Telephone Enquiries Tel: 391-6100
- Visit our web site http://www.mha.gov.sg/sir/

IMMIGRATION ACT (CHAPTER 133)
IMMIGRATION REGULATIONS
Regulation 32 (2)

11 FEB 2009

WARNING
DEATH FOR DRUG TRAFFICKERS
UNDER SINGAPORE LAW

(1)

THIS FORM IS ISSUED FREE OF CHARGE

(2)

▲ 싱가포르 D/E Card(출입국카드) 표지

캐나다

캐나다의 밴쿠버, 토론토, 오타와 등 주요 공항은 입국심사 전에 설치된 키오스크에서 입국신고서를 작성한다. 'eDeclaration'으로 불리는 전자입국신고서로 UM, Non MRP(Non-Machine-Readable Passport) 소지자를 제외한 모든 승객이 이용할 수 있다.

거주지 주소가 같으면 동반자로 추가하여 5명까지 함께 쓸 수 있고 영어 외에 한국어를 포함한 다양한 언어로 설명되어 있어 쉽게 사용할 수 있다.

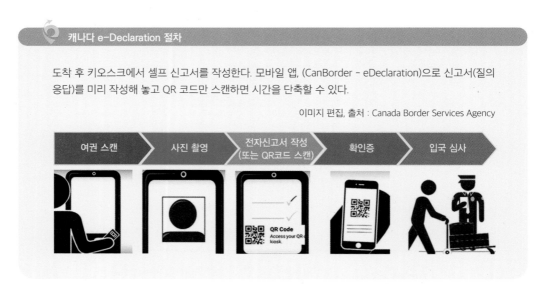

캐나다 e-Declaration 절차

도착 후 키오스크에서 셀프 신고서를 작성한다. 모바일 앱, (CanBorder - eDeclaration)으로 신고서(질의응답)를 미리 작성해 놓고 QR 코드만 스캔하면 시간을 단축할 수 있다.

이미지 편집, 출처 : Canada Border Services Agency

| 여권 스캔 | 사진 촬영 | 전자신고서 작성 (또는 QR코드 스캔) | 확인증 | 입국 심사 |

3. 비행기 문 열기(Door Open)

❶ 입국업무 기본절차

입국담당직원(Arrival Duty Agent)의 기본업무는 도착하는 비행기의 문을 적절한 시간에 안전하게 여는 것이다.

직원은 비행기 도착예정시각 10분 전에 해당 게이트로 가서 비행기 도착 준비가 되었는지 확인하고 미비점이 있을 경우 필요한 조치를 한다.

- PBB Operator(브리지 작동직원) 대기
- Ramp 지원 준비 상태 확인
- 휠체어서비스 직원 대기 여부(서비스 신청승객이 있을 경우)
- 입국안내판 위치 확인
- 승객 입국동선상의 장애물 유무 확인

항공사와 노선에 따라 조금씩 다르지만 입국직원의 일반적 업무절차는 다음과 같다.

Gate Show-up 항공기 Meeting 준비	항공기 ETA 10분 전 대기 브리지 작동직원 Show-up 확인, Ramp 지원장비 확인, LDM 및 기타 메시지 확인
Door Open	기종별 Door Open 절차와 방법 숙지 Door Open 승무원과 인사 및 인계인수
Flight Pouch 인계	GD, PM, CM, Meal Sheet 등 항공서류 인계 및 확인 WCHR(휠체어) 승객, Short Connection T/S 승객 등 기타 서비스 필요승객 정보 확인
승객 안내	Gate Delivery 유모차 승객에게 유모차 연계 T/S 승객 동선 및 Gate 안내 승객 Paging(필요 시)
승무원 안내 및 Gate Close	Crew Landing Permit 준비(필요 시) Crew 에스코트(필요 시) Gate Close 및 확인

▲ Arrival Duty 업무 절차(브리지 도착편)

2 Door Open

비행기의 모든 도어는 비상구 역할을 한다. 날개 위의 비상구(Overwing Exit) 외의 모든 도어에는 비상탈출 슬라이드(Escape Slide)가 장착되어 있고 도어를 잘못 취급

하면 슬라이드가 갑자기 팽창하여 안전사고를 일으킬 수 있기 때문에 기종별로 정해진 도어 개폐 절차를 정확히 숙지하고 지켜야 한다.

Door Open 기본절차

- 비행기 도어 오픈에는 비행기 내에서 승무원이 여는 것과 승무원의 사인을 받고 비행기 밖에서 지상직원이 여는 것의 두 가지 방식이 있다.
- 대체로 Wide Body(대형기)는 밖에서 지상직원이 열고, Narrow Body(소형기)는 기내에서 승무원이 오픈한다. Wide Body는 밖에서 문을 열면 Escape Slide 모드가 자동적으로 정상위치로 변경되지만 B737과 같은 소형기는 그렇지 않기 때문에 승무원이 확실한 안전조치를 한 다음 직접 열게 되어 있다.
- 어떠한 기종이든 지상직원은 승무원과의 수신호를 주고받은 다음 문을 열거나(Wide Body) 또는 승무원이 문을 열 때까지 기다려야 한다.

▲ 탑승교(접현주기장/보딩브리지)에서의 비행기 도어 오픈 절차

• 육성으로 의사소통을 할 수 없는 상태에서 수신호는 매우 중요하고 승무원과 지상직원 모두 서로의 사인을 확인한 다음 도어를 오픈한다.

• Wide body라고 지상직원이 승무원의 OK 사인을 확인하지 않고 외부에서 벌컥 문을 열어서는 물론 안 되며, Narrow Body라고 해서 지상직원의 OK 사인이 없는데 승무원이 문을 여는 것도 위험할 수 있다.

Door Open 예시

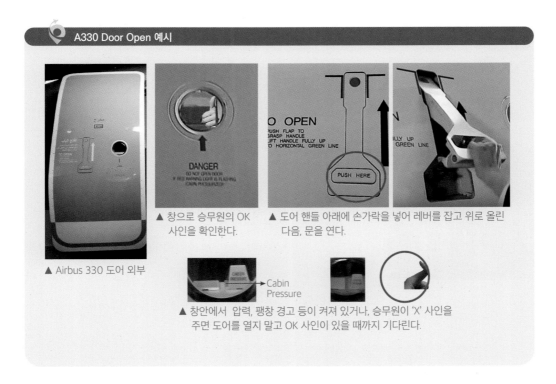

A330 Door Open 예시

▲ Airbus 330 도어 외부

▲ 창으로 승무원의 OK 사인을 확인한다.

▲ 도어 핸들 아래에 손가락을 넣어 레버를 잡고 위로 올린 다음, 문을 연다.

▲ 창안에서 압력, 팽창 경고 등이 켜져 있거나, 승무원이 'X' 사인을 주면 도어를 열지 말고 OK 사인이 있을 때까지 기다린다.

복수 PBB 연결 시 Door Open 순서

주기장 등급

• 항공기가 파킹할 수 있는 공간과 시설을 주기장이라고 한다. 주기장에는 탑승교라 불리는 PBB(Passenger Boarding Bridge)가 설비되어 있는 접현주기장(Gate)과 PBB 없이 Step Car(이동계단차량)를 이용하여 승하기를 하게 되는 원격주기장이 있다.

▲ C급 주기장

▲ E급 주기장

▲ F급 주기장

- 접현주기장은 주기할 수 있는 항공기의 등급에 따라 C, D, E, F 등급으로 나뉜다. C급 항공기만 주기할 수 있는 주기장은 C급, F급 항공기까지 주기할 수 있다면 F급이다. C급은 한 개의 PBB가 있으며 B737 수준의 소형기가 사용하고, D급은 B767이나 A300 기종이, E급은 B747 기종이, F급은 3개의 PBB가 설비되어 있으며 A380이 주기할 수 있다.

- 우리나라에서 F급 항공기가 이착륙할 수 있고 주기 가능한 브리지를 갖춘 공항은 인천공항이 유일하다. 인천공항에는 접현 111개, 원격 59개의 여객기주기장이 있다.

- 김포, 청주공항은 F급 접현주기장은 없지만 A380 항공기가 이착륙 가능하여 F급 항공기의 대체공항으로 지정되어 있다.

항공기 등급

항공기의 등급은 날개폭(Wing Span)과 주륜 외곽의 폭(Outer Main Gear Wheel Span)에 따라 정해지며 주륜 외곽의 폭은 양쪽 메인기어(뒷바퀴)의 가장 바깥쪽 바퀴의 가장자리 사이의 폭을 말한다.

분류 문자	항공기 주 날개의 폭	항공기 주륜 외곽의 폭
A	15m 미만	4.5m 미만
B	15m 이상 24m 미만	4.5m 이상 6m 미만
C	24m 이상 36m 미만	6m 이상 9m 미만
D	36m 이상 52m 미만	9m 이상 14m 미만
E	52m 이상 65m 미만	9m 이상 14m 미만
F	65m 이상 80m 미만	14m 이상 16m 미만

항공기 등급

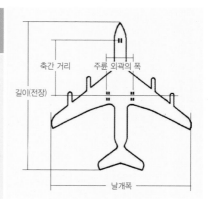

출처 : 국토교통부

Door Open 순서

- 항공기가 주기(Parking)하면 L1 Door가 PBB의 Cab(항공기 도어와 연결되는 브리지의 끝부분) 과 연결되고, 2개의 PBB 사용 시에는 L1과 L2 Door가 각각 연결된다.
- 2개의 PBB를 동시에 사용할 때는 First/Business Class 승객이 먼저 하기할 수 있도록 L1 Door를 먼저 Open한다.
- 복층구조인 A380은 3개의 브리지가 연결되는데, L1 Door 및 2층(UDL1) Door → 1층 L 2 Door 순서로 Open한다.

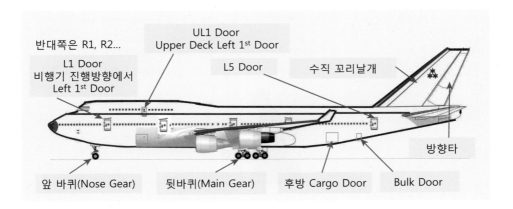

4. INAD Passenger

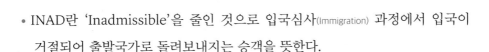

- INAD란 'Inadmissible'을 줄인 것으로 입국심사(Immigration) 과정에서 입국이 거절되어 출발국가로 돌려보내지는 승객을 뜻한다.
- 출입국관리소(Immigration Authority)는 INAD 승객을 운송한 항공사(Delivering Carrier)에 게 도착 직전의 공항으로 다시 돌려보내도록 지시(송환지시)할 수 있다.

• 송환지시를 받은 항공사는 승객의 입국거절 이유와 상관없이 송환 및 송환될 때까지의 비용(숙식 등)에 대한 책임을 지고 그 결과를 보고하도록 법률로 규정하고 있다. [출입국관리법 시행령 제88조 (송환의 의무)]

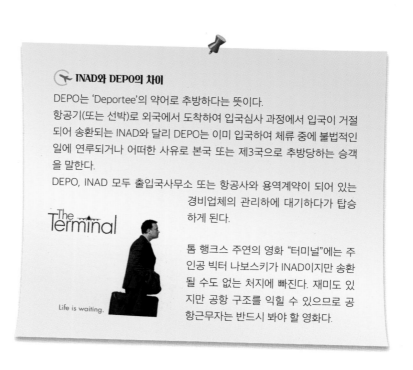

INAD와 DEPO의 차이

DEPO는 'Deportee'의 약어로 추방하다는 뜻이다.

항공기(또는 선박)로 외국에서 도착하여 입국심사 과정에서 입국이 거절되어 송환되는 INAD와 달리 DEPO는 이미 입국하여 체류 중에 불법적인 일에 연루되거나 어떠한 사유로 본국 또는 제3국으로 추방당하는 승객을 말한다.

DEPO, INAD 모두 출입국사무소 또는 항공사와 용역계약이 되어 있는 경비업체의 관리하에 대기하다가 탑승하게 된다.

톰 행크스 주연의 영화 "터미널"에는 주인공 빅터 나보스키가 INAD이지만 송환될 수도 없는 처지에 빠진다. 재미도 있지만 공항 구조를 익힐 수 있으므로 공항근무자는 반드시 봐야 할 영화다.

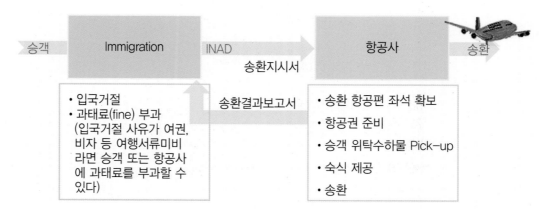

▲ INAD 처리 절차

송환지시서						송환결과보고서			

송환지시서
법무부
MINISTRY OF JUSTICE

년   월   일
Date

송 환 지 시 서
REPATRIATION ORDER

○○○ 귀하
To :

귀하는 출입국관리법 제76조의 규정에 의하여 아래 사람을 귀하의 부담으로 대한민국 밖으로 송환하여야 함을 지시합니다.
It is notified that you have to repatriate the under mentioned person at your expense to the exterior of the Republic of Korea pursuant to Article 76 of the Immigration Law.

1. 성 명   성 별
   Name in Full _____   Sex _____
2. 생년월일
   Date of Birth _____
3. 국 적   4. 직 업
   Nationality _____   Occupation _____
5. 대한민국내주소
   Address in Korea _____
6. 송환사유
   Reason for Repatriation : _____

○○ 출입국관리사무소장 ㊞
CHIEF, ○○ IMMIGRATION OFFICE

송환결과보고서

년   월   일
DATE :

송 환 결 과 보 고 서

○○출입국관리사무소장 귀하
TO : CHIEF, ○○IMMIGRATION OFFICE

출입국관리법 제76조의 규정에 의하여 아래 사람의 송환을 마치고 이를 보고합니다.
I hereby report that in accordance with Article 76 of the Immigration Law the Repatriation of the under-mentioned person has been completed as follow.

1. 성 명
   NAME IN FULL
2. 생년월일
   DATE OF BIRTH
3. 국 적
   NATIONALITY
4. 송환일시
   DATE OF REPATRIATION
5. 송환국
   COUNTRY OF REPATRIATION
6. 송환방법
   MEANS OF REPATRIATION
7. 송환근거
   GROUND OF REPATRIATION

년 월 일자 송환 제   호
REPATRIATION ORDER
NO.   AS OF   .   .   .

송환자 서명_____
SIGNATURE OF THE CAPTAIN OR THE FORWARDER

5. 보조서비스 업무

1 Gate Delivery Item

- Gate Delivery Item은 도착지공항의 Gate에서 승객 하기 시에 해당 승객에게 전달되어야 하는 물품을 의미한다.
- 유아동반 승객이 사용하는 유모차, 노약자 보행에 필요한 보행보조기구(Walker), 지체장애인이 쓰는 휠체어 같이 출발지에서 승객이 탑승 직전까지 사용하였으나 기내반입이 불가하여 화물칸으로 송부한 위탁수하물로 도착지에서 항

공기 도어 밖에서부터 승객이 필요로 하는 장비나 물품이다.

• 승객이 원하면 출발지 탑승수속 카운터에서 도착지 Gate Delivery Item으로 위탁할 수도 있다.

• 항공기 도착 후 Ramp 직원이 우선적으로 하역하여 항공기 도어 또는 브리지 안쪽으로 전달한다.

• 입국담당직원은 메시지와 DCS를 통해 해당 편의 Item들을 사전에 확인한다.

• Gate에서 Ramp 직원으로부터 인계받아 해당 승객에게 Bag Tag과 대조확인을 거쳐 전달한다.

Item 종류

유모차(Baby Stroller), Walker, 휠체어(Wheelchair)

▲ Stroller
탑승구에서 탑재 전 포장되는 유모차 (대한항공 블로그)

▲ Walker

▲ Wheelchair

정보 확인 방법

> LDM(Load Distribution Message) 및 PSM(Passenger Service Message) 확인, DCS(Departure Control System) 검색

키워드

- STRG : Stroller Gate Delivery. 출발지 탑승구에서 위탁수하물로 취급되어 항공기 화물칸(Bulk)에 실려 도착 즉시 도착편의 Gate로 전달되어야 하는 Stroller 또는 Walker(워커)
- STRC : Stroller Carrousel. 일반 위탁수하물과 같이 BCA(Baggage Claim Area)로 배출되는 Stroller

2 Crew 안내

승무원은 어느 나라에서나 일반승객보다 간소한 입출국심사를 받는 것이 관례다. 우리나라에서도 사증(VISA)이 필요한 국내외 항공기의 승무원에게는 입국사증(비자) 대신 일시 상륙허가제도를 적용한다.

상륙허가제도는 재외공관장(영사)이 발급한 사증을 토대로 입국을 허가하는 것이 아니라 출입국심사관이 상륙을 허가하는 절차다. 빈번한 입출국을 하는 승무원들에게 출입국심사날인과 출입국신고서 작성을 생략하거나 상륙허가서(Landing Permit)로 대체하는 등 비교적 간단한 절차를 적용하여 원활한 항공기 운항을 지원하는 것이다.

상륙허가 대상 승무원이 되려면 사전에 출입국관리소에 승무원 등록이 되어 있어야 하고 항공기 도착·출발 전에 제출되는 GD에 신원정보가 등재되어야 한다.

입국직원은 항공사에 따라 승무원 상륙허가서를 준비하여 제공하고, 외국적 항공사(OAL)의 경우 항공사 요청에 따라 승무원을 에스코트하여 출입국 심사 과정을 안내하고 도와준다.

항공운송실무

Crew Meeting	GD 확인	입국심사장 이동	입국심사 지원	BAG P/U 확인	Crew Bus 로 안내
Crew 업무 종료	실제 탑승 승무원 명단 대조 확인	Crew 전용 심사 Booth로 안내	명단 차이 등 이상 여부 모니터링	수하물 수취 확인	Crew Bus 대기장소로 안내

▲ Crew 에스코트 절차(도착)

상 록 허 가 신 청 서 APPLICATION FOR	CREW(SINGLE, MULTIPLE) EMERGENCY DISASTER		LANDING PERMIT
SURNAME	한자성명		
GIVEN NAMES	남 MALE 여 FEMALE		
생년월일 DATE OF BIRTH 년 YEAR / 월 MONTH / 일 DAY	국적 NATIONALITY		
여권번호 PASSPORT NO.	직업 및 직장명 OCCUPATION		
상륙이유 REASON FOR LANDING	상륙신청기간 PERIOD OF LANDING		
입항편명 FLIGHT NO./ DISEMBARKATION	출항편명 FLIGHT NO./ EMBARKATION		
전기항지 PORT ARRIVED FROM	차항지 NEXT PORT OF CALL		

I declare that I will faithfully observe the IMMIGRATION LAW OF THE REPUBLIC OF KOREA, and notify to all crew members and passengers that they must observe the LAW, and assume whole responsibility for all the charges which might be occured by them.

서명 SIGNATURE OF APPLICANT(AGENT/MASTER)

공 용 란 OFFICIAL USE ONLY

행동범위 AREA OF MOVEMENT	허가기간 PERIOD OF PERMIT

제한·조건 RESTRICTIONS OR CONDITIONS

실무 worksheet

1. 현재 시점에서 인천공항에서 적용하고 있는 '코로나에 따른 특별검역절차'를 각자 찾아보고 조 별로 정리하여 발표해보자.

해외공항에서 탑승 시 확인해야 하는 서류	
인천공항 도착 시 승객에게 확인하는 검역절차	
도착 후 유증상 승객에 대한 조치 절차	

실무 worksheet

2. 톰 행크스 주연의 영화 '터미널'을 감상하고 교수님의 지도를 받아 아래 항목에 대한 소감을
말해보자.

영화 속의 상황과 실제 절차나 제도와의 상이점	
나(우리 조)의 감상	
우리나라 공항의 INAD 처리 절차	

QUIZ

01 다음 중 GD(General Declaration)를 보고 알 수 없는 정보는 무엇인가?

① Flight Number(운항편명)　　　　② Flight Time(비행시간)

③ 환자승객 발생 여부　　　　　　④ 남녀 승무원 수

⑤ 비행기 등록번호(A/C Registration No.)

02 다음은 항공기의 여객과 화물의 수량, 무게, 위치에 대한 요약정보가 담긴 전산메시지인 LDM의 일부이다. 붉은색 밑줄이 나타내는 뜻을 쓰시오.

```
QU LAXHHXH SEAKKDN
.DENOOAB 010720
LDM
AB0101/01.N12345.Y189. 2/4

-LAX.60/75/0/2. T. 3570. 2/1190. 3/2380
 PAX/135. B/3070. C/500
. HEA/2/500

SI one AVIH-live dog- in H02
```

03 다음 입국담당 직원(Arrival Duty)이 비행기 Meeting 전 확인하여야 할 사항에 해당되지 않는 것은?

① PBB Operator(브리지 작동직원)가 있는가?

② Ramp에 도착 비행기를 지원할 인력/장비가 준비되어 있는가?

③ 휠체어를 요청한 승객이 있는데 서비스 직원은 와 있는가?

④ 출항편 교대 승무원들이 대기하고 있는가?

⑤ 도착 Gate 출구가 열려 있는가?

QUIZ

04 다음 중 INAD에 대한 설명으로서 해당되지 않는 것은?

① 입국심사(Immigration) 과정에서 입국이 거절된 승객이다.
② 보통 당일 또는 가장 빠른 항공편으로 승객이 출발한 국가로 송환된다.
③ 승객을 운송한 항공사에게 벌금이 부과될 수도 있다.
④ 승객이 송환될 때까지는 공항당국에서 승객의 숙식을 책임진다.
⑤ 승객이 송환을 거부하거나 여권이나 비자 등의 여행서류가 부적합하여도 최초 출발지로 송환되어야 한다.

05 다음 용어가 뜻하는 바를 설명하시오.

STRG :

 참고문헌

[도서]

- 김경숙(2014), 『항공서비스론』, 백산
- 김경혜(2021), 『항공사 여객서비스개론』, 한올
- 노정철 외(2011), 『항공운송서비스 경영론』, 한올
- 노정철 · 최형인(2011), 『항공서비스경영론』, 한올
- 대한항공, In Flight Magazine(2017) 『Beyond』
- 박귀환 외(2003), 『국제화물운송론』, 두남
- 박시사(2008), 『항공사경영론』, 백산
- 박혜정(2010), 『항공객실업무』, 백산
- 사단법인 대한민국항공회(2015), 『대한민국 항공사』
- 애드리안 불(2005), 『여행과 관광의 경제학』, 이응진/최현숙 역, 일신사
- 유경인(2013), 『항공업무와 객실구조』, 기문사
- 윤문길 외(2014), 『글로벌 항공운송서비스 경영』, 한경사
- 이지영 · 이병윤 · 윤선정(2014), 『GDS항공예약실무』, 한올
- 전순환(2016), 『국제운송물류론』, 한올
- 정보통신연구진흥원 주간기술통향 1333호
- 정재락(2008), 『항공운송개론』, 두남
- 조영신 외(2012), 『최신 항공객실업무론』, 한올
- 토파스여행정보(2021), 『항공예약』
- 토파스여행정보(2021), 『발권실무』
- 허희영(2003), 『항공운송산업론』, 명경사
- G.H Stonehouse(2001), LRP(long range planning) Vol.34(2) The Role of Knowledge Facilitators and Inhibitors:: Lessons from Airline Reservations Systems.
- IATA Passenger Facilitation 2016. End to end passenger integrated process.
- IATA Ticketing Handbook 2007. IATA.
- IOSR Journal of Business and Management (IOSR-JBM) ISSN: 2278-487X. Volume 4, Issue 4 (Sep-Oct. 2012)
- NCS 『항공객실서비스』
- NCS 『항공여객운송』
- Rigas Doganis(2006) 『Airline Business』. Routledge- Master e-book. 4.Alliance.

[자료 및 웹사이트]

- 관광진흥법
- 관세법
- 관세청 블로그
- 국가기록원
- 국제항공운수권 및 영공통과이용권 배분 등에 관한 규칙 (2009.10.22. 제정)
- 국토교통부 보도자료
- 국토교통부 정책마당
- 국토교통부. 항공교통보고서 2016. 2017
- 농림축산검역본부
- 대한항공 홈페이지
- 아시아나항공 홈페이지
- 에어부산 홈페이지
- 에어서울 홈페이지
- 에어인천 홈페이지
- 에어포탈시스템(2017.7.13), 항공통계.
- 에어포탈시스템. 항공시장동향. 60호(2017.6).
- 여성가족부 블로그
- 외교통상부 여권정보
- 우리나라 항공협정 체결현황(외교통상부. 2017.3월 기준)
- 이스타항공 홈페이지
- 인천공항공사 홈페이지
- 제주항공 홈페이지
- 진에어 홈페이지
- 질병관리본부
- 출입국관리법
- 한국공항공사 홈페이지
- 한국도심공항 홈페이지
- 한국항공우주산업(KAI) 홈페이지
- 항공교통이용자 보호기준 및 소비자분쟁해결기준. 국토교통부. 항공교통서비스 보고서
- 항공법
- 항공사업법 및 항공교통이용자 보호기준
- 항공수요 예측분석 연구. 한국교통연구원(2012)

- 항공운임총액의 구성 [항공교통서비스보고서. 국토교통부. 2016]
- Air Asia Homepage
- Air France Homepage
- Air New Zealand Homepage
- Airline Network News and Analysis. 1 Mar 2017.
- All Nippon Airways Homepage
- American Air Homepage
- British Airways Homepage
- Business Travel iQ | 11 May 2017.
- Cathay Pacific Airline Homepage
- Delta Air Homepage
- Federal Express Homepage
- IATA Homepage
- ICAO Economic Development of Air Transport / Facts and Figures
- ICAO Homepage (Source-Manual on the Regulation of International Air Transport (Doc 9626, Part 4))
- ICAO STA/10-WP/7 classification and definition.
- Japan Airlines Homepage
- Jetblue Homepage
- Kenya Air Homepage
- KLM Rotal Dutch Airline Homepage
- NASA homepage.
- Pixabay
- Servicedogcertifications.org
- Singapore Air Homepage
- Singpore Changi Airport Homepage
- SITA Homepage
- SouthWest Airline Homepage
- Thai Airways Homepage
- TOPAS Homepage
- United Airline Homepage
- US CBP Homepage
- Vienna Airport Homepage
- Wikimedia commons

항공운송실무

저자소개

윤원호

대한항공에서 22년간 일하고 에어코리아 대표이사를 역임하였으며 한양여자대학을 거쳐 지금은 부산여자대학 항공운항과 교수로 재직 중이다.

강정현

대한항공에서 17년간 서비스현장과 중앙교육원에서 예약과 발권 분야 서비스와 교육을 담당하며 High Class Marketer로 활약하였다. 현재 동서울대학교 항공서비스학과 겸임교수를 맡고 있다.

안영석

대한항공에 26년간 재직하면서 런던과 샌프란시스코를 거쳐 뉴욕의 존에프케네디 공항의 지점장을 지냈고 동사의 객실승무원 담당상무를 역임하였다. 항공운송과 객실승무서비스를 두루 섭렵한 경력으로 지금은 수원과학대학교와 장안대학교에서 항공관광 부문 교수로 학생들을 가르치고 있다.

유정윤

대한항공에서 객실사무장으로 20년간 근무하였으며 경기대학, 단국대학, 나사렛대학, 숭의여자대학 등에서 객실승무원 서비스 담당 교수로 강의하면서 전(前) 프레미아 항공사의 객실팀장을 역임하였다.

임정훈

대한항공에 27년간 근무하였으며 캐나다 밴쿠버 공항과 하와이 호놀룰루 지점장을 지냈다. 대항항공 사이버교육팀장, 여객운송팀장, 제주공항지점장 등을 거친 후 본사 고객서비스 담당 상무를 역임하였다. 항공여객운송과 고객서비스 전문가로서 현재 교통연구원 주임교수로 활동하며 대림대학교 항공서비스과에서도 교수로 강의하고 있다.

항공운송실무

1판 발행 2018년 8월 10일
2판 발행 2020년 9월 11일
3판 발행 2022년 8월 10일

저   자 윤원호 · 강정현 · 안영석 · 유정윤 · 임정훈
펴 낸 이 임 순 재
펴 낸 곳 (주)한올출판사
등   록 제11-403호
주   소 서울시 마포구 모래내로 83(성산동, 한올빌딩)
전   화 (02)376-4298(대표)
팩   스 (02)302-8073
홈 페 이 지 www.hanol.co.kr
e - 메 일 hanol@hanol.co.kr
ISBN 979-11-647-247-3

■ 이 책의 내용은 저작권법의 보호를 받고 있습니다.
■ 책 값은 뒤 표지에 있습니다.
■ 잘못 만들어진 책은 본사나 구입하신 서점에서 바꾸어 드립니다.
■ 저자와의 협의 하에 인지가 생략되었습니다.